ADAC Reiseführer

Brandenburg

Potsdam Havelland Spreewald

von Bernd Wurlitzer

Intro

Brandenburg Impressionen 6

Schlösser, Parks und 3000 Seen

Geschichte, Kunst, Kultur im Überblick 12

Sorben und Preußen, Schinkel und Fontane, Braunkohletagebaue und Freizeitareale

Unterwegs

Potsdam und das Havelland – Schlösser und Parks 18

1 Potsdam 18
Sacrow

2 Stahnsdorf 28
Teltow – Großbeeren

3 Schwielowsee 29
Caputh – Ferch – Petzow – Geltow

4 Werder/Havel und Umgebung 30
Glindow – Paretz – Ketzin

5 Brandenburg/Havel 32
Kloster Lehnin

6 Nauen 37
Ribbeck – Rathenow

Prignitz, Ruppiner Land und Uckermark – Natur, Kunst und Kultur 39

7 Oranienburg 39

8 Kremmen 40
Linum

9 Fehrbellin 41

10 Neustadt/Dosse 42
Wusterhausen

11 Kyritz 43

12 Perleberg 45
Biosphärenreservat Flusslandschaft Elbe – Rühstädt

13 Wittstock/Dosse 46
Heiligengrabe

14 Neuruppin 48
Wustrau

15 Lindow (Mark) 51

16 Rheinsberg 52

17 Gransee 54
18 Zehdenick 55
Mildenberg
19 Templin 57
Lychen – Ravensbrück
20 Prenzlau 59
Boitzenburg
21 Schwedt 61
Nationalpark Unteres Odertal
22 Angermünde 63
Blumberger Teiche – Stolpe

Barnim, Oderbruch, Märkische Schweiz – sanfte Höhen, weite Täler 67

23 Bernau 67
24 Wandlitz 69
25 Eberswalde 69
Niederfinow – Finowfurt
26 Schorfheide 72
27 Kloster Chorin 74
28 Bad Freienwalde 75
29 Oderbruch 76
30 Buckow 81
Müncheberg
31 Strausberg 82
Altlandsberg
32 Rüdersdorf 83
Dahlwitz-Hoppegarten
33 Erkner 84
Woltersdorf

Oder-Spree- und Dahme-Seengebiet Flüsse und Kanäle, Wald und Wiesen 87

34 Fürstenwalde/Spree 87
35 Bad Saarow 88
Rauensche Berge
36 Frankfurt (Oder) 89
37 Schlaubetal 93
38 Eisenhüttenstadt 94
Neuzelle
39 Guben 96
40 Beeskow 96
Schwielochsee
41 Storkow 97
42 Königs Wusterhausen 98
43 Mittenwalde 99
Motzen – Teupitzer See

Spreewald und Niederlausitz – faszinierendes Fließgewässernetz 101

44 Schlepzig 101
Leibsch

45 Lübben 102

46 Lübbenau 103
Freilandmuseum Lehde

47 Burg (Spreewald) und Umgebung 106
Straupitz – Vetschau

48 Peitz 107
Tagebau Jänschwalde

49 Cottbus 108

50 Forst (Lausitz) 112

51 Spremberg 113

52 Senftenberg 114
Eurospeedway Lausitz – Finsterwalde – Lichtenfeld – Doberlug-Kirchhain

53 Luckau 116
Naturpark Niederlausitzer Landrücken

Fläming – stille Dörfer, alte Städte 119

54 Beelitz 119

55 Belzig 120
Hagelberg – Niemegk – Burg Rabenstein – Wiesenburg

56 Treuenbrietzen 121

57 Luckenwalde 122

58 Kloster Zinna 123

59 Jüterbog 125
Dennewitz – Klasdorf – Museumsdorf Glashütte

60 Dahme (Mark) 127
Wiepersdorf

61 Wünsdorf 129

Brandenburg Kaleidoskop

Der Alte Fritz 22
Teltower Rübchen 28
Gartenkünstler Lenné 30
Legenden um den Ritter Kahlbutz 43
Viel Bild, wenig Text 50
Star-Architekt der Hohenzollern 78
Sorben oder Wenden? 103
Im Paddelboot nach Lehde 106
Der tolle Pückler 111
Braunes Gold und weißer Strand 113
Booktown 129

Karten und Pläne

Brandenburg vordere Umschlagklappe
Potsdam hintere Umschlagklappe
Brandenburg 33
Neuruppin 48
Frankfurt (Oder) 90
Cottbus 108

Service

Brandenburg aktuell A bis Z 131

Vor Reiseantritt 131
Allgemeine Informationen 131
Anreise 132
Bank und Post 132
Einkaufen 133
Essen und Trinken 133
Feste und Feiern 134
Klima und Reisezeit 135
Kultur live 135
Kuren 136
Museen, Gedenkstätten, Kirchen 136
Naturschutzgebiete 136
Sport 137
Statistik 138
Unterkunft 138
Verkehrsmittel im Land 139

Register 140

Bildnachweis 142
Impressum 143

Brandenburg Impressionen

Schlösser, Parks und 3000 Seen

»Wer in die Mark reisen will, der muss zunächst Liebe zu Land und Leuten mitbringen, mindestens keine Voreingenommenheit. Er muss den guten Willen haben, das Gute zu finden, anstatt es durch krittliche Vergleiche totzumachen.«

Theodor Fontane: ›Wanderungen durch die Mark Brandenburg. Die Grafschaft Ruppin‹.

Hektik, Staus und quirliges Leben gehören zu einer Großstadt, zu Berlin allemal, das sich – wie die Spinne im Netz – im Zentrum Brandenburgs breit macht. Wollen die Berliner dem Großstadtgewühl entfliehen, fahren sie nach ›jwd‹, was ›janz weit draußen‹ heißt. Jwd ist alles, was sich vor den Toren der Stadt befindet, und im Besonderen Brandenburg, wo die Berliner S-Bahn-Linien enden und die der Ausflugsschiffe beginnen. Berlin ist regelrecht umzingelt von den brandenburgischen **Ausflugsgebieten**, von Wald und einer Menge Wasser. Große Landesteile stehen als Naturpark, Biosphärenreservat sowie Nationalpark unter Schutz. Keine andere europäische Metropole hat vor ihren Toren solch eine vielseitige und teilweise noch ursprüngliche Natur wie Berlin! Blühender Raps duftet, Mohnblumen leuchten knallrot, Hühner gackern, Störche kreisen über Kanälen, auf denen Boote schaukeln.

Die Gletscher der letzten Eiszeit haben den Boden Brandenburgs zu einer reizvollen **Hügellandschaft** zusammengeschoben. Ihre ausgedehnten **Wälder** gelten als wahre Beerenparadiese, Himbeeren, Brombeeren und auch Heidelbeeren sind eimerweise zu pflücken, im Herbst bescheren sie reiche Pilzernte. **Kanäle und Flüsse** durchziehen das Land, rund 8000 km davon sind mit mit dem Paddelboot befahrbar, etwa 1600 km mit dem Haus- oder Motorboot. Und dann noch die **Seen**! Etwa 3000 gibt es, große und kleine, auf etlichen drehen Fahrgastschiffe ihre Runden, Badespaß bieten fast alle. Und noch mehr: Angler ziehen Aal und Zander, Blei und Karpfen an Land, auch

Oben: *Die Haube ist Spitze – in der Niederlausitz wird das sorbische Brauchtum gepflegt*
Rechts: *Wasser, Wasser und kein Ende – die Oder, hier bei Küstrin, bildet Brandenburgs östliche Grenze*
Rechts oben: *Er ist der Höchste – ein Mandarin bekrönt das Chinesische Haus im Park Sanssouci*

Hechte beißen an. Brandenburg ist das **wasserreichste Bundesland** Deutschlands!

Lange Zeit besaß die Mark Brandenburg den abwertenden Ruf als Streusandbüchse des Heiligen Römischen Reiches. Zu Unrecht, wie als Erster der Romancier **Theodor Fontane** feststellte. Im 19. Jh. setzte er sich in die Kutsche und begab sich auf Reisen, um – wie er schrieb – seinen »Landsleuten zu zeigen, dass es in ihrer Nähe auch nicht übel sei,

dass es in der Mark Brandenburg auch historische Städte, alte Schlösser, schöne Seen, landschaftliche Eigentümlichkeiten und Schritt für Schritt tüchtige Kerle gebe.« Was Fontane fand, veröffentlichte er ab 1862 in seinen ›Wanderungen durch die Mark Brandenburg‹. Die vier Bände wurden zum Bestseller in der deutschsprachigen Reiseliteratur, sie haben Generationen von Menschen neugierig gemacht und zu Erkundungen angeregt, sie fordern zum Vergleich: Wie hat Fontane zu seiner Zeit die Gegend gesehen, was hat sich verändert?

Märkisch steht für brandenburgisch

Märkisches Land, märkische Heide, märkische Butter … und nicht zuletzt Fontanes ›Wanderungen‹: Alles spricht von der Mark, die es aber schon zu Fontanes Zeiten nicht mehr gab. Mark war früher die Bezeichnung für Grenzland. Von der Nordmark aus begann im 12. Jh. die Eroberung der Gebiete östlich der Elbe. Aus der Nordmark wurde ab etwa 1400 die Altmark (heute zu Sachsen-Anhalt gehörend), die neuen Gebiete nannte man Mittelmark (zwischen Elbe und Oder) und Neumark (östlich der Oder, seit 1945 zu Polen gehörend). 1815 verschwand die Mark als verwaltungspolitische Einheit, es entstand die preußische Provinz Brandenburg. Heute steht märkisch für brandenburgisch, Märker für Brandenburger. Lediglich die Historiker stoßen sich daran. Denn die Grenzen des Bundeslandes Brandenburg und die der historischen Mark stimmen oftmals nicht überein. Schon allein dadurch, dass das einstige Zentrum der Mark nicht mehr dazugehört: Berlin wurde 1920 aus der Provinz Brandenburg ausgegliedert und als ›Groß-Berlin‹ selbstständig.

Oben: *Himmelstürmende Backsteingotik – Kloster Chorin ist einen Besuch wert*
Unten: *Wer reitet durch die Eiseskälte? – der Alte Fritz in Sanssouci*
Links oben: *Sinfonie der Farben im Schlaubetal – bunt gewandete Natur umfängt blendend weiße Fachwerkkirche*
Links Mitte: *Kulturspektakel in Rheinsberg – die Kammeroper führt die ›Entführung aus dem Serail‹ auf*
Links unten: *Kirschblüte in Werder – sie zieht alljährlich Besucher ins havelländische Obstbaugebiet*

Durch grüne Tunnel

Zu den Sehenswürdigkeiten des Landes führen vielfach herrliche Alleen. 12 000 km lang sind sie in Brandenburg – mehr kann kein anderes Bundesland in Deutschland vorweisen. Wie ein grünes Band ziehen sie sich kilometerweit durch die Landschaft. Auch in den **Spreewald** weisen sie den Weg, in dem es Straßen besonderer Art gibt, Fließe genannt. Im Spreewald sind viele Gehöfte, Ackerflächen und Wiesen nur auf dem Wasser erreichbar. Die Kuh wird im Kahn zur Weide gebracht, die Postfrau kommt mit dem Kahn. Und Tausende von Touristen genießen im Kahn die himmlische Ruhe auf den Fließen. Der Spreewald ist ein in Europa einmaliges Wasserlabyrinth, einmalig sind hier auch, wie ebenfalls im nahen Cottbus, die zweisprachigen Orts- und Straßenschilder. Spreewald und Niederlausitz sind die Heimat der Sorben, einer nationalen Minderheit.

Typisch für Brandenburg sind auch Niederungslandschaften, eine der markantesten ist das **Oderbruch**. »Alle Jahre stand das Bruch unter Wasser«, schrieb Fontane, »dann glich die ganze Niederung einem gewaltigen Landsee, aus welchem nur die höher gelegenen Teile hervorragten (…)«. Friedrich II., der Brandenburg-Preußen zu einer europäischen Großmacht formte und deshalb als der Große in die Geschichte einging, ordnete

Welk, die Baumeister *Georg Wenzeslaus Knobelsdorff* und *Karl Friedrich Schinkel*.

Etwa 600 **Schlösser** und **Herrenhäuser** stehen rund um Berlin, die meisten Eigentümer wurden 1945 und 1946 im Rahmen der Bodenreform enteignet und haben, so sieht es der Vertrag von 1990 zur deutschen Einheit vor, keinen Anspruch auf Rückübertragung. Genutzt werden die Schlösser als Hotels, vor allem aber als Museen wie in **Potsdam**. Das von Friedrich dem Großen skizzierte Lustschloss **Sanssouci** wurde zum bekanntesten Bauwerk der einzigartigen Kulturlandschaft in und um Potsdam. Die UNESCO hat sie zum Weltkulturerbe erklärt. Aus aller Welt reist man in die brandenburgische Landeshauptstadt, um – wie einst Preußens Könige und Deutschlands Kaiser – durch die Schlösser und Parks zu

die Entwässerung und Urbarmachung an. Er brauchte das 60 km lange und bis zu 15 km breite Oderbruch als Acker- und Weideland. Als 1763 die Gräben und Wälle fertig waren, freute sich der König: »Hier habe ich im Frieden eine Provinz erobert, ohne einen Mann zu verlieren«.

Große Namen, bedeutende Werke

Prachtvolle Landschaftsparks bereichern die ohnehin vielseitige Landschaft Brandenburgs. **Peter Joseph Lenné** und **Hermann Fürst von Pückler-Muskau** haben vor allem in Potsdam und Branitz bei Cottbus Kleinode der Landschaftsgestaltung geschaffen. Was beide modelliert haben, gehört zu den bleibenden Werken im Land. Viele **Geistesgrößen** – Wissenschaftler, Künstler, Baumeister, Dichter – haben Brandenburg weithin bekannt gemacht, so die Dichter *Heinrich von Kleist*, *Theodor Fontane* und *Ehm*

spazieren. Potsdam gilt aber auch als Symbol für den preußisch-deutschen Militarismus: Am Abend des 1. August 1914 unterzeichnete Kaiser Wilhelm II. im Neuen Palais die Verkündigung des Kriegszustandes und mit einer Rede Adolf Hitlers zum ›Tag von Potsdam‹ am 21. März 1933 in der nicht mehr vorhandenen Hof- und Garnisonkirche begann die Tragödie der Neuzeit. Den Schlusspunkt setzten die Siegermächte zwölf Jahre später im Schloss Cecilienhof mit dem **Potsdamer Abkommen**.

Von Mond- zu Seenlandschaften

Seit Mitte des 19. Jh. wird in der Niederlausitz **Braunkohle** in großen Mengen abgebaut. Der Bergbau hat die über Jahrhunderte gewachsenen Landschaftsstrukturen erheblich verändert, nicht nur Wälder verschwanden, auch Straßen und Dörfer. Riesige Braunkohlebagger wühlten sich in die Erde, um das braune Gold hervorzuschaufeln. Zurück blieb eine Landschaft, die der des Mondes ähnelt.

Oben: *Tischleindeckdich im Spreewald – hier wird sogar im Kahn diniert*
Unten: *Brandenburg aus der Luft erleben – einsteigen zur Rundfahrt über Fontaneland!*
Links oben: *Sammelpunkt in Chorin – Radfahrer haben es leicht in der sanft gehügelten Mark*
Links Mitte: *Störche haben es gut im Land Brandenburg – für sie gibt es genug Feuchtgebiete*
Links unten: *Farbenprächtiges Spreewaldidyll – reetgedeckt sind die typischen Blockhäuser der Spreewälder*

Die DDR förderte im Jahr 1989 ein Sechstel aller Braunkohle weltweit. Seit der Wiedervereinigung ist der Abbau drastisch zurückgefahren worden, die ausgekohlten Flächen werden verstärkt rekultiviert. Bis 2010 ist die Lausitz Schauplatz der **Internationalen Bauausstellung**

Fürst-Pückler-Land (IBA), in deren Mittelpunkt das Thema ›Landschaft‹ steht. Erstmals wurde die Bauausstellung ›von unten‹, aus der Region heraus, ins Leben gerufen. Sie soll als Ideengeberin fungieren, ihr Kernstück ist die im ehemaligen Braunkohlerevier aus gefluteten Tagebaustätten entstehende Lausitzer Seenplatte.

Natur, Geschichte und Architektur werden in Brandenburg erlebbar. »Das Beste aber«, meinte Fontane seinerzeit, »dem du begegnen wirst, das werden die Menschen sein, vorausgesetzt, dass du dich darauf verstehst, das rechte Wort für den gemeinen Mann zu finden (...) lass dir erzählen von ihm, von seinem Haus und Hof, von seiner Stadt oder seinem Dorf (...).«

Der Reiseführer

Dieser Band stellt Brandenburg in all seinen Facetten vor. Die Sehenswürdigkeiten wurden entsprechend den Reiseregionen in **sechs Kapitel** gegliedert, jedes Kapitel für sich bildet eine Route. **Themenkästen** und **Praktische Hinweise** zu Auskunftsstellen, zu ausgewählten Hotels und Restaurants bieten weitere unerlässliche Informationen. Die **Top Tipps** gewährleisten ein schnelles Auffinden der Highlights, das bewährte **Nummernsystem**, etliche **Stadtpläne** und präzise **Karten** in den Umschlagklappen machen den Reiseführer übersichtlich und leicht handhabbar. Der **Aktuelle Teil** bringt alphabetisch geordnet Nützliches – u. a. zu den Themen Anreise, Essen und Trinken sowie Feste.

Geschichte, Kunst, Kultur im Überblick

Sorben und Preußen, Schinkel und Fontane, Braunkohletagebaue und Freizeitareale

Slawen und Askanier

um 500 v. Chr. Germanen besiedeln das Land. Sie verlassen es später im Verlauf der Völkerwanderung wieder.

um 650 Slawen wandern in das menschenleere Gebiet zwischen Oder und Elbe ein.

928/29 König Heinrich I. erobert die slawische Hauptfestung Brennabor (Brandenburg) an der Havel.

948 König Otto I. gründet das Bistum Brandenburg, die Christianisierung der Slawen beginnt.

983 In einem großen Aufstand erlangen die Slawen ihre Unabhängigkeit zurück und verteidigen sie bis ins 12. Jh.

993 Erste Nennung Potsdams (Poztupimi) in einer Schenkungsurkunde Kaiser Ottos III.

1157 Der Askanierfürst Albrecht der Bär nennt sich erstmals (vielleicht schon 1142) Markgraf von Brandenburg, zur Kolonisation des Landes gründet er Zisterzienserklöster (1180 Lehnin). Die Slawen wehren sich gegen die Unterwerfung, doch die Askanier können ihre Herrschaft festigen.

um 1170 Die erste Stadtgründung erfolgt mit der Neustadt Brandenburg auf dem südlichen Havelufer.

um 1200 Die Askanier dehnen ihren Herrschaftsbereich bis an die untere Oder bei Oderberg aus.

1231 Die Markgrafenbrüder Johann I. und Otto III. werden durch Kaiser Friedrich II. offiziell mit ihrem Herrschaftsgebiet belehnt.

um 1245 Die Askanier erobern Mittenwalde, Teupitz und Königs Wusterhausen und brechen damit die wettinische Vormacht in dieser Gegend.

1253 Neugründung und Erweiterung der Kaufmannssiedlung Frankfurt an der Oder um mehr als das Doppelte.

1258 Die Markgrafen Johann I. und Otto III. teilen ihr Herrschaftsgebiet: Die johanneische Linie erhält u. a. das Havelland und die Uckermark, die ottonische Linie u. a. den Teltow und den Barnim.

1270 (oder 1273) Das Zisterzienserkloster Mariensee wird nach Chorin verlegt.

1319 Mit dem Tod von Markgraf Waldemar erlischt die Linie der Askanier, vier Jahre später erwerben die Wittelsbacher die Mark Brandenburg.

1328 Erste Erwähnung des Spreewalds.

1373 Kaiser Karl IV. aus dem Hause Luxemburg erwirbt für 300 000 Gulden die Erbrechte an der Mark Brandenburg.

1388 Markgraf Sigismund, der jüngste Sohn Karls IV., verpfändet (bis 1411) das Land seinen mährischen Vettern Jobst und Prokop.

Unter den Hohenzollern

1411 Der Burggraf von Nürnberg, Friedrich VI., wird von Kaiser Sigismund zum ›Obersten Verweser und Hauptmann der Mark Brandenburg‹ bestellt; die offizielle Belehnung, mit der die 500-jährige Regentschaft der Hohenzollern in Brandenburg beginnt, erfolgt 1415.

1506 Gründung der ersten brandenburgischen Universität in Frankfurt (Oder) (1811 Verlegung nach Breslau).

1539 Kurfürst Joachim II. führt die Reformation in Brandenburg ein. Die Klöster werden säkularisiert.

◁ *Markgraf Albrecht der Bär (um 1100–1170) erstürmt 1150 die slawische Feste Brennabor und besetzt Brandenburg*

Edikt von Potsdam im Jahr 1685: Friedrich Wilhelm, der Große Kurfürst, empfängt geflohene Hugenotten

1608 Kurfürst Johann Sigismund übernimmt die Macht, er gilt als der erste europäische Fürst, der den Grundsatz der Glaubensfreiheit verkündet und seine Glaubensgegner nicht verfolgt.

1618 Die Hohenzollern erben das Herzogtum Preußen.

1620 Der Bau des Finowkanals, der Oder und Havel verbindet, wird durch den Dreißigjährigen Krieg unterbrochen.

1640–88 Friedrich Wilhelm, der Große Kurfürst. Er baut Heer, Wirtschaft und Verwaltung aus und schafft die Grundlagen für einen modernen Staat.

1648 Am Ende des Dreißigjährigen Krieges ist die Mark Brandenburg – die Hauptschlachtfeld der kaiserlichen und schwedischen Truppen war – schwer zerstört und fast um die Hälfte entvölkert.

1651 Kurfürst Friedrich Wilhelm heiratet Luise Henriette aus dem Hause Oranien. Oranienburg wird nach ihr benannt.

1662 Der erste Spatenstich am sieben Jahre später fertig gestellten Oder-Spree-Kanal.

1675 Mit dem Sieg in der Schlacht von Fehrbellin vertreibt der Große Kurfürst die Schweden aus der Mark.

1685 Mit dem Edikt von Potsdam kommen Tausende Hugenotten (französische Glaubensflüchtlinge) ins Land; bis zum Jahr 1700 siedeln sich etwa 20 000 Franzosen in der Mark an.

Im Königreich Preußen

1688 Regierungsantritt Kurfürst Friedrichs III. (ab 1701 als Friedrich I. König in Preußen), er lebt verschwenderisch und Pracht liebend.

1713–40 König Friedrich Wilhelm I. Der ›Soldatenkönig‹ gilt als Gründer einer modernen Staatsorganisation und der preußischen Militärmacht.

1717 Die allgemeine Schulpflicht wird eingeführt.

1718 Die Entwässerung des Rhinluchs und die Umgestaltung zu Weideland beginnt, die Arbeiten setzen sich bis ins 20. Jh. fort.

1721 Johann Sebastian Bach widmet seine ›Brandenburgischen Konzerte‹ Markgraf Christian Ludwig, dem jüngsten Sohn des Großen Kurfürsten.

1732 In Potsdam entsteht im Rahmen einer zweiten Stadterweiterung das Holländische Viertel.

1740–86 König Friedrich II., der Große. »Er denkt als Philosoph und handelt als König«, schrieb Jean-Jacques Rousseau über den König, der sich mit Künstlern, Dichtern und Denkern umgab und die französische Kultur bewunderte, der Schlesien errang und Preußen zur europäischen Großmacht brachte. Er initiierte den ›friderizianischen‹ Ausbau Potsdams sowie von Schloss und Park Sanssouci und forcierte die Urbarmachung und Besiedlung des Oderbruchs.

Inbegriff preußischer Macht und Willenskraft – König Friedrich II., der Große

1781 Karl Friedrich Schinkel kommt in Neuruppin zur Welt; er wird später Preußens berühmtester Baumeister des Klassizismus.
1787 Baubeginn des Marmorpalais in Potsdam unter Friedrich Wilhelm II. (der dicke Wilhelm), der nach seinem Tod 1797 ein zerrüttetes Land hinterlässt.
1810 Die legendäre Königin Luise, Gemahlin Friedrich Wilhelms III., stirbt im Alter von 34 Jahren.
Die ersten Neuruppiner Bilderbogen werden gedruckt, bis 1937 erscheinen mehr als 100 Mio. Exemplare.
1813 Schlachten gegen Napoleon bei Großbeeren am 23. August, bei Hagelberg am 27. August und bei Dennewitz am 6. September: Die Einnahme Berlins durch die Franzosen wird verhindert.
1815 Brandenburg wird Preußen als Provinz eingegliedert, sie umfasst die Regierungsbezirke Berlin, Potsdam und Frankfurt (Oder). Gebietsgewinn im Süden, darunter die Niederlausitz.
1819 Theodor Fontane, einer der großen deutschen Literaten des 19. Jh., wird in Neuruppin geboren.
1838 Eisenbahn zwischen Berlin und Potsdam.

Theodor Fontane schwärmte ein ganzes Leben lang für die Mark Brandenburg

1840–61 König Friedrich Wilhelm IV., ein Förderer der Künste. Karl Friedrich Schinkel, Peter Joseph Lenné und Christian Daniel Rauch schaffen ein ›havelländisches Arkadien‹.
1854 Ernennung Peter Joseph Lennés, des Schöpfers der Potsdamer Parkanlagen, zum General-Gartendirektor.
1862 Die erste Ausgabe der ›Wanderungen durch die Mark Brandenburg‹ von Theodor Fontane erscheint.
1875 An den Schulen der preußischen Nieder- und Oberlausitz darf nicht mehr in sorbischer Sprache unterrichtet werden.
1882 Der Lehrer Paul Fahlisch organisiert von Lübbenau aus die ersten Gesellschaftsfahrten mit dem Kahn durch den Spreewald.

Brandenburg im 20./21. Jh.

1908 Der Ingenieur Hans Grade startet in Borkheide westlich von Beelitz das erste deutsche Motorflugzeug.
1912 Kurt Tucholsky macht mit seinem Kurzroman ›Rheinsberg – ein Bilderbuch für Verliebte‹ das Städtchen weithin bekannt.
1918 Kaiser Wilhelm II. verzichtet 18 Tage nach seinem Eintreffen im holländischen Exil auf den Thron.
1920 Bildung Groß-Berlins, viele im Umfeld liegende Orte werden der Hauptstadt eingemeindet. Brandenburg verliert ca. 1,9 Mio. Einwohner.
1934 Das Schiffshebewerk in Niederfinow, eine technische Meisterleistung jener Zeit, wird eröffnet.
1936 Bei Oranienburg entsteht das Konzentrationslager Sachsenhausen, bis zum Ende der Naziherrschaft

Schlacht von Dennewitz am 6. September 1813: Der siegreiche General von Bülow wird von seinen Truppen begrüßt

Potsdamer Konferenz 1945: Churchill, Truman und Stalin vor Schloss Cecilienhof

werden hier rund 100 000 Menschen getötet.
1937 Die Nationalsozialisten verbieten die Domowina, den Dachverband der sorbischen Vereine, gleichzeitig untersagen sie alle sorbischen Aktivitäten.
1938 Bei Fürstenberg/Havel Einrichtung des Frauen-KZ Ravensbrück, in dem über 90 000 Frauen und Kinder sterben.
1939–45 Vor allem am Ende des Zweiten Weltkriegs werden viele brandenburgische Städte zerstört.
1945 Vom 17. Juli bis 2. August legen die USA, Großbritannien und die Sowjetunion in Schloss Cecilienhof die Nachkriegsregelungen für Europa fest, die Vereinbarung geht als ›Potsdamer Abkommen‹ in die Geschichte ein.
1945/46 Im Rahmen der Bodenreform wird Großgrundbesitz über 100 ha enteignet und vor allem an Umsiedler verteilt. Es entstehen Neubauernwirtschaften von durchschnittlich 8 ha Größe.
1946 Die ersten Wahlen nach der Naziherrschaft. Die SED kommt in Brandenburg auf 43,5, die CDU auf 30,3 und die LDPD auf 20,5 Prozent der Stimmen.
1947 Die Alliierten lösen mit dem Kontrollratsgesetz Nr. 46 den Staat Preußen auf, die Provinz Mark Brandenburg wird zum Land Brandenburg.
1949 Brandenburg wird Teil der am 7. Oktober gegründeten DDR.
1950 Die Ministerpräsidenten der DDR und Polens unterzeichnen den Vertrag über die Anerkennung der Oder und Neiße als Staatsgrenze.
1951 Grundsteinlegung für den ersten Hochofen des Eisenhüttenkombinats Ost, Baubeginn der ersten Wohnhäuser. Die neue Siedlung heißt ab 1953 Stalinstadt, ab 1961 Eisenhüttenstadt.
1952 In der DDR findet eine Verwaltungsreform statt, die Länder werden aufgeteilt, Brandenburg in die Bezirke Potsdam, Cottbus und Frankfurt (Oder).
1989 Am 9. November fällt die Berliner Mauer.
1990 Die DDR schließt sich der Bundesrepublik an, die Länder werden wieder gegründet.
1991 Die sterblichen Überreste Friedrichs II. werden von der Burg Hohenzollern nach Potsdam überführt. Schloss Rheinsberg wird als Museum eröffnet.
1992 In der Verfassung des Landes Brandenburg wird der Schutz und die Förderung der sorbischen Identität und Kultur festgeschrieben.
1995 Cottbus richtet als erste Stadt im Osten Deutschlands die Bundesgartenschau aus.
1996 Die Mehrheit der Brandenburger stimmt gegen die Vereinigung mit Berlin, Brandenburg bleibt ein eigenes Bundesland.
1997 Im Sommer steigt der Wasserstand der Oder dramatisch an, die Deiche drohen zu brechen.
1998 Das Land Brandenburg begeht den 100. Todestag von Theodor Fontane und das 900. Gründungsjahr des Zisterzienserordens.
2000 Eurospeedway Lausitz, Europas modernste Rennstrecke, wird eröffnet. Die Internationale Bauausstellung (IBA) Fürst-Pückler-Land in der Lausitz soll bis 2010 den Strukturwandel der Tagebauregion zum Freizeitareal vorantreiben.
2001 Brandenburg feiert das 300. Jubiläum der Krönung Kurfürst Friedrich III. zum ›König in Preußen‹ Friedrich I. In Potsdam findet die 26. Bundesgartenschau statt.
2002 Das Jahrhunderthochwasser der Elbe richtet im Süden und Nordwesten von Brandenburg schwere Schäden an.
2004 Bestätigung von Matthias Platzeck (SPD) im Amt des Ministerpräsidenten, das er seit 2002 als Nachfolger von Manfred Stolpe (SPD) bekleidet.
2005 In der größten freitragenden Halle der Welt bei Schlepzig öffnet das Tropical Island Resorts seine Pforten.
2006 Brandenburg begeht den 225. Geburtstag des großen klassizistischen Baumeisters Karl Friedrich Schinkel.

Unterwegs

Die Glorie des Preußenkönigs – Schloss Sanssouci ist Pilgerstätte für Touristen aus aller Welt

Potsdam und das Havelland – Schlösser und Parks

Wunderschön am Havelufer liegt **Potsdam**, die ehem. Sommerresidenz der preußischen Könige und deutschen Kaiser. Als Flächendenkmal ist die Potsdamer Schlösser- und Parklandschaft in dieser Form und Größe einmalig in der Welt. Die Inselstadt **Werder** fasziniert vor allem im Frühjahr durch eine weiße Blütenpracht. Wer weiterfährt kommt zur ›**Wiege Brandenburgs**‹, der gleichnamigen Stadt an der unteren Havel, die sich in reizvolle Flussarme verzweigt und zu Seen weitet. Von Wiesen und Wäldern umgeben sind die stillen Dörfer des **Havellandes**. Weithin bekannt wurde das verträumte **Ribbeck** durch Fontanes Gedicht ›Herr von Ribbeck auf Ribbeck im Havelland, ein Birnbaum in seinem Garten stand‹. Das Havelland hält unverfälschte Natur mit selten gewordenen Tieren und Pflanzen bereit.

1 Potsdam

Plan hintere Umschlagklappe

Stadt mit weltbekannten Schlössern, bedeutenden Kunstschätzen und schönen Gärten.

Die Landeshauptstadt Brandenburgs besitzt mit Sanssouci das größte Park- und Schlossensemble nördlich der Alpen, das die UNESCO 1990 mit anderen Schloss- und Gartenanlagen wie denen von Babelsberg, Glienicke und Sacrow sowie der Pfaueninsel und des Neuen Gartens zum Weltkulturerbe erklärt hat. 1999 wurde das Potsdamer Weltkulturerbe um 14 Bereiche, darunter die Russische Kolonie Alexandrowka, erweitert.

Geschichte Als Poztupimi wird Potsdam im Jahr 993 erstmals in einer Urkunde genannt, das Stadtrecht wurde 1345 verliehen. 1660 wählte Kurfürst Friedrich Wilhelm, der Begründer der brandenburgisch-preußischen Großmacht, die Stadt zur Zweitresidenz neben Berlin. Mit der Selbstkrönung von Kurfürst Friedrich III. zum König in Preußen (als Friedrich I.) im Jahr 1701 wurde Potsdam zur **königlichen Residenzstadt** ausgebaut. Unter Friedrich Wilhelm I., dem Soldatenkönig, erfolgte 1722 die erste barocke Stadterweiterung, 1733 die zweite mit 21 Karrees – er machte Potsdam zur **Garnisonsstadt**. Friedrich der Große brachte wieder höfisches Leben und Kultur in die Stadt, mit Schloss Sanssouci schuf er sich sein **märkisches Versailles**. Nach der Revolution 1848 unterzeichnete Friedrich Wilhelm IV. dort die Verfassung, mit der er die konstitutionelle Monarchie anerkannte. 1945 zerstörte ein britischer Bombenangriff die Innenstadt nahezu vollständig. 1952 wurde Potsdam Verwaltungssitz des gleichnamigen Bezirkes, 1990 **Hauptstadt** des wieder gegründeten Landes Brandenburg.

Besichtigung Der Alte Markt war bis zur Zerstörung im April 1945 Potsdams Zentrum, die Dominante bildete bis dahin das ab 1664 unter Kurfürst Friedrich Wilhelm errichtete Stadtschloss. Im September 2000 wurde mit dem Wiederaufbau des historischen Fortunaportals begonnen, einst der Prachteingang des Stadtschlosses. Den Platz beherrschen heute noch das säulengeschmückte und mit einer vergoldeten Atlasfigur bekrönte **Alte Rathaus** 1 (1753–55), das zusammen mit dem benachbarten eleganten **Knobelsdorff-Haus** 2 (1750) als Kulturhaus dient, und die quadratisch-stämmige **Nikolaikirche** 3 mit ihrer alles überragenden Kuppel nach Vorbild der Londoner St.-Pauls-Kathedrale. Karl Friedrich Schinkel lieferte die Pläne für diesen ab 1830 errichteten klassizistischen Zentralbau. Im lang gestreckten **Marstall** (1686, durch Georg Wenzeslaus von Knobelsdorff 1746 umgebaut) schräg gegenüber, dem ein-

Hier stand die Londoner St.-Pauls-Kathedrale Pate – nach Plänen von Schinkel entstand die mächtige Nikolaikirche mit ihrer gewaltigen Kuppel

zigen Rest des in den 1960er-Jahren abgerissenen Schlosskomplexes, befindet sich das **Filmmuseum** 4 (Breite Straße 1a, www.filmmuseum-potsdam.de, tgl. 10–18 Uhr). Gezeigt wird eine Ausstellung zur deutschen Filmgeschichte, vor allem zu den berühmten Ufa- und Defa-Ateliers in Babelsberg. Am Ende der Breiten Straße steht an der Neustädter Havelbucht das fantasievoll verkleidete **Dampfmaschinenhaus** 5 (Breite Straße 28, nur mit Führung: Mitte Mai–Mitte Okt. Sa/So/Fei 10–17 Uhr) von 1841/42. Das einstige Pumpwerk für die Fontänen des Sanssouci-Parks wurde ganz im Stil einer maurischen Moschee gestaltet.

Der planmäßig angelegte **Neue Markt** hinter dem Filmmuseum war einst einer der schönsten Barockplätze Europas. Etwas von seiner Attraktivität hat er seit der Wiederherstellung des **Kutschstalls** 6 (1787–91) zurückgewonnen.

Zwei bedeutende Kirchen stehen am weiter nördlich gelegenen Bassinplatz: in seiner südöstlichen Ecke die **Französische Kirche** 7 (1751–53), die mit ihrem querelliptischem Grundriss und der Giebelsäulenhalle an das römische Pantheon erinnert, und in der westlichen Ecke die Pfarrkirche **St. Peter und Paul** 8 (1867/68), ein Zentralbau in Kreuzform, dessen Turm dem Campanile von San Zeno in Verona nachgebildet ist. Von hier führt die **Brandenburger Straße**, Potsdams Einkaufsmeile, geradewegs zum **Brandenburger Tor** 9, das bereits 1770, also vor seinem berühmteren Berliner Pendant, entstand. Weitere Tore der Stadtbefestigung sind das barocke **Jägertor** 10 (1733) in der Hegelallee und das doppeltürmige, von Torhallen flankierte **Nauener Tor** 11 (1755) im Stil der englischen Neogotik in der Friedrich-Ebert-Straße.

Auch Potsdam hat sein Brandenburger Tor, Karl von Gontard und Georg Christian Unger schufen es 1770

Östlich davon breitet sich in vier Karrees das **Holländische Viertel** ⓬ aus, scherzhaft ›Klein Amsterdam‹ genannt. Mehr als 100 schmucke Giebel- und Traufenhäuser aus rotem Backstein zieren dieses Wohnensemble, das 1733–42 unter der Leitung von Jan Boumann für holländische Kolonialisten gebaut wurde. Sie sollten dem Preußenstaat zum wirtschaftlichen Aufschwung verhelfen, kamen aber nicht so zahlreich wie erwartet.

Wie aus der Weite Russlands hergeholt wirkt dagegen die **Russische Kolonie Alexandrowka** ⓭ am Nordrand der Stadt. Friedrich Wilhelm III. ließ 1827 für russische Sänger, die er als ehem. Kriegsgefangene vom Zaren als Geschenk erhalten hatte, 13 mit Schnitzwerk verzierte Holzhäuschen errichten. Etwas abseits auf dem Kapellenberg wurde das dazugehörende orthodoxe Gotteshaus, die fünffach kuppelgekrönte *Alexander-Newski-Kirche* (1829), hingestellt. Viele Ausstattungsgegenstände sind Geschenke der preußischen Prinzessin Charlotte, der späteren Zarin Alexandra Feodorowna. Seit 2005 informiert ein *Museum* (Russische Kolonie Alexandrowka 2, www.alexandrowka.de, März–Dez. Di–So 10–18 Uhr) über die Geschichte der Kolonie.

Im Jahr 2001 richtete Potsdam unter dem Motto ›Gartenkunst zwischen gestern und morgen‹ die Bundesgartenschau aus. Der Buga-Park, der nun **Volkspark** ⓮ heißt, wurde auf dem einstigen Militärgelände Bornstedter Feld nördlich des Stadtzentrums angelegt. Auf dem Gelände entstand auch die **Biosphäre Potsdam** (Mo–Fr 9–18, Sa/So/Fei 10–19 Uhr, www.biosphaere-potsdam.de), eine

Amsterdam in Potsdam – statt Handwerkern logieren heute Galerien, Restaurants und Läden in den ziegelroten Barockhäusern des Holländischen Viertels

Ein goldenes Gehäuse für erlesene Malerei – dicht gehängt nach barockem Prinzip sind die prachtvollen Gemälde des 18. Jh. der Bildergalerie im Park von Sanssouci

›Erlebniswelt‹, in der Besucher auf insgesamt 7000 m² in die Welt der Tropen eintauchen können.

Berühmte Pilgerstätte – der Park von Sanssouci

Sanssouci gehört zu den internationalen Touristenhits. Die meisten denken bei diesem Namen nur an das Schloss, das der **Parkanlage Sanssouci** (www.spsg.de, Tel. 03 31/96 94-202) den Namen gab. Sanssouci ist aber mehr, hier vereinen sich Natur, einige Schlösser und Dutzende von Kleinarchitekturen zu einem einzigartigen Kunstwerk. Die Parkbereiche, von Peter Joseph Lenné geschaffen, fasst der 2,5 km lange Hauptweg zusammen.

Das 1745–47 erbaute, lang gestreckte **Schloss Sanssouci** 15 (April–Okt. Di–So 9–17, Nov.–März 9–16 Uhr, Besichtigung nur mit Führung) auf der Kuppe des vielfach terrassierten Weinbergs ist ein ebenerdiger Flügelbau mit zentralem, überkuppeltem Risalit in Ovalform. Gartenseitig wirkt er durch vorzüglichen plastischen Schmuck von Friedrich Christian Glume heiter, auf der Eingangsseite mit Ehrenhof und halbrunder Säulenkolonnade hingegen eher streng. Knobelsdorff führte nach Plänen Friedrichs des Großen dieses Meisterwerk des ›friderizianischen‹ Rokoko aus. Im Schloss sind Möbel, Gemälde, Plastiken, Stuck und Porzellan überwiegend aus dem 18. Jh. zu sehen, so im grandiosen *Marmorsaal* mit Säulenpaaren und Nischenfiguren oder der kreisrunden, zedernholzgetäfelten *Bibliothek*. Am Rand der östlichen Schlossterrasse findet man das schlichte *Grab Friedrichs II.*, in dem er jedoch erst seit 1991 ruht.

Als wärs ein Stück Italien – nach mediterranem Vorbild ließ Friedrich Wilhelm IV. von Ludwig Persius die Neue Orangerie in Sanssouci erbauen

Beim Schloss, außerhalb der Parkanlage, dreht sich das mächtige Kreuz der **Historischen Mühle** ⑯ (April–Okt. tgl. 10–18, Nov./Jan.–März Sa/So 10–16 Uhr). 1945 abgebrannt, wurde sie 1993 dem Original vom Ende des 18. Jh. entsprechend wieder aufgebaut. In 11 m Höhe lädt eine Aussichtsplattform zum Rundblick ein.

TOP TIPP Die Sammelleidenschaft Friedrichs machte den Bau der **Bildergalerie** ⑰ (Mitte Mai–Mitte Okt. Di–So 10–17 Uhr) (1755–63) an der Ostseite des

Unterhaltsame Tafelrunde in Sanssouci: Voltaire (links) und Friedrich II. (rechts), angeregt parlierend

Der Alte Fritz

Neben seinem Lieblingsschloss Sanssouci ließ sich König Friedrich II. bereits 32 Jahre vor seinem Tod eine Gruft ausheben, hier wollte er an der Seite seiner Windhunde begraben werden. Der testamentarische Wille wurde aber nicht befolgt – der König aller Preußen neben Hunden! Sein Leichnam kam in die Potsdamer Garnisonkirche, nach dem Zweiten Weltkrieg auf die Burg der Hohenzollern in Hechingen. Erst seit 1991 ruht Friedrich II. an der gewünschten Stelle neben seinen Hunden.

In Sanssouci frönte der als menschenscheu geltende König dem **Flötenspiel**, hier traf er sich mit Geistesgrößen zu den berühmten **Tafelrunden**. Der Franzose **Voltaire**, mit dem er eine vier Jahrzehnte dauernde geistige Beziehung pflegte, war der prominenteste Teilnehmer. Obwohl klein und krumm von Wuchs, ging der 1740–86 regierende Preußenkönig als **›der Große‹** in die Geschichte ein, vielfach wird er nur der **›Alte Fritz‹** genannt. Beides ist Anerkennung, denn wie kein anderer vor und nach ihm hat Friedrich II. Brandenburg-Preußen geprägt.

Verspielt – das goldglänzende Chinesische Haus bevölkern Tee trinkende Chinesen **(oben)**. *Imposant – das Neue Palais ist das größte Schloss in Sanssouci* **(unten)**

Schlosses notwendig – das erste eigenständige Museumsgebäude Europas. Im goldglänzenden Saal mit überkuppelter Mitte hängen Werke u. a. von Rubens, van Dyck und Tintoretto dicht bei dicht. Die auf gleicher Höhe westlich vom Schloss liegenden **Neuen Kammern** 18 (April–Mitte Mai Sa/So/Fei 10–17, Mitte Mai–Mitte Okt. Di–So 10–17 Uhr), 1747 von Knobelsdorff als Orangerie erbaut und 1771–74 durch Georg Christian Unger zum Gästehaus umgestaltet, besitzen prachtvolle Festräume, darunter als Glanzpunkt den *Jaspissaal*. Im italianisierenden Renaissancestil mit Säulenvorhalle, Belvedereaufbau, Türmen und verbindender Säulengalerie entstand 1851–60 nach Ideen Friedrich Wilhelms IV. und Plänen von Ludwig Persius weiter im Westen die **Neue Orangerie** 19 (Mitte Mai–Mitte Okt. Di–So 10–17 Uhr, Di–Sa nur mit Führung). Innen sind Kopien von Raffael-Gemälden zu sehen, vom *Westturm* aus Blicke über Schloss- und Stadtlandschaft zu genießen. Im kleeblattförmigen, 1754–57 von Johann Gottfried Büring erbauten **Chinesischen Haus** 20 (Mitte Mai–Mitte Okt. Di–So 10– 17 Uhr) südlich der Hauptallee wird Chinamode des 18. Jh. sowie Meißner und ostasiatisches Porzellan gezeigt, fotogene vergoldete Chinesenfiguren bevölkern die Palmensäulen.

Als größtes und prachtvollstes Schloss mit mehr als 200 Räumen entstand am westlichen Ende des Parks 1763–69 das

TOP TIPP **Neue Palais** 21 (April–Okt. Sa–Do 9–17, Nov.–März bis 16 Uhr) – ein eindringlicher Hinweis auf Preu-

Kurios – tausendfach mit Muscheln und Mineralien dekoriert ist der Grottensaal im Neuen Palais von Sanssouci

ßens ungebrochene Macht am Ende des Siebenjährigen Krieges. 428 Götter und Halbgötter schauen vom Attikageschoss über der durch Kolossalpilaster gegliederten Fassade herab. Eindrucksvoll sind die Festsäle, bezaubernd der mit Mineralien, Muscheln und Korallen gestaltete *Grottensaal*. Weitgehend original erhalten blieb auch die aus neun Räumen bestehende Wohnung Friedrichs des Großen. Der südliche Seitenflügel birgt das kostbar ausgestattete, noch heute bespielte *Schlosstheater* von 1748.

Einem römischen Villenbau der Antike gleich gestaltete Karl Friedrich Schinkel 1826–29 das **Schloss Charlottenhof** (22) (Mitte Mai–Mitte Okt. Di–So 10–17 Uhr, nur mit Führung). Die Innenräume wurden schlicht klassizistisch eingerichtet, besonderes Interesse finden das mit weißblauem Markisenstoff drapierte *Zeltzimmer* und die ausgestellten *Gemälde* von Caspar David Friedrich, Carl Gustav Carus und Carl Blechen. In den zugehörigen, ebenfalls von Schinkel im Stil italienischer Landhäuser entworfenen **Römischen Bädern** (23) (Mitte Mai–Mitte Okt. Di–So 10–17 Uhr) – nahebei am von Peter Joseph Lenné angelegten Maschinenteich – werden Sonderausstellungen gezeigt.

Die **Friedenskirche** (24) am Ostrand des Parks wurde 1845–47 nach dem Vorbild frühchristlicher Kirchen Roms erbaut. Im Inneren fasziniert in der Apsis das *Mosaik* (12. Jh.) aus der Kirche San Cipriano bei Venedig, es zeigt Christus als Weltenrichter zwischen Maria und Johannes sowie Heilige und Erzengel. In der Gruft ruhen der Bauherr, König Friedrich Wilhelm IV., und seine Gemahlin Elisabeth, an der Nordseite des Atriums befindet sich das *Mausoleum* für den 99-Tage-Kaiser Friedrich III. und dessen Gemahlin Viktoria. Seit August 1991 steht hier auch der Sarg Friedrich Wilhelms I., des Soldatenkönigs.

Pompös – Gemälde mit Motiven aus der antiken Mythologie schmücken den Marmorsaal im Neuen Palais, einem Repräsentationsbau par excellence

Von Sanssouci sind es nur wenige hundert Meter bis **Bornstedt**. Fontane notierte: »Wir sind nirgend einem Dorffriedhof begegnet, der solche Fülle berühmter Namen aufzuweisen hätte (...). Was in Sanssouci stirbt, das wird in Bornstedt begraben (...)«. Lediglich Angehörige der Königsfamilie wurden anderswo bestattet. Zu den Prominenten, die auf dem Bornstedter Friedhof ihre letzte Ruhestätte fanden, gehören Baumeister Ludwig Persius und Gartenarchitekt Peter Joseph Lenné. Die Kirche (1856) mit dem separaten Glockenturm entstand nach einem Entwurf von Friedrich August Stüler.

Gegenüber der Kirche liegt das **Krongut Bornstedt** 25 (www.krongut-bornstedt.de). Das Bauensemble (1846–48) im italienischen Stil hatten der spätere 99-Tage-Kaiser Friedrich III. und seine englische Gemahlin Victoria zum Mustergut gemacht. Heute lebt hier brandenburgisch-preußische Kultur in zeitgemäßer Form auf, es gibt ein Brau- und Brennhaus, eine Hofbäckerei, ein Café-Restaurant sowie eine Manufaktur mit alten Handwerksberufen von der Kerzenzieherei bis zur Glasbläserei.

Der Neue Garten: Park- und Schlossidyll mit Vergangenheit

Der Park am Ufer des Heiligen Sees, nördlich der Altstadt, bekam von Peter Joseph Lenné sein zauberhaftes Aussehen. Das 1787–92 erbaute, frühklassizistische und von einem runden Belvederetürmchen bekrönte **Marmorpalais** 26 (April–Okt. Di–So 10–17, Nov.–März Sa/So 10–16 Uhr), Lieblingsschloss von König Friedrich Wilhelm II., wurde nach dem Zweiten Weltkrieg als Militärmuseum genutzt, ist nun aber wieder ein Museumsschloss.

In die Weltgeschichte eingegangen ist der 1913–17 im englischen Landhausstil für Kronprinz Wilhelm und seine Gattin Cecilie im Nordteil des Gartens erbaute Fachwerkbau von **Schloss Cecilienhof** 27. Truman, Stalin und Attlee unterzeichneten hier am 2. August 1945 das ›Potsdamer Abkommen‹, das Deutschlands Rolle nach dem Zweiten Weltkrieg regelte. Ein Teil des Schlosses dient als *Hotel*, der andere mit dem original erhaltenen Konferenzsaal und den Arbeitszimmern der Delegationen wurde *Museum* (April–Okt. Di–So 9–17, Nov.–März bis 16 Uhr, nur mit Führung). Die **Gotische Bibliothek** 28 (1792–94) an der Südspitze des Parks galt lange Zeit als der ›schiefe Turm‹ von Potsdam, sie war in eine gefährliche

Weltberühmter Tagungsort im Neuen Garten – Schloss Cecilienhof ist heute ein Hotel

Schieflage von etwa 70 cm geraten. Um das Bauwerk zu retten wurde es Stein für Stein abgetragen und an gleicher Stelle, nur eben aufrecht, neu errichtet.

König Friedrich Wilhelm II. nutzte das Bauwerk als Privatbibliothek und Belvedere. Von hier genoss er den Ausblick über die weitläufigen Parkanlagen.

Park Babelsberg und Umgebung

Nach Plänen von Peter Joseph Lenné und Hermann Fürst von Pückler-Muskau wurde der Park Babelsberg an den Ufern des Tiefen Sees und der Glienicker Lake angelegt. Das in seiner Mitte 1834–49 errichtete **Schloss Babelsberg** 29 (Mitte Juni–Okt. Di–So 10–17 Uhr), mit Zinnenkränzen, Erkern und Türmen durchaus romantisch geraten, war der Lieblingsaufenthaltsort von Kaiser Wilhelm I. und seiner Gemahlin Augusta. Das **Kleine Schloss** 30 war 1841/42 im neogotischen Stil für den späteren 99-Tage-Kaiser Friedrich III. erbaut worden. Auf einer Anhöhe steht seit 1872 die **Gerichtslaube** 31 (13. Jh.), die in Berlin dem Roten Rathaus weichen musste. Vorbild für den 1853–56 entstandenen, 46 m hohen **Flatowturm** 32 (April–Juni Di–So 10–17, Mitte Juni–Mitte Okt. Sa/So 10–17 Uhr) war das spätgotische Eschenheimer Tor in Frankfurt/Main.

Am lang gestreckten Griebnitzsee ließen sich Ende des 19./Anfang des 20. Jh.

Malerische Anlage in Havelnähe – Schloss Babelsberg wurde ab 1834 im Stil der englischen Neogotik errichtet und wirkt wie eine mittelalterliche Ritterburg

betuchte Potsdamer und Berliner Häuser, die **Villensiedlung Neu-Babelsberg** 33, errichten. 1945, während der Potsdamer Konferenz, quartierten sich in diesem Nobelviertel die Führer der Siegermächte ein: US-Präsident Harry Truman bezog das Haus Karl-Marx-Str. 2, der sowjetische Staatschef Stalin wohnte in der Nr. 27, für Großbritanniens Premierminister Churchill und seinen Nachfolger Attlee wurde das Haus Virchowstr. 23 ausgewählt.

In Neu-Babelsberg hatten vormals auch etliche Ufa-Stars ihr Zuhause, denn die Babelsberger Filmateliers lagen nah. Nach 1945 drehte hier die Defa, das spätere Staatsfilmunternehmen der DDR, Filme. Heute steht ein großer Teil des Geländes als **Filmpark Babelsberg** 34 (Großbeerenstraße, www.filmpark.de, April–Okt. tgl. 10–18 Uhr) offen. Die Filmstadt bietet Blicke hinter die Kulissen, in denen einst Stars wie Greta Garbo, Marlene Dietrich, Hans Albers, Heinrich George, Jean Gabin, Hildegard Knef und Manfred Krug vor der Kamera agierten. Das Showscan-Actionkino sowie die Stuntshow mit wilden Verfolgungsjagden gehören zu den Höhepunkten.

TOP TIPP

Die Brücke der Spione und ein Turm der Wissenschaft

Seit dem Mauerfall im November 1989 verbindet die **Glienicker Brücke** 35 wieder wie einst Potsdam und Berlin. ›Agentensteg‹ wird sie im Volksmund genannt, denn in den Jahren der deutsch-deutschen Teilung kam sie durch den Austausch von Agenten zu zweifelhaftem Ruhm.

Ein Solitär in Potsdams Landschaft ist der berühmte **Einsteinturm** 36 auf dem Telegrafenberg im Süden der Stadt. Der stromlinienförmige, einem U-Boot ähnelnde Betonbau neben dem Oberservatorium, 1921 von Erich Mendelsohn zum Studium der Einsteinschen Relativitätstheorie errichtet, gilt heute als eines der bedeutendsten Beispiele der expressionistischen Architektur.

Ausflüge

Friedrich Wilhelm IV. ließ sich sommers gerne mit einem Boot nach **Sacrow** zur *Heilandskirche* (1841–44) rudern, die wie ein Schiff im Hafen am Jungfernsee liegt. Die von Arkadenbögen umgürtete Kirche und das nahe **Schloss Sacrow** 37

(1773) lagen im deutsch-deutschen Todesstreifen und waren 1961–89 unzugänglich. In den Sommermonaten finden im Schloss Ausstellungen zeitgenössischer Kunst statt – organisiert von einem Verein, der die dringend notwendigen Restaurierungsarbeiten unterstützt. Der von Peter Joseph Lenné gestaltete und zu DDR-Zeiten verwilderte Park bekam sein ursprüngliches Aussehen bereits zurück.

i Praktische Hinweise

Information

Potsdam Tourismus Service, Brandenburger Str. 3 (am Brandenburger Tor), Potsdam, Tel. 03 31/27 55 80, Fax 03 31/ 275 58 29, www. potsdam.de

Hotels

******Dorint Novotel Sanssouci**, Jägerallee 20, Potsdam, Tel. 03 31/27 40, Fax 03 31/274 10 00, www.novotel.com. First-Class-Hotel zwischen Sanssouci und Cecilienhof mit 800 m^2 großem Wellnessbereich.

******NH-Voltaire Potsdam**, Friedrich-Ebert-Str. 88, Potsdam, Tel. 03 31/231 70, Fax 03 31/231 71 00, www.nh-hotels.com. Tolle Innenstadtanlage; Restaurant ›Hofgarten‹.

TOP TIPP ******Relexa Schlosshotel Cecilienhof**, Neuer Garten, Potsdam, Tel. 03 31/370 50, Fax 03 31/29 24 98, www.relexa-hotels.de. Wohnen wie einst zu Beginn des 20. Jh. das Kronprinzenpaar, wunderschöne Lage im Neuen Garten. 41 erlesen ausgestattete Gästezimmer und Suiten.

******Seminaris Seehotel Potsdam**, An der Pirschheide 40, Potsdam, Tel. 03 31/909 00, Fax 03 31/909 09 00, www.seminaris.de. Alles zum Wohlfühlen, Wellness- und Fitness-Areal vorhanden.

*****Steigenberger Hotel Sanssouci**, Allee nach Sanssouci 1, Potsdam, Tel. 03 31/909 10, Fax 03 31/909 19 09, www.potsdam.steigenberger.com. Top-Lage! Haus im anglo-amerikanischen Stil der 30er- bis 50er-Jahre des 20. Jh.

***Babelsberg**, Stahnsdorfer Str. 68, Potsdam, Tel. 03 31/74 90 10, Fax 03 31/70 76 68, www.anno-1900-hotel-babelsberg.de. Familiengeführtes Hotel Garni im Grünen, in der Nähe der Filmstudios.

Restaurants

Café Heider, Friedrich-Ebert-Str. 29, Potsdam, Tel. 03 31/2 70 55 96. Beliebtes Lokal am Rand des Holländischen Viertels.

Meierei - Brauhaus, Im Neuen Garten 10, Potsdam, Tel. 03 31/704 32 11. Gasthausbrauerei, in der Deftiges serviert wird.

Juliette, Jägerstr. 39, Potsdam, Tel. 03 31/ 270 17 91. Das mehrfach ausgezeichnete Gourmetrestaurant mit dem angenehmen Service bietet feine französische Küche, auch vegetarisch.

Duellszenen fürs Publikum – im Filmpark Babelsberg ist spannungsgeladene Studioatmosphäre hautnah zu erleben. Ein Schnupperkurs für (fast echte) Filmluft

2 Stahnsdorf

Grablandschaft, in der zahlreiche Persönlichkeiten des kulturellen Lebens ihre letzte Ruhe fanden.

Als eine der schönsten Anlagen seiner Art gilt der **Südwestfriedhof** von Stahnsdorf. Garten- und Friedhofskunst, Architektur und Plastik vereinen sich auf dem 200 ha großen denkmalgeschützten Gelände, auf dem mehr als 100 000 Bestattungen erfolgten. Viele Persönlichkeiten fanden hier ihre letzte Ruhestätte. So **Lovis Corinth**, Maler sinnlicher Fülle (1858–1925; Grabstätte Trinitatis, Feld 8), der berühmte Berliner Maler und Zeichner **Heinrich Zille** (1858–1929; Grabstätte Block Epiphanien, Feld 14) sowie der im KZ Buchenwald umgebrachte sozialdemokratische Politiker **Rudolf Breitscheid** (1874–1944; Grabstätte Block Lietzensee, Feld 22). In der größten Grabanlage (Trinitatis, Feld 3a) ruhen **Werner von Siemens** (1816–1892), der Pionier der Elektrotechnik und Firmengründer, sowie weitere Familienmitglieder. Für die 1911 fertig gestellte **Holzkapelle** dienten mittelalterliche norwegische Stabkirchen als Vorbild. Nahebei liegt der kleine **Schwedische Friedhof**, der 1922/23 für die Mitglieder der schwedischen Viktoria-Gemeinde angelegt wurde. Im **Britischen Gedenkhain** wurden 1172 im Ersten Weltkrieg in deutscher Kriegsgefangenschaft ums Leben gekommene Angehörige der britischen Armee bestattet; auf dem benachbarten **Italienischen Soldatenfriedhof** ruhen 1650 Gefallene.

Teltower Rübchen

Goethe, als Feinschmecker bekannt, ließ Teltower Rübchen regelmäßig mit der Postkutsche nach Weimar liefern. Der Dichterfürst hatte sie bei einem Berlinbesuch probiert, vor ihm soll schon **Napoleon** von den Rübchen begeistert gewesen sein. Im ›Universal-Lexikon Kochkunst‹ von 1899 ist zu lesen: »Eine berühmte Zuchtform der weißen Rübe, die im Sandboden der Mark Brandenburg angebaut wird (…) und als **Gemüsedelikatesse**« gilt.

Über viele Jahrzehnte waren die Teltower Rübchen, von den Bauern als **Zwischenfrucht** angebaut, verschwunden. Doch in jüngster Zeit hat man sich der Köstlichkeit erinnert. Auf vielen Feldern werden sie wieder ab Juni ausgesät, um im **Spätsommer** erntefrisch in die Küchen zu kommen. In dem sandigen Boden um Teltow bleiben die Rüben ziemlich klein, dafür bekommen sie aber einen delikaten Geschmack.

Ausflüge

Teltow entwickelte sich mit der Eröffnung des *Teltowkanals* 1906, der Havel und Spree verbindet, vom beschaulichen Ackerbürgerstädtchen zum Wirtschaftsstandort. Zu DDR-Zeiten war Teltow (12 km östlich von Potsdam) ein Zentrum der elektronischen Industrie. Überregional bekannt wurde die Region im 18. und 19. Jh. durch die Teltower Rübchen, die auch heute wieder aufgetischt werden. Die Altstadt schmückt die nach einem Brand 1810 gotisierend erneuerte *Stadtkirche St. Andreas*, der Turm (1811/12) bekam einen Aufsatz nach einem Entwurf Karl Friedrich Schinkels.

Bei **Großbeeren** (7 km südlich von Teltow), fand 1813 eine ›kleine Völkerschlacht‹ statt. Preußische Landwehrbataillone unter General von Bülow schlugen die ›Armée de Berlin‹ Napoleons und verhinderten dadurch die Einnahme Berlins. Mehrere Denkmale erinnern an dieses Ereignis, alle überragt der schlanke *Gedenkturm* (1913) in der Dorfmitte. Die viereckige *Pyramide* (1817) auf dem Kirchhof, damals ein wichtiger Kampfplatz, entwarf Karl Friedrich Schinkel. Auf dem Windmühlenhügel, 100 m westlich des Dorfes, steht die aus Feldsteinen 10 m hoch aufgetürmte *Bülow-Pyramide*, 1906 von der Stadt Berlin gestiftet.

Auch jene, die sich weniger für längst vergangene Schlachten als für moderne Trendsportarten interessieren, sind hier gut aufgehoben. In Großbeeren entstand eigens ein künstlicher See für das **Wakeboarding** (www.wasserski-grossbeeren.de), eine Mischung aus Wasserski, Wel-

Zinnenbekröntes Ausflugsziel am Haussee – Karl Friedrich Schinkel soll an der Gestaltung des neogotischen Schlosses Petzow beteiligt gewesen sein

lenreiten und Snowboarden. 30 km/h Zuggeschwindigkeit am 770 m langen Seil ermöglichen spritzige Action.

i Praktische Hinweise

Hotel

Courtyard Berlin Teltow, Warthestr. 20, Teltow, Tel. 033 28/44 00, Fax 033 28/44 04 40, www.marriott.com. Komfortables Hotel mit großzügigen Zimmern direkt am Teltowkanal.

3 Schwielowsee

Vier geschichtsträchtige Orte laden zum Besuch.

Wie ein Medaillon hängt der 6 km lange und bis zu 2 km breite Schwielowsee an der Havel. Vier »Gebilde von Menschenhand«, wie Fontane schrieb, bereichern die Ufer, die Dörfer Caputh, Ferch und Geltow der Gemeinde Schwielowsee sowie das zu Werder gehörende Petzow. Vom Wasser aus bieten sie die schönsten Bilder. Aus dem nahen Potsdam kommend, gleiten die Fahrgastschiffe über den Templiner See und erreichen durch das enge Caputher Gemünde den Schwielowsee.

Caputh, ein liebliches Ferienidyll, besitzt mit seinem umfassend restaurierten *Schloss* (Mitte Mai–Mitte Okt. Di–So 10–17, Mitte Okt.–Mitte Mai Sa/So 10–16 Uhr) von 1662 das wichtigste Zeugnis barocker Baukunst des ausgehenden 17. Jh. in der Mark. Der Speisesaal ist mit etwa 7000 Delfter Fliesen ausgekleidet. Den barocken *Park* hat Peter Joseph Lenné 1828 in einen Landschaftsgarten umgestaltet. Die 1848–52 gegenüber dem Schloss entstandene *Dorfkirche* (Mai–Mitte Okt. Sa/So 14–16 Uhr) bekam ihr neoromanisches Aussehen von Friedrich August Stüler. Caputh zog schon viele Berühmtheiten an: König Friedrich IV. von Dänemark weilte hier, Sachsens Kurfürst August der Starke, später dann Charlie Chaplin, Heinrich Mann und Albert Einstein. Der Nobelpreisträger für Physik des Jahres 1921 bewohnte 1929–32 ein Holzhaus (*Albert-Einstein-Haus*, www.sommeridyll-caputh.de, April–Okt. Di–So 11–17, Jan.–März Fr/Sa/So 11–17 Uhr). Am Caputher Gemünde tut die alte *Fähre* seit 1853 Dienst, an zwei dicken Stahlseilen wird sie zwischen Caputh und Geltow hin- und hergezogen.

Ruhe und Entspannung bieten **Ferch**. Der hübsche Ort am Südufer des Sees besitzt eine reizende *Fachwerkkirche* und einige alte reetgedeckte *Fachwerkhäuser*. In einem Innenhof präsentiert sich Ende April–Sept. das Kleinkunsttheater der *Fercher Obstkistenbühne* (Dorfstr. 3a, Tel. 03 32 09/714 40, www.fercherobstkistenbuehne.de).

Ein schönes Dorfensemble aus der ersten Hälfte des 19. Jh. bietet **Petzow** am Westufer, verwaltungstechnisch ein Ortsteil der Stadt Werder. Hier legen die Schif-

Gartenkünstler Lenné

1816 war der in Bonn geborene Peter Joseph Lenné (1789–1866) nach Potsdam gerufen worden. An die Arbeit machte er sich mit den Worten: »Es ist kaum eine Landschaft, geschweige eine Feldmark denkbar, welche unter der ordnenden Hand des Künstlers der ästhetischen Ausschmückung und der ökonomischen Verbesserung durch Anpflanzung unfähig wäre«. ›**Buddelpeter**‹ wurde Lenné bald genannt, weil er in der kargen märkischen Landschaft Baumgruppen, Blumen, Rasenflächen und Seen zu Parklandschaften komponierte, die noch heute gerühmt werden. Der **Park Sanssouci** und der **Neue Garten** in Potsdam wurden zu seinen Meisterwerken. Es ist schon erstaunlich, wie viele Gartenanlagen in der Mark bis hinauf ins Mecklenburgische vom **General-Gartendirektor Lenné** – König Friedrich Wilhelm IV. hatte ihn dazu berufen – gestaltet wurden.

Im Januar 1866 waren seine Mitarbeiter dabei, einen silbernen Lorbeerkranz mit 50 vergoldeten Blättern anzufertigen, auf jedem sollte der Name eines von Lenné geschaffenen Parks stehen. Mit dem Kranz wollten sie ihren Chef zum 50-jährigen Dienstjubiläum am 23. Januar überraschen. Doch dieser Tag sollte Lennés **Todestag** werden, der Jubiläumskranz wurde dem Trauerzug vorangetragen.

fe beim *Schlosspark* an, der sein Aussehen von Peter Joseph Lenné bekam. Geschickt hat der Gartenkünstler in die Parkgestaltung eine Bucht des Schwielowsees einbezogen, so entstand der heutige Haussee. Das *Schloss* (19. Jh.) mit vier zinnenbekrönten Rundtürmen soll Karl Friedrich Schinkel geschaffen haben. Auf den Grelleberg setzte Schinkel eine *Kirche* (1841–43), die mittels einer Bogenhalle den frei stehenden Westturm an sich klammert. Von den Zeigern der Turmuhr sollte sich niemand irritieren lassen – sie ist Attrappe. Vom Kirchturm wandert der Blick über Lennés grünes Kunstwerk.

In **Geltow** hat 1888 Kaiser Friedrich III. die *Dorfkirche* eingeweiht, neun Tage vor seinem Tod. Zum Gedenken an ihn wurde rechts neben dem Altar eine Tafel angebracht. Vor ihm weilten zwei andere Prominente in Geltow: Theodor Fontane, der 1850 im Gasthaus an de Baumgartenbrücke einkehrte und diese Stelle als »selten schön« bezeichnete und Ferdinand von Schill, der von hier aus mit seinen Husaren zum Kampf gegen Napoleon aufbrach. Ein Findling mit Gedenktafel erinnert daran.

i Praktische Hinweise

Information

Schwielowsee Tourismus, Straße der Einheit 3, Schwielowsee Caputh, Tel. 03 32 09/708 98, Fax 03 32 09/708 99, www.schwielowsee-tourismus.de

Hotel

**** **Resort Schwielowsee**, Am Schwielowsee, Petzow, Tel. 033 27/572 30, Fax 033 27/57 32 10, www.resort-schwielowsee.de. Anlage mit Hotel, Ferienhäusern, Wellnessareal und Restaurant direkt am Ufer des Schwielowsees.

** **Landhaus Haveltreff**, Weinbergstr. 4, Caputh, Tel. 03 32 09/7 80, Fax 03 32 09/7 81 00, www.haveltreff.de. Angenehmes Nachtlager direkt am Havelufer.

4 Werder/Havel und Umgebung

Blühendes Zentrum des havelländischen Obstanbaus.

Türmereich ist die Silhouette des malerischen, von vier Havelseen umgebenen Inselortes **Werder**. Die Dominante bildet

Anlaufstelle der Weißen Flotte – Werder mit Heiliggeistkirche und Bockwindmühle

der fünfspitzige, von Chortürmen flankierte Westturm der **Heiliggeistkirche** (1856–58), ein neogotischer Bau nach Entwurf des Schinkel-Schülers Friedrich August Stüler. Und vom Mühlenberg reckt die alte **Bockwindmühle**, die nach Brand des Vorgängerbaus 1973 aus dem 100 km entfernten Klossa hierher umgesetzt wurde, ihre mächtigen Flügel in die Luft. Viel Atmosphäre strahlt die historische Altstadt (Stadtrecht seit 1459) mit ihren engen Gassen aus. Erst seit Beginn des 20. Jh. hat sich Werder auch über die Insel hinaus ausgedehnt.

Der Ort war ursprünglich im Besitz des Klosters Lehnin, dessen Mönche hier schon im Mittelalter Weinbau betrieben. Im 18. Jh. lösten Obstplantagen die Weingärten ab. Erdbeeren, Süß- und Sauerkirschen, Äpfel und Birnen gibt es noch heute in Fülle – frisch bei den Erzeugern oder auch eigenhändig zu ernten. Obwohl nach der Einheit etwa ein Drittel der riesigen Obstanbauflächen stillgelegt wurden, bildet die sympathische Inselstadt nach wie vor das Zentrum des havelländischen Obstgartens. So ist es kein Wunder, dass es ein **Obstbaumuseum** (Kirchstr. 6/7, April–Okt. Mi 11–16, Sa/So 13–17 Uhr) gibt, in dem eingehend über die Geschichte der Werderaner Landwirtschaft informiert wird. Trubelig wird es Ende April/Anfang Mai, wenn das ebenso traditionsreiche wie weinselige **Baumblütenfest** (www.baumbluetenfest.de) Zehntausende Besucher nach Werder zieht.

Halb Berlin, so wird in dieser Gegend behauptet, sei aus Ziegeln erbaut, die aus **Glindow** kamen (2 km südwestlich von Werder). Ende des 19. Jh. existierten hier nämlich mehr als 50 Brennöfen. Über die Geschichte dieser Produktionsstätten informiert das *Märkische Ziegeleimuseum* (Alpenstr. 47, www.ziegeleimuseum-glindow.de, Mi–So 10–16 Uhr) Es befindet sich im denkmalgeschützten Turm, von dem aus der Ziegeleibesitzer früher seine Arbeiter beobachten ließ. Auch die Lebens- und Arbeitsbedingungen der Ziegler werden im Museum dokumentiert. Von der obersten Turmetage bietet sich ein schöner Blick auf die Umgebung und die benachbarte Ziegelei, die noch heute Ziegel für denkmalgeschützte Bauten herstellt.

Nördlich von Werder liegt das kleine Dorf **Paretz**, das 1795–1803 unter Leitung David Gillys als ein frühklassizistisches

›Bretterknaller‹ heißt der heimtückische Obstwein, der beim Werderaner Baumblütenfest ausgeschenkt wird

Musterdörflein mit Schloss, Park und Kirche entstanden war und zur sommerlichen Lieblingssitz von König Friedrich Wilhelm III. und dessen Gemahlin Luise avancierte. Hier hatten sie ihr ›Schlösschen still im Land‹, das 1796/97 entstandene **Schloss Paretz** (Parkring 1, Mai–Okt. Di–So 11–17, sonst Sa/So/ Fei 11–16 Uhr). Nach aufwendiger Sanierung erinnert heute wieder manches an das Königspaar. Die Zeit gut überstanden hat die ockerfarbene, gotisierend überformte *Kirche* mit ihrer Königsloge, in der eine von Gottfried Schadow geschaffene Tontafel zum Gedenken an die beliebte Königin Luise hängt.

Wer von Paretz in westlicher Richtung weiterfährt, erreicht nach 3 km **Ketzin** mit engen Gassen, einstöckigen Häuschen und kopfsteingepflasterten Straßen. Die ältesten Teile der *St.-Petrikirche* stammen aus dem 12. Jh., ihr barocker Emporensaal birgt schöne Ausstattungsstücke des 18. Jh. Eine Fähre verbindet Ketzin mit Schmergow am südlichen Havelufer.

i Praktische Hinweise

Information

Tourismusbüro, Kirchstr. 6/7, Werder/Havel, Tel. 033 27/78 33 74, Fax 033 27/78 33 22, www.werder-havel.de

Hotel

***Hotel zur Insel**, Am Markt 6, Werder/Havel, Tel. 033 27/6 61 60, Fax 033 27/66 16 66, www.hotel-zur-insel.de. Hübsche Zimmer in der Altstadt.

Restaurant

Arielle, Fischerstr. 33, Werder/Havel, Tel. 033 27/4 56 41. Bekannt gutes Fischrestaurant mit eigener Fischerei und Räucherei.

5 Brandenburg/Havel

Ein Bilderbuch mittelalterlicher Geschichte.

Keine andere Stadt in der Umgebung Berlins besitzt auch nur annähernd so viele Sehenswürdigkeiten aus dem Mittelalter wie das uralte Brandenburg (75 000 Einw.), das der ganzen Mark seinen Namen gab. Drei einst selbstständige historische Siedlungskerne, alle durch die Havel und ihre Nebenarme voneinander getrennt, bilden heute die baukünstlerisch bedeutende Stadtanlage, in der es noch viel zu restaurieren gibt.

Geschichte Auf der Insel, die heute den Dom trägt, entstand spätestens im 8. Jh. eine slawische Burg, die im Winter 928/29 König Heinrich I. eroberte. Sein Sohn Otto der Große stiftete 948 hier das Bistum Brandenburg. Die erste urkundliche Erwähnung der ›**alten Stadt Brandenburg**‹ erfolgte 1170, die der planmäßig angelegten **Neustadt** 1196. 1715 schloss König Friedrich Wilhelm I. beide zur ›Vereinigten Chur- und Hauptstadt Brandenburg‹ zusammen, die Dominsel wurde erst 1929 eingemeindet. Seine Hauptstadtfunktion hatte Brandenburg bereits im 17. Jh. verloren, als Potsdam zur fürstlichen Residenz aufgestiegen war. In der NS-Zeit wurden im **Zuchthaus Brandenburg-Görden** etwa 2000 Menschen aus 19 Ländern umgebracht. Auch der nachmalige SED-Generalsekretär Erich Honecker (1912 – 1994) war hier inhaftiert, was ihn allerdings später nicht daran hinderte, seinerseits Kritiker des SED-Regimes an diesem Ort einzusperren. Aufgrund seiner bedeutenden Industrie erlitt Brandenburg im Kriegsjahr 1944 schwere Bombenschäden.

Besichtigung Von der **Friedenswarte** ❶, dem Aussichtsturm auf dem Marienberg, sind die Dominsel sowie die beiden anderen historischen Siedlungskerne gut erkennbar: die Altstadt südlich der Gotthardtkirche und jenseits der Havel die Neustadt um die Katharinenkirche. Von der Befestigung der Altstadt sind der mit Spitzbogenblenden gezierte **Rathenower Torturm** ❷ und der mit filigranem Kranz gekrönte **Plauer Torturm** ❸ erhalten, von der Neustadt zeugen der runde **Steintorturm** ❹ und der achteckige **Mühlentorturm** ❺ (beide um 1411).

In der Altstadt

Der feingliedrige Hallenbau der **St. Gotthardtkirche** ❻ (15. Jh., Westbau 12. Jh.) ist reich ausgestattet: eine romanische *Bronzetaufe* des 13. Jh., eine schöne spätgotische *Triumphkreuzgruppe* und ein kostbarer *Gobelin* mit der Darstellung einer Einhornjagd (1463). Die *Kanzel* aus Sandstein, eine der schönsten im Land, hat 1623 die Tuchmachergilde gestiftet.

Feuchtfröhliches Vergnügen in der Stadt verspricht das **Marienbad** ❼ mit Röhrenrutsche, Wasserfall, Whirlpool, mehreren Freibecken und Saunalandschaft. Ein Abstecher nach der Besichtigungstour lohnt sich allemal.

Ein Meisterwerk der profanen Backsteingotik steht am nahen Markt. Das **Altstädtische Rathaus** ❽ (1470/80) mit Staffelgiebel und Maßwerkzier wirkt seines Turms wegen fast wie eine Kirche. Grimmig und mit erhobenem Schwert wacht neben dem Hauptportal der Brandenburger **Roland.** 1474 ist die 534 cm hohe Sandsteinskulptur ursprünglich für das Neustädter Rathaus entstanden. Über die Bedeutung der Rolandsfigur sind sich die Historiker uneins, die einen halten sie für das sichtbare Zeichen mittelalterlicher Marktrechte, andere sehen sie als generelles Symbol des Rechts.

Über die Plauer Straße und dann links abzweigend erreicht man das Stadtmuseum **Museum im Frey-Haus** ❾ (Ritterstr. 96, tgl. 10–18 Uhr). In dem schönen Barockbau (1723) mit dem prächtigem Treppenhaus wird mit interessanten Exponaten zum heimatkundlichen Exkurs gebeten. Einen Katzensprung Richtung Havel liegt die Ruine der Franziskanerkirche **St. Johannis** ❿, ein einschiffiger Backsteinbau des 13. Jh. Nahebei liegt die Schiffs-

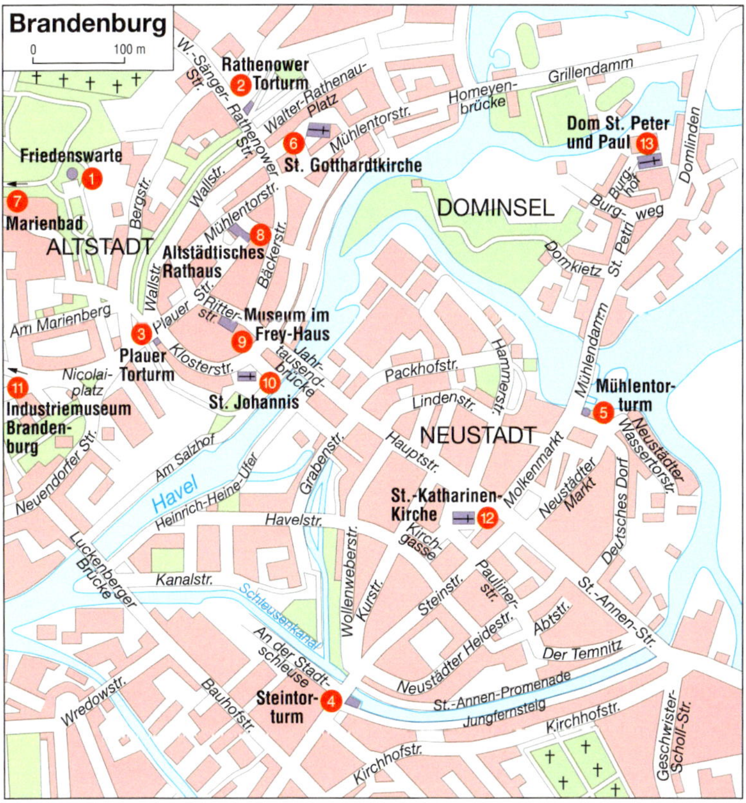

Im Vogelflug über Brandenburg – am linken Ufer der Havel liegt die nierenförmig gewachsene Altstadt, rechts davon die Neustadt mit der Katharinen-Kirche und im Mittelgrund dahinter die Dominsel ▷

anlegestelle für Dampfer zum Beetzsee, nach Paretz und nach Potsdam.

Zu DDR-Zeiten war das Stahl- und **Walzwerk** mit rund 10 000 Beschäftigten der größte Arbeitgeber der Stadt. Im **Industriemuseum Brandenburg** 11 (August-Sonntag-Str. 5, www.industriemuseum-brandenburg.de, März–Okt. Di–So/Fei 10–17, sonst bis 16 Uhr) westlich der Altstadt bemüht man sich, Besuchern die industrielle Vergangenheit anschaulich zu machen. Zu sehen ist etwa der letzte *Siemens-Martin-Ofen* Westeuropas.

Durch die Neustadt zur Dominsel bis zum Beetzsee

Der Einkaufsboulevard Brandenburgs ist die Hauptstraße. Hier plätschert der **Fritze-Bollmann-Brunnen**, in den die acht Strophen des Spottliedes ›Fritze Bollmann wollte angeln (…)‹ eingemeißelt

Gut bewacht vom Brandenburger Roland – fast schon sakral wirkt Brandenburgs Altstädter Rathaus mit seinem Turm

sind. Die Brandenburger Lokaltype ertrank im Beetzsee. Rechts der Hauptstraße ragt mächtig die **St.-Katharinen-Kirche** 12 auf. Den großartigen, 1401 vollendeten Bau des Hinrich Brunsberg aus Stettin zeichnen außen die enorm dekorativ gestalteten *Kapellengiebel* aus – Spitzenleistungen des spätgotischen Dekorationsstils. Innen beeindrucken im Chor die *Gewölbemalereien* (um 1430) und der vierflügelige *Schnitzaltar*, dessen Bilder die Legenden der Heiligen Katharina und Amalberga erzählen, ferner der *Hedwigsaltar* in der Südkapelle, die *Bronzetaufe* von 1440, die *Kanzel* mit Altartisch

(1668) sowie etliche *Renaissance-* und *Barockgrabmäler*.

Über den Neustädtischen Markt (mit hübschen Fassaden des 18. Jh. an der Ostseite) und vorbei am zinnenbewehrten Mühlentorturm gelangt man auf die Dominsel, das ursprüngliche Herz der slawischen ›Brendanburg‹. Ein absolutes Muss ist hier die Besichtigung des

TOP TIPP **Doms St. Peter und Paul** 13, dessen älteste Teile aus dem Jahr 1165 stammen. Karl Friedrich Schinkel attestierte dem Bauwerk in einem Gutachten 1827, es werde wohl kaum die Jahrtausendwende erleben, da es zwischen den Havelarmen auf unsicherem Grund stehe. Damit seine Prophezeiung nicht eintritt, bemüht sich ein bundesweiter Förderverein, den Dom zu retten; noch mehrere Jahre werden die aufwendigen Sanierungsarbeiten andauern. Zu den Kostbarkeiten des Gotteshauses gehören der *Böhmische Altar* (um 1375) mit einer geschnitzten Marienkrönung und den gemalten böhmischen Landesheiligen Sigismund, Veit und Wenzel (heute im südlichen Querhausarm), das hölzerne *Sakramentshäuschen* (1375) und das steinerne *Taufbecken* (14. Jh.). Ebenfalls sehenswert sind die spätromanischen Ka-

Kostbarer Schatz im Dommuseum Brandenburg – Chormantel mit böhmischer Stickerei aus der 2. Hälfte des 15. Jh.

pitelle in der *Krypta* und die wohl gleichzeitig reich ausgemalte so genannte *Bunte Kapelle* zwischen dem nördlichen Querhausarm und dem Chor. Wertvollste Schätze bewahrt auch das **Dommuseum** (Mo–Fr 10–16, Sa 10–17, So 11–17, Juni–Sept. Mi nur 10–12 Uhr, www.dom-brandenburg.de) im Klausurgebäude neben dem Hochchor. Highlights sind hier die *Gründungsurkunde* des Bistums Brandenburg aus dem Jahr 948, das *Brandenburger Evangelistar* (13. Jh.) sowie die Sammlung mittelalterlicher Textilien mit dem *Hungertuch*, einer Leinenstickerei von 1290.

Top Tipp

Am Grillendamm nördlich der Dominsel beginnt der sich 21 km lang hinziehende **Beetzsee**, ein eiszeitlicher Rinnensee und nun eines der zahlreichen Naherholungsgebiete der Brandenburger.

Ausflug

In seen- und waldreicher Gegend liegt das von Zisterziensern – den Wegbereitern der Ostkolonisation – errichtete **Kloster Lehnin** (20 km südöstlich von Brandenburg, Ausstellung im Elisabethhaus: Mo–Fr 10–16.15, Sa/So 12.30–17.30 Uhr). Es war 1180 von Markgraf Otto I. als Hauskloster und Begräbnisstätte der Askanier (des ersten Herrschergeschlechts in der Mark Brandenburg) gegründet worden. Nach der Reformation verfiel die Anlage. Erst ab 1871 begann die Wiederherstellung der Kirche, des Korn-, Abts- und Torhauses sowie der Klostermauer. Heute befinden sich in den Konventsgebäuden diakonische Einrichtungen und ein Krankenhaus. Die dreischiffige *Klosterkirche* (www.klosterkirche-lehnin.de) mit stattlichem Dachreiter, 1180 im romanischen Stil begonnen und 1262 im gotischen beendet, gilt neben Chorin als der bedeutendste Bau der Zisterzienser in Brandenburg. In der lang gestreckten kreuzförmigen Pfeilerbasilika aus Backstein sind vor allem der Schnitzaltar (1476) und das spätromanische Kruzifix (um 1230) sehenswert.

Praktische Hinweise

Information

Touristinformation, Steinstr. 66/67, Brandenburg, Tel. 033 81/20 87 69, Fax 033 81/20 87 74, www.stadt-brandenburg.de

Hotels

******Park Hotel Seehof**, Am Seehof, Brielow, Tel. 033 81/75 00, Fax 033 81/70 29 10, www.parkhotel-seehof.de. An der Stadtgrenze zu Brandenburg in einem großen Park direkt am Beetzsee.

******Sorat Hotel Brandenburg**, Altstädtischer Markt 1, Brandenburg, Tel. 033 81/59 70, Fax 033 81/59 74 44, www.sorat-hotel.de. First-Class-Hotel im Zentrum, mit Restaurant Parduin.

Lehnin – das erste Zisterzienserkloster der Mark Brandenburg (1180 gegründet) beherbergt heute diakonische Einrichtungen

**Hotel-Restaurant Markgraf, Friedensstr. 13, Lehnin, Tel. 033 82/76 50, Fax 033 82/76 54 30, www.hotel-markgraf.de. Ein kleines Haus zum Wohlfühlen, im Restaurant brandenburgische und österreichische Küche.

6 Nauen

Charmantes Ackerbürgerstädtchen mit Fontanes Ribbecker Birnbaum vor den Toren.

Das Gesicht der noch ländlich geprägten Stadt Nauen bestimmen viele kleine Fachwerkhäuser sowie Straßen und Gassen mit Kopfsteinpflaster. Sehenswert sind das im Stil norddeutscher Backsteingotik mit hochgerecktem Turm und Stufengiebel erbaute **Rathaus** (um 1890) und die spätgotische, zuletzt 1875 erneuerte **Jakobikirche** mit neogotischer Ausstattung. Der **Große Havelländische Hauptkanal** aus dem 18. Jh. wurde 1916 erweitert. Am nordöstlichen Stadtrand, in der Graf-Arco-Straße, wurde 1905/06 die erste **Großfunkstation** Deutschlands eingerichtet, das Stationsgebäude und die dazugehörige **Werkssiedlung** (1917–19) baute der berühmte Berliner Werkbund-Architekt Hermann Muthesius. Inzwischen nutzt die Deutsche Telekom die Anlage, die daher nur am Tag des offenen Denkmals besichtigt werden kann.

Ausflüge

Nur einen Katzensprung entfernt ist das Dorf **Ribbeck** (8 km westlich), das durch Theodor Fontanes Gedicht vom ›Herrn von Ribbeck auf Ribbeck im Havelland‹ weithin bekannt wurde. Das darin erwähnte ›Doppeldachhaus‹ des Herrn von Ribbeck, in dessen Garten einst der Birnbaum blühte, musste 1821 dem später veränderten und noch heute existierenden *Schloss* weichen. Den ›Fontane‹-*Birnbaum* entwurzelte ein Orkan 1911, das heutige Prachtstück neben der Kirche ist der vierte – aber Vorsicht, die Früchte an seinen Ästen sehen nur verblüffend echt aus. Die *Kirche* mit der tonnengewölbten Familiengruft der Familie Ribbeck im südlichen Anbau wurde zu einer Begegnungsstätte umgestaltet, die Ausmalung nach historischer Vorlage vorgenommen.

Einen Abstecher wert ist auch **Rathenow** an der Havel (50 km westlich) mit dem prachtvollen barocken *Denkmal* des

Barockplastik vom Feinsten – Denkmal des Großen Kurfürsten (1738) von Johann Georg Glume in Rathenow

Großen Kurfürsten am zentralen Schleusenplatz. Es erinnert an die Vertreibung der Schweden aus der Stadt durch Friedrich Wilhelm im Jahr 1675. Johann Georg Glume hat ihn 1738 als römischen Imperator dargestellt – wohlbeleibt, überlebensgroß und siegesbewusst steht der Monarch auf hohem reliefierten Postament über gefesselten Sklaven und schaut auf die barocken *Bürgerhäuser* (18. Jh.), die den Platz säumen. Sehenswert ist auch die *St.-Marien-Andreas-Kirche* mit ihrem Flügelaltar (um 1375) und einem spätromanischen Kelch (um 1260). Dem Kirchportal gegenüber steht das Geburtshaus von *Johann Heinrich August Duncker* (1767–1843). Nach der Konstruktion einer Schleifmaschine zur Brillenglasfertigung im Jahr 1801 gründete er die ›1. Optische Industrie-Anstalt‹ in Deutschland und damit die später weltbekannte Rathenower optische Industrie. Deren Tradition setzt heute ›Brillenkönig‹ Günther Fielmann fort. Dunckers Andenken ist die *Bronzebüste* auf dem Bahnhofsvorplatz gewidmet und auch das **Optik-Industrie-Museum** (Märkischer Platz 3, www.oimr.de, Di–So 13–17 Uhr) hat den Optiker in den Mittelpunkt seiner Ausstellung gerückt.

i Praktische Hinweise

Information

Stadtinformation, Rathausplatz 2, Nauen, Tel. 033 21/40 80, Fax 033 21/40 82 16, www.nauen.de

TouristInfo, Dunckerpl. 21a (am Hauptbahnhof), Rathenow, Tel. 033 85/49 63 75, www.rathenow.de

Prignitz, Ruppiner Land und Uckermark – Natur, Kunst und Kultur

Im Norden Berlins, zwischen Elbe und Oder, hat die Eiszeit eine hügelige Landschaft mit Endmoränen und Schmelzwasserrinnen geformt. Hunderte von Seen sowie ausgedehnte Kiefern- und Laubwälder haben die von der Industrie fast vergessenen Regionen bei Naturfreunden beliebt gemacht – ein **ideales Feriengebiet** zum Baden und Segeln, für Wasser- und Radwanderungen. Um die Naturschönheiten kommenden Generationen zu erhalten, entstanden bei Templin der **Naturpark Uckermärkische Seen**, bei Perleberg der **Naturpark Brandenburgische Elbtalaue** und bei Schwedt der grenzübergreifende **Nationalpark Unteres Odertal**, der eine der letzten natürlichen Flussmündungslandschaften Mitteleuropas schützt. In der Prignitz, aber auch im östlich anschließenden Ruppiner Land, der Heimat Fontanes, ist der **Weißstorch** ein gern gesehener Sommergast. Feuchtwiesen und Kleingewässer mit Fröschen, Libellen und Käfern bieten Meister Adebar noch reichlich Lebensraum. Sehenswerte Schlösser und Herrenhäuser, so in **Oranienburg** und **Rheinsberg**, erzählen von ihren früheren Besitzern. Bedeutende kulturhistorische Bauten sind in Städten und Dörfern zu finden, am prächtigen Marktplatz von **Perleberg**, in der alten Bischofsstadt **Wittstock**, zwei Kirchen und ein Tempelgarten in **Neuruppin**, eine fast vollständig erhaltene mittelalterliche Stadtbefestigung in **Templin** und viele Fachwerkhäuser in den engen Gassen von **Angermünde**.

7 Oranienburg

Eine Prinzessin gab der Stadt den Namen.

Fisch und Eiche im heutigen Wappen von Oranienburg deuten auf den Wald- und Fischreichtum dieses Landstrichs hin. Prinzessin Luise Henriette von Nassau-Oranien war von der Gegend so angetan, dass sie sich das damalige Amt Bötzow von ihrem Gemahl, Kurfürst Friedrich Wilhelm, 1650 schenken ließ. Sie holte holländische Baumeister, die die vorhandene Wasserburg nach niederländischen Vorbildern bis 1655 in das frühbarockes **Schloss Oranienburg** (www.spsg.de, April–Okt. Di–So 10–17, Nov.–März Sa/So 10–16 Uhr) umwandelten. 1688–91 baute es Johann Anton Nehring zu einer französisch beeinflussten Dreiflügelanlage um, die 1709 schließlich zur H-Form erweitert wurde. Auf diesen Bau geht der stadtseitige pilastergegliederte Mittelrisalit mit figurengeschmückter Attika zurück. Im 19. Jh. diente das Bauwerk als Fabrik, zu DDR-Zeiten als Quartier für Grenztruppen. Das Schloss wurde inzwischen auf seine Ursprungsform zurückgebaut. Von der einstigen Ausstattung blieb nur die reich verzierte Stuckdecke in der früheren *Porzellankammer* mit dem allegorischen Deckengemälde zur Einführung des Porzellans in Europa (Augustin Terwesten, 1697) erhalten. Eine um 1695 für diesen Raum geschaffene Etagere mit ostasiatischem Porzellan aus dem 17. und 18. Jh. zeugt vom Glanz vergangener Zeiten. Spitzenwerke barocker Gold- und Silberschmiedekunst sind in der 2006 eröffneten *Silberkammer* ausgestellt. Ansonsten präsentiert das *Schlossmuseum* vor allem Werke niederländischer Künstler.

Vor dem Schloss bekam die einstige mit knapp 40 Jahren verstorbene Schloss-

◁ **Oben:** *Viel gestufte Backsteinzier – die Wallfahrtskapelle in Heiligengrabe prunkt mit prächtigem Giebel*
Unten: *Gelbe Weite, grün gerändert – die Prignitz besticht durch Landschaft pur*

herrin Luise Henriette ein lebensgroßes **Denkmal** (1858) aus Bronze, gewiss deshalb, weil sie laut Fontane »Oranienburg über den allerengsten Kreis hinaus ein Ansehen in der Geschichte des Landes gab«.

Zugang zum **Schlosspark** gewährt ein schönes Portal mit den allegorischen Figuren von Sommer und Herbst sowie filigranem schmiedeeisernen Ziergitter (1690). Wenige Schritte vom Schloss entfernt, in der Breite Straße 1, steht eines der ältesten Häuser der Gegend, das 1657 erbaute *Haus des Amtshauptmanns*.

Spaß für Groß und Klein bietet die **T.U.R.M. Erlebnis-City** (André-Pican-Str. 47, www.turm-or.de) mit riesiger Bade- und Saunalandschaft.

Sklavenarbeit – Massenmord

Oranienburg ist aber auch mit dem dunkelsten Kapitel deutscher Geschichte verbunden. In der Stadt errichteten die Nazis im März 1933, einen Tag vor Dachau, ihr TOP TIPP erstes **Konzentrationslager**, dem drei Jahre später im Ortsteil **Sachsenhausen** ein viel größeres folgte. ›Vernichtung durch Arbeit‹ – bis 1945 fanden hier etwa 100 000 Menschen aus 47 Nationen den Tod. 1945–50 nutzte die sowjetische Besatzungsmacht ihrerseits das Gelände als Internierungslager, in dem vermutlich 10 000 Menschen umkamen. **Gedenkstätte und Museum** (Straße der Nationen 22, www.gedenkstaette-sachsenhausen.de, Mitte März–Mitte Okt. Di–So 8.30–18, sonst bis 16.30 Uhr) erinnern auf beklemmende Weise an brutalen Terror und Massenmord.

Stete Gäste in Linum – um das Dorf östlich von Kremmen bietet das feuchte Rhinluch Störchen ideale Lebensbedingungen

i Praktische Hinweise

Information

Touristen-Information, Bernauer Str. 52, Oranienburg, Tel. 033 01/70 48 33, Fax 033 01/70 48 34, www.tourismus-or.de

Hotel

******Hotel an der Havel**, Albert-Buchmann-Str. 1, Oranienburg, Tel. 033 01/69 20, Fax 033 01/69 24 44, www.hotelanderhavel.de. Angenehm eingerichtete Zimmer.

Restaurant

Gasthof Oranjehus, Clara-Zetkin-Str. 4, Oranienburg, Tel. 033 01/70 12 44. Umfangreiches, schmackhaftes Speisenangebot.

8 Kremmen

Ruhe und Beschaulichkeit am Rand des Ruppiner Landes.

Kremmen, 1216 schon erwähnt, entstand bei einer Burg am Kremmener Damm, dem jahrhundertelang einzigen Verbindungsweg durch eine von zahllosen Gewässern und Feuchtgebieten geprägten Landschaft. Der Ort entwickelte sich zu einer typischen Ackerbürgerstadt. Ihren Mittelpunkt bildet der dreieckige Marktplatz mit einer harmonischen Bebauung aus dem 19. Jh., zu der das klassizistische **Rathaus** von 1840 gehört. Idyllisch wirkt der Kirchplatz mit der **Nikolaikirche** (15. Jh.), die eine außergewöhnlich vollständige Barockausstattung birgt.

Typisch für Kremmen sind zweigeschossige **Traufenhäuser**. Die drei ältesten, die im 17. Jh. erbaut wurdem, stehen in der Dammstraße Nr. 16, 18 und 20. Im Süden der Stadt blieb das **Scheunenviertel** mit rund 50 Gehöften erhalten, die nach einem großen Brand 1840 außerhalb der Stadtmauern angelegt wurden, um Lagermöglichkeiten für leicht brennbares Gut wie Stroh und Heu zu schaffen.

Der **Ruppiner Kanal** nördlich der Stadt durchfließt den Kremmener See und verbindet die Havel mit dem Rhin, somit die Berliner Wasserwege mit der Mecklenburgischen Seenplatte. Westlich der Straße Kremmen – Sommerfeld erstreckt sich das **Kremmener Luch**, eine Moorniederung mit Schilfmatten, Wäldern, Feldern und Heideflächen. Im Herbst rasten hier bis zu 10 000 Kraniche, deren schmetternde Rufe oft kilometerweit zu hören sind.

Ausflug

Am Rand des *Rhinluchs*, einer ebenen Landschaft mit ausgedehnten Flachmooren und sumpfigen Wiesen, liegt **Linum** (10 km östlich von Kremmen), das ›Storchendorf des Ruppiner Landes‹. Jährlich nisten hier etwa 15–20 Storchenpaare, da das Luch den Tieren reichlich Nahrung bietet. In der *Dorfschmiede* vermittelt eine Ausstellung Wissenswertes zum Thema Storch.

i Praktische Hinweise

Information

Natur- und Tourismusinformation
Region Kremmen (Museumsscheune), Scheunenweg 49, Kremmen, Tel. 03 30 55/715 00, Fax 03 30 55/715 01, www.amt-kremmen.de

Hotel

******Schloss Ziethen**, Groß Ziethen (5 km südlich von Kremmen), Tel. 03 30 55/950, Fax 03 30 55/95 59, www.schlossziethen.de. Wohnen im Barockschloss. In der ehem. Orangerie kann man gut speisen.

Viktoria über dem Großen Kurfürsten – Erinnerung an die ereignisreiche Schlacht von Fehrbellin in Hakenberg

9 Fehrbellin

Ein Sieg, nach dem der Brandenburger Landesvater Friedrich Wilhelm als ›Großer Kurfürst‹ tituliert wurde.

1675 donnerten bei Fehrbellin die Kanonen, schwedische und brandenburgische Truppen kämpften miteinander. 11 000 Schweden mit 38 Kanonen standen nur 5600 Brandenburger mit 13 Kanonen gegenüber. Die Mannen von Kurfürst Friedrich Wilhelm besaßen aber die größere Kampfmoral und wurden von Prinz von Homburg taktisch klüger geführt, so dass sie siegten. Die Schweden, damals die führende Militärmacht Europas, flohen Hals über Kopf. Nach diesem Sieg wurde Brandenburgs Landesvater der **›Große Kurfürst‹** genannt. Im Fehrbelliner Kurfürstenpark wird der Heerführer mit einem **Denkmal** geehrt, Kaiser Wilhelm II. hat es 1902 enthüllt.

Fehrbellin ist ein Städtchen ohne Marktplatz, Rathaus oder Befestigungsanlage. Doch schmücken zahlreiche Fachwerkhäuser den Ort und es gibt eine beachtenswerte **Stadtkirche**. Sie wurde nach Plänen des Schinkelschülers Friedrich August Stüler (1800–1865) zwei Jahre nach seinem Tod erbaut.

Westlich von Fehrbellin, das 1216 erstmals genannt wird, breitet sich das einst moorige **Havelländische Luch** aus. Pappeln und Weiden säumen die unzähligen Wassergräben, die in einem verzweigten Netz die weiten Wiesen und Ackerflächen durchziehen.

Der Kampf von 1675 ging als ›Fehrbelliner Schlacht‹ in die Geschichtsbücher ein, obwohl sich die Kontrahenten im 6 km entfernten **Hakenberg** gegenüberstanden. Dort erinnert ein *Denkmal* in Form eines Vasenpostaments (1800) mit einem Schutzgitter (1857) an das blutige Ereignis. Auf den nahen Kurfürstenhügel, zu dem eine schnurgerade Lindenallee führt, stellte man die **Siegessäule**, einen 34 m hohen säulenförmigen Aussichtsturm (1875–79), der von der geflügelten Göttin Viktoria bekrönt wird (ein Bronzenachguss des Originals von Christian Daniel Rauch). Am Fuße der Säule ist eine Nachbildung der Büste des Großen Kurfürsten von Andreas Schlüter eingelassen. Vom Turm hat man einen guten Überblick über das **Ländchen Bellin** zwischen Havelländischem Luch und Rhinluch im Osten.

TOP TIPP

10 Neustadt/Dosse

Pferde voller Eleganz und Temperament sowie eine berühmte Mumie.

Die kleine Siedlung an einem Übergang des Flüsschens Dosse blühte erst auf, als Landgraf Friedrich II. von Hessen-Homburg (jener ›Prinz‹ der Schlacht von Fehrbellin, vgl. Nr. 9) in der zweiten Hälfte des 17. Jh. einige Manufakturen ansiedelte und 1694 ein Gestüt gründete. Seitdem ist Neustadt **Pferdestadt**. Preußenkönig Friedrich Wilhelm II., der an kräftigen Kavallerie-Pferden interessiert war, setzte die Pferdezucht fort, er ließ 1788 das nach ihm benannte Friedrich-Wilhelm-Gestüt (heute Hauptgestüt) und ein Jahr später das Hengstdepot, das Gestüt Graf Lindenau (heute Landgestüt), gründen.

Aus dem **Brandenburgischen Haupt- und Landgestüt** (www.sbhlg.org) kommen edle Warmblutpferde, alle mit dem Neustädter Brandzeichen: ein von einer Schlange umwundener Pfeil symbolisiert Schnelligkeit und Gewandtheit. Die **großzügigen Anlagen** mit den barocken, schlossartigen Hauptbauten sowie Wohn-, Stall- und Wirtschaftsgebäuden vom Ende des 18. Jh. stehen für Spaziergänge offen. Zur Besichtigung bietet sich das **Historische Kutschenmuseum** (Havelberger Str. 18a, www.lindenau-halle.de, Di–Sa 14–17 Uhr) in der Graf-von-Lindenau-Halle an.

Wer die bis zu 150-jährigen Kutschen in Aktion erleben möchte, besuche eine der vom Gestüt veranstalteten Paraden und Vorführungen. Hauptattraktion sind die jährlich im September am Samstag oder Sonntag stattfindenden **Hengstparaden** auf dem Turnierplatz. Große Mehrspänner, Spring- und Dressurquadrillen, historisch gekleidete Bereiter und Fahrer begeistern die Schaulustigen (www.sbhlg.org, Karten: Tel. 03 39 70/50 29 19).

Originell ist die barocke **Kirche** von Neustadt, sie wurde 1669 auf dem Grundriss eines griechischen Kreuzes errichtet und war damit der erste Zentralbau Brandenburgs. In ihrer Umgebung stehen mehrere schöne **Fachwerkhäuser**. Als architektonische Kostbarkeit gilt der klassizistische **Bahnhof**, der 1846/47 im Zuge des Bahnlinienbaus Berlin – Hamburg entstand. Im Ortsteil **Spiegelberg** erinnern herrenhausähnliche Gebäude mit Park sowie weitere Fachwerkhäuser an die größte Spiegelfabrik Brandenburg-Preußens. 1688–1844 ließen hier die Kurfürsten und preußischen Könige die Spiegel für die Berliner und Potsdamer Schlösser fertigen.

Eine ungewöhnliche Sehenswürdigkeit bietet die frühgotische Feldsteinkirche von **Kampehl** mit der Mumie des ›ledernen‹ Ritters Kahlbutz (Juli/Aug. tgl. 10–12 und 13–17, April–Juni/Sept./Okt. Di–So 10–12 und 13–17, Nov./Dez./Febr./März Di–So 10–12 und 13–16 Uhr, Jan. nur Sa/So).

Hengstparade in Neustadt – Präsentation edler Warmblutpferde

Ausflug

Gute Bade- und Wassersportmöglichkeiten bietet **Wusterhausen**, wenige Kilometer nordwärts am Südzipfel der Kyritzer Seenplatte gelegen. Die 1232 erstmals erwähnte kleine Stadt an der Dosse kam im 15. und 16. Jh. durch das Salzmonopol zu relativem Wohlstand. An diese Blütezeit erinnert die spätgotische Stadtkirche *St. Peter und Paul* mit ihrem gedrungenen Westturm, der sich dicht ans Kirchendach duckt. Malerisch ist die Innenausstattung mit figurenbestückter Kanzel, bemalten Emporen und spätgotischem Chorgestühl. Später brachte das Schuhmacherhandwerk Wohlstand und machte Wusterhausen – scherzhaft – zu ›Schusterhausen‹. Viele *Fachwerkhäuser* (17./18. Jh.) prägen das Stadtbild, in eines der schönsten zog das *Heimatmuseum* (Markt 3, April–Dez. Di/Do/Fr 10–16, Sa/So 13–16, sonst Di/Do/Fr 10–16, Sa/So 11–14 Uhr).

i Praktische Hinweise

Information

Amt Neustadt, Bahnhofstr. 6, Neustadt/Dosse, Tel. 03 39 70/9 52 02, Fax 03 39 70/134 45, www.neustadt-dosse.de

Hotel

****Parkhotel St. Georg**, Prinz-von-Homburg-Str. 35, Neustadt/Dosse, Tel. 03 39 70/970, Fax 03 39 70/97 40, www.park-hotel-neustadt.de. Sauna, Solarium, Beautyfarm sind ebenso vorhanden wie Restaurant und Café.

***Lindenhof**, Barsikower Weg 6, Rohrlack, Tel. 03 39 28/703 99, Fax 03 39 70/711 38, www.pension-gestuet-lindenhof.de. Kleine familiär geführte Pension (4 Gästezimmer und der Spitzboden, in dem für Familien mit Kindern aufgebettet wird). Zum Hof gehört auch ein Gestüt mit rund drei Dutzend Pferden.

11 Kyritz

Ein Städtchen – reich an Geschichte und Geschichten – mit dem Naherholungsgebiet der Kyritzer Seenkette vor der Tür.

Kyritz, bereits 1237 mit Stadtrecht betraut, trägt den lustigen Beinamen ›an der Knatter‹, obwohl durch das ehem. Hansestädtchen die Jäglitz fließt! Knatternd-klappernde Wassermühlen an deren Ufer

Märkische Merkwürdigkeit in Kampehl – Ritter Kahlbutz will partout nicht verwesen

Legenden um den Ritter Kahlbutz

Als 1794 die Kampehler Kirche renoviert wurde, bettete man die Särge um und fand dabei eine Mumie – jene des 1702 gestorbenen Ritters Christian Friedrich von Kahlbutz. Ältere erzählten damals, er habe einen Schäfer erschlagen, weil dessen Braut ihm das **Recht der ersten Nacht** verweigerte. Vor Gericht leugnete Kahlbutz die Tat und schwor: »Wenn ich der Mörder bin, mag einst mein Körper nicht verwesen.« Neben elf ehelichen werden dem **Lebemann** mehr als 30 Kinder nebenher nachgesagt.

Die berühmte Mumie von nur 6,5 kg Gewicht zieht nicht nur Besucher massenhaft an, auch berühmte Mediziner kamen. Die Ärzte **Rudolf Virchow** und **Ferdinand Sauerbruch** untersuchten Kahlbutz, 1983 steckte ihn **Prof. Meinhard Lüning** gar in einen Computertomographen der Berliner Charité und überraschte mit einer Neuigkeit: Der Tote ist vermutlich gar nicht Kahlbutz, denn der sei bei der Fehrbelliner Schlacht am Knie verletzt worden. An den sterblichen Überresten aber war keine Verletzung zu erkennen. Ob Ritter Kahlbutz oder nicht – **Touristenmagnet** bleibt die Mumie weiterhin.

Da hilft kein Schreien, der Kopf muss ab – alle zwei Jahre stellen die Kyritzer beim Bassewitzfest ein grausames Spektakel nach

waren Namen gebend. Sie sind heute verschwunden, der Beiname aber blieb.

Im Osten des Zentrums stehen noch beträchtliche Reste der mittelalterlichen **Stadtbefestigung** (13./14. Jh.). Den historischen Ortskern von Kyritz prägen ansehnliche **Fachwerkhäuser** (besonders schöne in der Joh.-Seb.-Bach-Straße) sowie schmucke **Jugendstil-** und **Gründerzeitbauten**. Am lang gestreckten hübschen Marktplatz mit einer 1814 gepflanzten **Friedenseiche** liegt das mit einem Uhrturm gezierte **Rathaus**, das nach einem Brand 1879/80 errichtet wurde. Der kastellartige, schön gegliederte Backsteinbau gehört zu den eindrucksvollsten in der Mark. Innen wird das Schwert des Raubritters *Kurt Bassewitz* aufbewahrt, von dem die Legende erzählt, dass er um 1400 wiederholt in der Stadt plündern wollte, was ihn letztlich den Kopf kostete. Ende Mai in allen ungeraden Jahren wird mit dem **Bassewitzfest**, einem mittelalterlichen Spektakel, an diesen dreisten Raubritter erinnert.

Am anderen Ende des Marktplatzes ragt die Doppelturmfassade (19. Jh.) der Pfarrkirche **St. Marien** auf, eine bemerkenswerte Hallenkirche aus dem 15. Jh., die barock und neogotisch verändert wurde. Taufstein und Kanzel sind im Inneren sehenswert. Vom im Mittelalter sehr bedeutenden ehem. **Franziskanerkloster** nördlich des Marktplatzes blieb der Klausurflügel mit einem hofseitigen *Laubengang* (18. Jh.) erhalten.

Ein Paradies für Erholungssuchende, Angler und Wassersportfreunde ist die

Mit Fachwerk- und Gründerzeitbauten zeigt sich der Markt von Kyritz giebelschön

Die ›Perle der Prignitz‹ – Rolandfigur, neogotisches Rathaus und spätgotische Jacobikirche dominieren den Altstadtkern von Perleberg

nahe **Kyritzer Seenkette**. An sechs Seen unterschiedlicher Größe gibt es hübsche Uferpartien, Strände, Wanderwege, Gaststätten und Bootsverleih.

i Praktische Hinweise

Information

Fremdenverkehrsverein Ostprignitz, Maxim-Gorki-Str. 32, Kyritz, Tel. 03 39 71/523 31, Fax 03 39 71/737 29, www.kyritz.de

Hotel

*__Hotel Waldschlösschen__, Seestr. 110, Kyritz, Tel. 03 39 71/307 80, Fax 03 39 71/30 78 39. Familiär geführtes Haus mit Restaurant in ruhiger Ortsrandlage.

*__Kyritzer Landhotel Heine__, Pritzwalker Str. 40, Kyritz, Tel. 03 39 71/715 12, Fax 03 39 71/715 13. Hotel und Restaurant in ehem. Bauernhof, stilvoll und gemütlich.

12 Perleberg

Properes Fachwerk im Zentrum der Westprignitz.

Die mittelalterliche Stadtstruktur und der reiche Bestand an bemerkenswerten Bauten trugen Perleberg den glanzvollen Beinamen ›Perle der Prignitz‹ ein. Malerisch liegt diese ›Perle‹ auf einer von zwei Flussarmen der Stepenitz umschlungenen Insel. Den besten Blick auf die Altstadt hat man vom **Hagen** aus, einer aus ehem. Überschwemmungsgelände kultivierten Grünfläche im Nordosten.

Besondere Anziehungskraft besitzt der lang gezogene Große Markt mit dem sich nahtlos anschließenden Kirchplatz. Hier reihen sich alte **Bürgerhäuser**, ansehnliche Giebelbauten des 16./17. Jh. mit teilweise reichem Dekor, sowie in der Mitte freistehend das neogotische **Rathaus** (1839) mit nadelspitzem Turm und mittelalterlicher Gerichtslaube. Wer zu den Sprechzeiten kommt und das Glück hat, dass gerade keine Tagungen stattfinden, darf in den *Großen Sitzungssaal* mit dem Kreuzgewölbe und der Deckenmalerei schauen. Am Ostende des Marktplatzes wacht auf reliefgeschmücktem Sockel seit 1546 die 5,40 m hohe steinerne Figur des Schild und Schwert tragenden **Roland** über die Geschicke der Stadt.

Hinter dem Rathaus staffeln sich Chor, hoher Blendengiebel und massiver Westturm der spätgotischen **St. Jacobikirche**. Ihr besonderes Ausstattungsstück ist ein fünfarmiger *Messingleuchter* von 1475. Ein schönes Fachwerkhaus des 15. Jh. am nahe gelegenen Schuhmarkt birgt das **Heimatmuseum** (Di–Fr 10–16, Juli/Aug. zusätzl. So 10–16 Uhr), das als bedeutendstes Regionalmuseum im Nordosten Deutschlands gilt. Die reich gefüllte Kunstkammer bietet in 19 Ausstellungsräumen mehr als 3000 Exponate, darunter ur- und frühgeschichtliche Funde sowie Urgroßmutters ›Supermarkt‹, einen komplett erhaltenen *Kolonialwarenladen* aus der Zeit um 1900, oder die Erfindung der ›Perleberger Glanzwichse‹, die ab 1835 dem preußischen Militär trockene und spiegelnde Stiefel garantierte.

Ausflug

Außergewöhnlich ist die Artenvielfalt an Pflanzen und Tieren in der Region der *Elbufer* südlich von Perleberg mit den angrenzenden Wiesen- und Waldgebieten. In diesem Naturraum, der wegen des innerdeutschen Grenzstreifens lange Jahre abgeschieden lag, fanden Störche, Kraniche und Fischreiher ideale Lebensbedingungen. Sie bevölkern die Feuchtgebiete dieses Landstrichs, von dem 539 km² Brandenburgs zum **Biosphärenreservat Flusslandschaft Elbe** gehören. Als Storchendorf Deutschlands (www.storchenclub.de) wurde im Süden **Rühstädt** bekannt. Mehr als 40 Storchenpaare brüten auf den Dächern, jährlich kommen hier mehr Storchenjunge zur Welt als das Dorf Menschenkinder hat.

i Praktische Hinweise

Information

Stadtinformation, Haus des Gastes/ Wallgebäude, Puschkinstr. 14, Perleberg, Tel. 038 76/61 22 59, Fax 038 76/61 29 65, www.stadt-perleberg.de

Hotels

*****Neuer Hennings Hof**, Hennings Hof 3, Perleberg, Tel. 038 76/79 20, Fax 038 76/61 50 35, www.neuer-hennings-hof.de. Sport- und Vital-Resort inmitten von Wiesen und Feldern.

****Stadt Magdeburg**, Wittenberger Str. 67, Perleberg, Tel. 038 76/7 80 90, Fax 038 76/78 09 26, www.hotel-stadt-magdeburg.de. Traditionsreiches Haus, Café mit Tanzdiele, Kegelbahn.

13 Wittstock/Dosse

Dosse und Glinze umfließen die alte Bischofsstadt.

An der so genannten Schwedenpappel in der Schützenstraße, im Süden der Stadt, liegt der 4 m hohe granitene **Schwedenstein**. Der 72-t-Koloss erinnert an die *Schlacht am Scharfenberg*, einer der blutigsten Kämpfe des Dreißigjährigen Krieges zwischen kaiserlich-sächsischen und schwedischen Truppen, die 1636 vor den Toren der Stadt tobte. Als Sieger verließen damals die Schweden das Schlachtfeld, sie hatten sich damit bis Kriegsende die Herrschaft in Norddeutschland gesichert. Über diese Schlacht informiert das **Museum des Dreißigjährigen Krieges** (Di 9–16, Mi 9–18, Do 9–16, Fr 9–13, Sa 13–16, So 11–16.30 Uhr), das einzige seiner Art in ganz Europa! Im Amtsturm der Alten Bischofsburg bietet es Besuchern eine faszinierende Zeitreise. Auf sieben Ebenen wird der große Religionskrieg in allen Facetten beleuchtet und erforscht, werden Kriegsursachen, -schicksale und -zerstörungen zur Anschauung gebracht, aber auch die zeitgenössische Musik und Literatur. Dieser bemerkenswerte ›Erlebnisturm‹ bildet zusammen mit dem benachbarten **Ostprignitzmuseum** im Amtshaus die **Museen Alte Bischofsburg** (www.mdk-wittstock.de). Im Innenhof der Anlage finden in den Sommermonaten verschiedene kulturelle Veranstaltungen statt; besonders beliebt sind das ›Theater zur Mitternacht‹ sowie das ebenfalls im Juni, aber nur alle zwei Jahre stattfindende Historienspektakel ›Die Schweden kommen!‹ (2006, 2008 …).

TOP TIPP

Der 32 m hohe klotzige **Amtsturm** ist ein Rest der einstigen Burg, in der die Havelberger Bischöfe zwischen 1271 und 1548 residierten. Weiter nördlich ragt der mächtige, mit barocker Haube und zwei offenen Laternen behütete Turm der **Marienkirche** (13. Jh., im 15. Jh. erweitert) auf. Glanzstück unter viel Beachtlichem im Inneren der Backsteinhalle ist der zweiteilige spätgotische *Schnitzaltar*, der im unteren Schrein eine Marienkrönung zwi-

Willkommen im Museum des Dreißigjährigen Krieges in Wittstock – in Europa einzigartig ist diese Schau

schen den Heiligen Anna und Dorothea und auf den Flügeln die zwölf Apostel zeigt, gefertigt hat ihn vermutlich der Lübecker Claus Berg. Eine Madonna mit Kind steht im Zentrum des kleineren oberen Altars.

Höhendominanten der kreisförmigen Stadtanlage sind ferner am Markt das neogotische **Rathaus** (1905) mit Staffelgiebel, Turm und einbezogener mittelalterlicher Gerichtslaube sowie der Turm der **Heiliggeistkapelle** im Norden (heutiges Aussehen von 1730). Nahe der Kapelle steht das blendengeschmückte **Gröpertor**, ein Teil der Stadtbefestigung, von der drei Wehrtürme, rund 40 Wiekhäuser und vor allem die **Stadtmauer** erhalten sind. 2500 m lang, durchgehend rund 6 m hoch und vor einigen Jahren mit 10 000 Ziegeln und 37 000 Biberschwänzen restauriert, umgürtet sie noch heute fast vollständig die Wittstocker Altstadt mit ihren verwinkelten kopfsteingepflasterten Gassen und den vielen schmucken Fachwerkhäusern, die die Historie des Ortes erlebbar machen. Man hat die sympathische Stadt schon ›märkisches Rothenburg‹ genannt.

Ausflug

7 km westlich ist das ehem. Zisterzienserinnenkloster **Heiligengrabe** (www.klosterstift-heiligengrabe.de, Klosterführungen April–Okt. Di–Sa 11 und 14, So 12.30 und 14, sonst Di–So 14 Uhr) seit der Reformation evangelisches Damenstift und eine der besterhaltenen Klosteranlagen Norddeutschlands. Sie wurde an der Stelle eines Hostienwunders im Jahr 1287 gegründet und war ein bedeutender Wallfahrtsort. In der lang gestreckten, nüchternen *Klosterkirche* ist auf sechs Tafelbildern von 1532 in relativ naiver Malerei die Gründungsgeschichte abgebildet. Herzstück der Anlage ist die 1512 geweihte, über einem Vorgängerbau des 13. Jh. errichtete *Heiliggrabkapelle,* die außen prächtig gegliederte Stufengiebel und innen ein schönes Sterngewölbe schmücken. Die Ausmalung befasst sich wiederum mit der Klostergeschichte und stammt von 1904. Die benachbarten *Stiftsdamenhäuser* (18. Jh.) in Fachwerkbauweise geben dem Ensemble eine ganz eigene, stimmungsvolle Kulisse. Im ehem. Stiftshauptmannshaus, einem spätklassizistischen Bau von 1838, befindet sich das *Klostermuseum* (Di–Sa 11–16, So 12–16 Uhr). Zu den kulturellen Highlights der Region gehören von Mai–Aug. die *Sommerkonzerte* in der Klosterkirche. Besonders beliebt sind jene, bei denen auf der 1725 erbauten Orgel gespiel wird.

Im Ortsteil Blumenthal ragt der mit 45 m höchste *Holzturm* Deutschlands auf. Wer die 200 Stufen bis zur Plattform bewältigt wird mit einem atemberaubenden Blick belohnt.

i Praktische Hinweise

Information

Touristbüro, Markt 1, Wittstock/Dosse, Tel. 033 94/43 34 42, Fax 033 94/44 89 96, www.wittstock.de

Hotels

*****Röbler Thor**, Am Dosseteich 1, Wittstock/Dosse, Tel. 033 94/400 46, Fax 033 94/44 38 22, www.prignitz-hotels.com. In der Parklandschaft des Stadtwalls im Landhausstil erbautes Hotel mit behaglichen Zimmern. Das Restaurant serviert gutbürgerliche Küche.

14 Neuruppin

Geburtsstadt Schinkels, Fontanes und der berühmten Bilderbogen.

Neuruppin liegt in wunderschöner, leicht hügeliger Landschaft am lang gestreckten *Ruppiner See* und ist deshalb ein beliebtes Ausflugsziel. Mit ihrer schachbrettartigen Anlage, der einheitlichen Bebauung und den breiten Straßen und Plätzen ist die Stadt darüber hinaus ein sehenswertes und zu Recht geschütztes Bauensemble. Durch Eingemeindung von 13 Dörfern wurde Neuruppin mit 330 km² zur flächenmäßig fünftgrößten Stadt Deutschlands.

Geschichte Neuruppin erhielt 1256 Stadtrecht und wurde 1688 Garnisonsstadt (was sie bis zum Abzug der russischen Armee 1993/94 auch blieb). 1732–36 kommandierte Kronprinz Friedrich von Preußen das Neuruppiner Regiment. Nach verheerendem Brand 1787, dem bis auf die Klosterkirche am See fast alle Bauten zum Opfer fielen, erfolgte bis 1806 der Wiederaufbau nach Plänen von Bernhard Matthias Brasch. Er schuf das noch heute bewunderte frühklassizistische Stadtjuwel. Weithin bekannt wurde Neuruppin im 19. Jh. durch die Neuruppiner Bilderbogen und als Geburtsort *Karl Friedrich Schinkels* (1781–1841) und *Theodor Fontanes* (1819–1898).

Besichtigung Selbstverständlich ehrte die Stadt ihre berühmten Söhne. Bildhauer Max Wiese schuf sowohl 1883 für den Schöpfer klassizistischer Baukunst in Preußen das **Schinkel-Denkmal** 1 in Form eines Stadbildes auf dem Kirchplatz, als auch 1907 das **Fontane-Denkmal** 2, das den Dichter am südlichen Ende der Karl-Marx-Straße sitzend und sinnend, mit Feder und Notizblock in Händen zeigt. Beider Andenken pflegt auch das **Heimatmuseum** 3 (August-Bebel-Str. 15, www.neuruppinmuseum.de, Di–Fr 10–17, Sa/So 10–16 Uhr).

Wen das Thema ›Bilderbogen‹ interessiert, sollte die Bilderbogenpassage entlang der Wichmannstraße südostwärts zum **Alten Gymnasium** 4 am Schulplatz schlendern. In dem lang gestreckten klassizistischen Bau von 1791 mit dem Uhrtürmchen über dem Mittelrisalit befindet sich die **Bilderbogengalerie** (Mo–Fr 11–16, Sa/So 10–16 Uhr), in der man nach Herzenslust Einblick in die im 19. und Anfang des 20. Jh. so beliebte bunte Pfennigletüre nehmen kann.

Die Hauptschlagader Neuruppins ist die **Karl-Marx-Straße** 5, die sich zu drei Plätzen öffnet. Typisierte zweigeschossige Bürgerhäuser, deren Fassaden mit Pilastern, Reliefmedaillons und Büsten geschmückt sind, säumen den weiten *Bernhard-Brasch-Platz* im Süden – sie geben ein authentisches Bild der einheitlichen

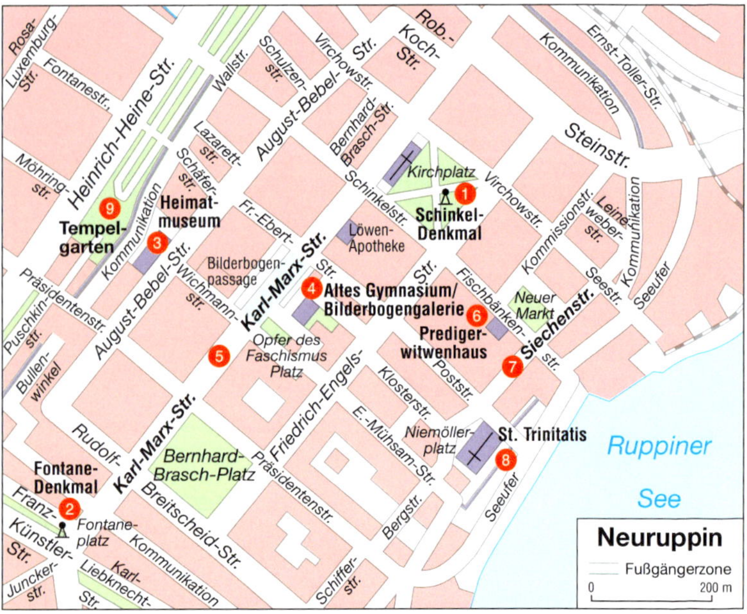

Annäherung via Ruppiner See – Neuruppins Trinitatiskirche grüßt Ausflügler

klassizistischen Bebauung. Den mittleren Platz nimmt das schlossähnliche ehem. *Wilhelm-Gymnasium* ein, das auch Fontane besuchte. 1790 von Brasch erbaut, trägt es das Motto des damaligen Stadtneubaus: ›Den Bürgern der Zukunft‹. In der ersten Etage der nahen *Löwen-Apotheke* (Haus-Nr. 84) kam am 30. Dezember 1819 Theodor Fontane zur Welt. Der Vater, ein Apotheker, hatte kurz zuvor das Haus erworben. Interessant ist die Stadtkirche *St. Marien* auf dem dritten, nordöstlichen Kirchplatz, sie wurde 1801–04 nach Plänen des Brasch-Nachfolgers Philipp Bernhard Berson erbaut. Es handelt sich dabei um einen so genannten Quersaal, ein Kirchentyp, der vor allem unter dem Soldatenkönig Friedrich Wilhelm I. beliebt war. Kanzelaltar samt Orgel sind dabei in der Mitte der Langseite platziert, gegenüber befindet sich die Ratsloge. Das nicht mehr kirchlich genutzte Gotteshaus dient seit der Sanierung als Kultur- und Kongresszentrum.

Vorbei am Schinkel-Denkmal geht es nun ostwärts Richtung Ruppiner See. Im **Predigerwitwenhaus** 6 (Fischbänkenstr. 8) verbrachte Karl Friedrich Schinkel mit seiner Mutter die Jahre 1787–94 nach dem Tod des Vaters, der Pfarrer in St. Marien war. Nach aufwendiger Restaurierung logiert hier die Internationale Schinkel-Gesellschaft, eine ständige Ausstellung über den Baumeister ist angeschlossen. Ums Eck liegt die **Siechenstraße** 7,

Bronze für Theodor Fontane – der berühmte Neuruppiner Romancier prägte das heutige Brandenburg-Bild

die vom Feuer des Stadtbrands verschont blieb. So zeigt sie sich noch heute schmal und krumm, gesäumt von alten Bauten wie dem ehem. Siechenhospital mit spätgotischer Kapelle *St. Lazarus* und dem *Uphus*, dem ältesten Fachwerkhaus der Stadt, in dem ein Hotel eingerichtet wurde.

Neuruppiner Bilderbogen in Neuruppin – die große Welt kostete im 19. Jh. nur ein paar Pfennige

Viel Bild, wenig Text

Mit ›Neu Ruppin, zu haben bei Gustav Kühn‹ waren die **Neuruppiner Bilderbogen** überschrieben und so traten sie ihre Reise in die Welt an. Etwa 100 Mio. Stück mit 22 000 verschiedenen Motiven wurden **1810–1937** gedruckt – im Format 35 x 45 cm und zunächst auf einer Handpresse sowie handkoloriert. »Lange bevor die erste ›Illustrierte Zeitung‹ in die Welt ging, illustrierte der Kühnsche Bilderbogen die Tagesgeschichte, und was die Hauptsache war, diese Illustration hinkte nicht langsam nach, sondern folgte den Ereignissen auf dem Fuße«, schrieb Theodor Fontane. Die Bilderbogen Gustav Kühns (1794–1868) zeigten **Ereignisse des Weltgeschehens** – Historisches, Aktuelles, Unterhaltendes und Erbauliches, auch Erotisches, Sagen- und Märchenhaftes – sie gelten deshalb als **Vorläufer der Illustrierten**. Das Interesse an den Bilderbogen schwand mit dem Aufkommen von Radio und Film. In Neuruppin werden fast 12 000 dieser Bilderbogen aufbewahrt.

So auch die Kirche **St. Trinitatis** 8 des 1246 gegründeten Dominikanerordens, ein dreischiffiger, kreuzrippengewölbter Hallenbau aus Backstein mit lang gestrecktem Chor, den Karl Friedrich Schinkel 1836–41 erneuerte. Das charakteristische Turmpaar kam erst 1907 hinzu. Beachtenswert sind innen das gotische *Altarrelief* mit Szenen der Christus- und Mariengeschichte und die *Sandsteinfigur* eines Mönchs (um 1370), wahrscheinlich des ersten Dominikanerabtes Wichmann von Arnstein, der ein Bruder Gebhards, des Begründers der Grafschaft Ruppin, war. Schöne Ausblicke auf Stadt, See und Ruppiner Land ermöglicht eine Turmbesteigung.

Unten am Seeufer kann man per Dampfer einen Ausflug in die Ruppiner Schweiz unternehmen oder am Bollwerk Deutschlands größte multifunktionale **Wasserplastik** ›Parzival‹ des Bildhauers Matthias Zágon Hohl-Stein bewundern. Die ohne Sockel 17 m hohe und 5,5 t schwere Skulptur steht hier seit dem Jahr 1998.

Ein orientalisches Paradies

Den lauschigen **Tempelgarten** 9 am nordwestlichen Stadtwall ließ Georg Wenzeslaus von Knobelsdorff 1732–36 im Auftrag des Kronprinzen Friedrich anlegen. Namen gebend war der sechssäulige *Rundtempel* unter flachem Kuppeldach. 1853 erwarb die Kaufmannsfamilie Gentz den Garten, orientalisierte ihn und ließ die türkisch wirkende *Villa* samt einer Mauer in maurischem Stil errichten sowie *Sandsteinfiguren* des 18. Jh. aufstellen.

Ausflug

In **Wustrau** an der Südspitze des Ruppiner Sees (15 km von Neuruppin) wohnte zu Zeiten von Friedrich II. der Husarengeneral Hans von Zieten, der durch Mut und Witz zur Legende wurde – wohl auch durch das Zutun von Theodor Fontane, der dem Dorf und dem General im ersten Band seiner ›Wanderungen‹ ein Kapitel widmete. Hans von Zieten ließ sich das stattliche um das Jahr 1890 erweiterte *Barockschloss* errichten, das nur von außen besichtigt werden kann. Die zietenschen Gräber befinden sich neben der *Dorfkirche* (1781). Eine im Garten stehende Statue des Reitergenerals weist auf das noch junge, private **Brandenburg-Preußen Museum** (www.brandenburg-preussen-museum.de, April–Okt. Di–So 10–18, sonst bis 16 Uhr), das den Aufstieg der

›märkischen Sandstreubüchse‹ zur Großmacht Preußen nachzeichnet.

i Praktische Hinweise

Information

BürgerBahnhof (am Bahnhof), Karl-Marx-Str. 1, Neuruppin, Tel. 033 91/454 60, Fax 033 91/45 46 66, www.neuruppin.de

Hotels

******Golden Tulip Fontane**, Seeufer 20, Neuruppin, Tel. 033 91/403 50, Fax 033 91/40 35 24 59, www.goldentulipfontane.de. Neues schickes Hotel am Seeufer mit Wellnessbereich und dem Restaurant ›Parzival‹.

****Up-Hus-Idyll**, Siechenstr. 4, Neuruppin, Tel. 33 91/39 88 44, Fax 033 91/40 65 20 50, www.up-hus.de. Uphus, das älteste Gebäude der Stadt, wurde zum Hotel und Restaurant.

Restaurant

TOP TIPP **Gasthof Boltenmühle**, Gühlen-Glienicke (15 km nördlich von Neuruppin), Tel. 03 39 29/705 00. Regionale Köstlichkeiten in zwei Restaurants an der Spitze des Tornow-Sees, ein Gastraum wird vom Binenbach durchflossen. 30 Gästezimmer anbei. (Nov.–Febr. Mo/Di geschl.)

15 Lindow (Mark)

Viel Wald, drei Seen und eine malerische Klosteranlage.

Lindow entstand im Umfeld eines um 1230 von den Grafen Ruppin gegründeten Zisterzienserinnenklosters. Das Städtchen mit nettem Ortskern am **Gudelack-, Wutz- und Vielitzsee** ist von herrlichen Wäldern umgeben. Gute Badegelegenheiten sind hier selbstverständlich.

Schon von weitem zu sehen ist der stattliche Turm der barocken **Stadtkirche** (1751–55). Es handelt sich dabei wieder um einen *Quersaal* wie in Neuruppin, wo sich Altar und Loge für die Stiftsdamen des Klosters an den Langseiten gegenüberliegen. Ungewöhnlich ist auch die auf der Kanzel stehende *Sanduhr* aus der Erbauungszeit. Sie hat eine Laufzeit von knapp über einer Stunde. Solche Uhren mussten zu Zeiten Friedrichs des Großen aufgestellt werden, der damit die Dauer der Predigten begrenzen wollte.

Wem die Stunde schlägt – die Sanduhr in Lindows Kirche sollte wortverliebte Prediger mäßigen

Malerisch und voller Geheimnisse wirkt das parkumschlossene **Klostergelände**. Hier lebten ab der Reformation Stiftsdamen, die sich vor allem um die Erziehung schwer unter die Haube zu bringender adliger Mädchen kümmerten. Links und rechts des Hauptweges stehen Gebäude, die heute ein evangelisches Altenheim beherbergen. Von der einstigen Klosteranlage um 1300 sind einzig die aus Feldsteinen errichtete *Klosterschule* erhalten – hier leben nun Pfarrer im Ruhestand mit ihren Familien – sowie die efeuumsponnene Ruine des *Konventsgebäudes*, die sich spitzgiebelig zeigt. Der schmale Weg links neben der Ruine führt zum eingewachsenen *Klosterfriedhof* mit alten, verwitterten Grabsteinen, unter denen Stiftsdamen ruhen.

i Praktische Hinweise

Information

Tourist-Information, Am Markt 1, Lindow (Mark), Tel. 03 39 33/702 97, Fax 03 39 33/702 98, www.ruppin.de/lindow

Hotel

****Pension & Restaurant Klosterblick**, Am Wutzsee 53, Lindow (Mark), Tel. 03 39 33/89 00, Fax 03 39 33/890 40, www.www.klosterblick-lindow.de. Zimmer mit italienischen Stilmöbeln, im Wintergartenrestaurant wird vor allem fangfrischer Fisch serviert.

Kunstgenuss in Rheinsberg – den sommerlichen Freilichtopern dient das Schloss als Kulisse

16 Rheinsberg

Kronprinz Friedrich verbrachte hier seine schönsten Jahre, Tucholskys literarisches Liebespaar Claire und Wolfgang machten Rheinsberg zum Besuchermagneten.

Fontane weilte zweimal in Rheinsberg. Es gefiel ihm hier so gut, dass er dem Städtchen mehr als 60 Seiten in seinen ›Wanderungen‹ widmete. Doch als eigentlicher Entdecker der Residenz des Kronprinzen Friedrich gilt **Kurt Tucholsky**, der mit seiner Erzählung ›Rheinsberg – Ein Bilderbuch für Verliebte‹ (1912) dem Ort am Grienericksee zu Ruhm verhalf.

Im umgebauten Schloss schuf sich der Kronprinz einen **Musenhof**, eine bewusste Gegenwelt zum Berliner Hof seines Vaters, des Soldatenkönigs. Er philosophierte und musizierte im Kreise von Gelehrten, Künstlern und Musikern, nahm in Rheinsberg den Briefwechsel mit Voltaire auf und verfasste hier seinen ›Antimachiavell‹, mit dem er sich gegen die Grundsätze Machiavellis wendet und vom Herrscher moralisches Handeln verlangt. In Rheinsberg manifestierte sich auch erstmals das **Friderizianische Rokoko**, ein Baustil, der im Schloss Charlottenburg in Berlin und im Potsdamer Schloss Sanssouci seine Vollendung fand.

Geschichte Bei einer 1291 erstmals genannten Burg entstand eine Siedlung, die 1524 zum Kurfürstentum Brandenburg gelangte. Im 16. Jh. wurde die Wasserburg zu einem **Renaissanceschloss** umgebaut, das 1734 Friedrich Wilhelm I. erwarb. Er ließ es zunächst durch Johann Gottfried Kemmeter und 1737–40 von Georg Wenzeslaus von Knobelsdorff für den Kronprinzen Friedrich zum dreiflügeligen **Barockschloss** mit den charakteristischen Rundtürmen vor den Seitenflügeln umbauen. Der Kronprinz residierte hier bis zu seiner Thronbesteigung 1740. Friedrichs jüngerer Bruder Heinrich lebte 1744–1802 im Schloss, das ab 1769 Treppenhaus, Muschelsaal und Bibliothek nach Entwürfen von Carl Gotthard Langhans erhielt. Knobelsdorff und Johann Samuel Sello schufen den mit Kunstwerken gespickten **Lustgarten** jenseits des Sees. Im 20. Jh. hatte das Schloss u. a. rund 40 Jahre als Diabetiker-Sanatorium gedient, bis es 1991 zum **Museum** wurde.

TOP TIPP ***Besichtigung*** Hauptanziehungspunkt ist das **Schloss Rheinsberg** (Mühlenstr. 1, www.spsg.de, April–Okt. Di–So 10–17, sonst bis 16 Uhr). Ein figurenbekrönter Mittelrisalit schmückt die Stadtseite, während die Wasserseite ihren Reiz durch die Kolonnade bezieht, die die beiden Rundtürme miteinander verbindet. Marmor, Stuck, Damast, vergoldete Türreliefs und Gemälde in Fülle im Inneren der Fest- und Wohnräume! Glanzpunkte sind der **Spiegelsaal** mit vergoldeten, die Metamorphosen des Ovid thematisierenden Türreliefs und dem Deckenbild ›Apoll vertreibt die Finsternis‹ von Antoine Pesne, der auch im **Rittersaal** und im **Turmkabinett** – der kreisrunden Studierstube Friedrichs – malte. Zu Zeiten Heinrichs erhielten der üppig stuckgezierte **Muschelsaal** (1762) und das zur Raumflucht der Amalienzimmer gehörige chinesische **Lackkabinett** ihre famose Ausstattung. Briefe, Manuskripte und Zeitgenössisches zeigt das im Nordflügel eingerichtete **Kurt-Tucholsky-Literaturmuseum** (www.tucholsky-museum.de, Di–So 9.30–12.30 und 13.00–17 Uhr,). Das zerstörte *Schlosstheater* von 1774 wurde wieder aufgebaut. Seitdem bereichert es das ohnehin schon umfangreiche **Kulturangebot**, zu dem Serenaden, Flöten- und Chorkonzerte der *Musikakademie Rheinsberg* sowie sommerliche Kammeropernaufführungen vor der beeindruckenden Schloss- und Seekulisse gehören.

Grotten, Statuen, Tempel und Scheinruinen sind beim Spaziergang durch den **Schlosspark** zu entdecken, der unter dem Kronprinzen angelegt und durch Prinz Heinrich erheblich ausgebaut wurde. *Gartenparterre*, *Freitreppe* mit Sphingen und säulenumstandenes *Portal* bilden die Stationen; besonders beachtenswert sind dabei das *Grabmal Heinrichs*, eine stumpfe Pyramide, und die im Stil einer Einsiedelei gestaltete *Felsstein-* oder *Egeriagrotte*. Am anderen Ufer des Grienericksees bietet der Hügel mit dem *Obelisken*, zur Erinnerung an die Gefallenen des Siebenjährigen Krieges errichtet, einen schönen Blick.

Malerisches Städtchen

Nicht nur das Schloss, auch die wald- und seenreiche Umgebung lockt viele Besucher in die kleine Landstadt. Viel hat sich hier von dem **barocken Stadtbild** mit dem regelmäßigen Straßennetz erhalten, das Georg Wenzeslaus von Knobelsdorff nach dem großem Stadtbrand im Jahr 1740 geschaffen hatte. Auf dem Triangelplatz vor dem stadtseitigen Schlossportal steht wieder die überlebensgroße **Statue Friedrichs II.**, die die DDR-Granden entfernt hatten. Die ursprünglich frühgotische, im 16. Jh. umgebaute Kirche **St. Laurentius** besitzt eine interessante Renaissanceausstattung, darunter auch das prunkvolle Epitaph der Familie Bredow, der einstigen Schlossherren und Initiatoren des Kirchenumbaus.

Figuren über Figur – Kronprinz-Friedrich-Denkmal vor dem stadtseitigen Schlossportal

Töpfermarkt in Rheinsberg – wer nicht kauft, schaut einfach beim Töpfern zu

Praktische Hinweise

Information

Tourist-Information, Kavalierhaus/Markt, Rheinsberg, Tel. 03 39 31/20 59, Fax 03 39 31/347 04, www.tourismus-rheinsberg.de

Hotels

TOP TIPP ****Best Western Premier Marina Wolfsbruch**, Kleinzerlang, Tel. 03 39 21/87, Fax 03 39 21/888 45, www.marina-wolfsbruch.de. Feriendorf am Wasserstraßenkreuz zwischen Kleinem Pälitz- und Großem Prebelowsee.

***Seehof**, Seestr. 18, Rheinsberg, Tel. 03 39 31/40 30, Fax 03 39 31/403 99, www.seehof-rheinsberg.com. Modernster Komfort in historischem Ambiente. Im Restaurant Fisch vom Fischer nebenan und Fleisch von einer nahe gelegenen Biofarm.

Restaurants

Ratskeller, Markt 1, Rheinsberg, Tel. 03 39 31/22 64. Hier gibt es Fontanes Leibgericht: Alt-Brandenburger Schmorbraten in Ingwersoße mit Apfelrotkohl und Kartoffelklößen.

Gasthaus-Brauerei Zum Alten Brauhaus, Rhinhöher Weg 1, Rheinsberg, Tel. 03 39 31/7 20 88. In den beiden urig eingerichteten Gaststuben schmeckt das herbwürzige, am Ort gebraute Bier.

17 Gransee

Ein historisches Ortsbild und eine Erinnerung an Königin Luise.

Weitgehend erhalten blieb das mittelalterliche Stadtbild Gransees, das noch immer von dem fast vollständigen und mit einigen Wiekhäusern bestückten **Befestigungsring** aus dem 14./15. Jh. umgeben ist. Ihn säumen heute beschauliche **Wallgärten**, die zum Spaziergang laden. Auf einer Tour entlang der Feldsteinmauer trifft man auf den runden zinnengekrönten **Pulverturm**, der bestiegen werden darf und Überblick über Stadt und Land schafft. Vom einst direkt an die Mauer angebauten **Franziskanerkloster** blieben nur der Ostflügel der Klausur und die nördliche Chorwand bestehen. Zugang zur Stadt gewährt das **Ruppiner Tor** mit seiner prächtigen Giebelarchitektur. Besonders dekorativ sind stadtseitig der Sechspassfries am Obergeschoss und die Spitzbogenblenden des Giebels. An den quadratischen Torturm des 15. Jh. schließt das ältere **Waldemartor** an. Das **Heimatmuseum** (Rudolf-Breitscheid-Str. 44, Mai–Sept. Di–So 10–16, Okt.–April Di–Fr 10–16, Sa/So 12–16 Uhr) schräg gegenüber fand sein Domizil im ehem. Heilig-Geist-Hospital. Es zeigt Mobiliar und eine Sammlung zur Früh- und Heimatgeschichte .

Gransee ist eine planmäßige Gründung, die 1230–50 durch die Markgrafen Johann I. und Otto III. erfolgte. Die **rechtwinklige Straßenführung** geht auf den Wiederaufbau nach dem Stadtbrand des Jahres 1711 zurück. Imposant wirkt auf dem Kirchplatz die dreischiffige Backsteinhalle der **Marienkirche** (13.–16. Jh.) mit zwei ungleichen Türmen auf der Westseite und reich gegliedertem Giebel im Osten. Beachtenswert sind innen die überlebensgroße *Triumphkreuzgruppe* (um 1500), ein gemalter *Flügelaltar* mit Szenen aus dem Leben der hl. Anna und anderer Heiliger, ein figurenreicher *Schnitzaltar* (beide Anfang 16. Jh.) sowie die *Orgel* (1744) des Silbermann-Schülers Joachim Wagner mit 2044 Pfeifen und 28 Registern.

Durch die Baustraße und vorbei am schlichten **Rathaus** (18. Jh.) erreicht man schließlich den Schinkelplatz mit dem **Luisendenkmal**, von Schinkel entworfen und in der berühmten Berliner Eisengießerei hergestellt. Es erinnert an die Überführung der 1810 verstorbenen beliebten Königin vom mecklenburgischen

Gransee – beim Blick vom Pulverturm zeichnet sich der Stadtbefestigungsring deutlich ab

Hohenzieritz nach Berlin. Ihr Sarg stand in der Nacht vom 25. zum 26. Juli an eben jener Stelle, wo sich heute das von Karl Friedrich Schinkel entworfene gusseiserne Kenotaph mit Baldachin befindet.

Filigran behütet – Luisendenkmal in Gransee mit Inschrift ›O Jammer, sie ist hin‹

Praktische Hinweise

Information

Tourist-Information, Rudolf-Breitscheid-Str. 44 (im Heimatmuseum), Gransee, Tel. 033 06/216 06, Fax 033 06/216 12, www.gransee-info.de

18 Zehdenick

Kleinstädtisches Ambiente, von intakter Natur umgeben.

Zehdenick, 1216 erstmals genannt, ist ein alter Industrieort, den zunächst ein Werk mit wasserbetriebenem Eisenhammer (15. Jh.), dann Bier- und schließlich Ziegelproduktion blühen ließen.

Im Südosten der Stadt an der Havel verstecken sich die eindrucksvollen Reste des **Nonnenklosters**, das die brandenburgischen Markgrafen um 1250 gegründet hatten und aus dem nach der Reformation ein Stift für unverheiratete adlige Damen geworden war. 1801 brannte die Anlage mit Ausnahme des *Kreuzgangs* im Nordflügel (14./15. Jh.) ab. Heute bildet der Klosterhof im Sommer eine geeignete Kulisse für *Konzerte* und *Theateraufführungen*. Die Klosterscheune, Ende des 14. Jh. erbaut, beherbergt heute eine *Kunstgalerie*.

Macht hoch das Tor – Zugbrücke über die Havel im Stadtzentrum von Zehdenick

Als Wahrzeichen Zehdenicks gilt mittlerweile die neue **Zugbrücke** über die Havel; das Schleusen ist hier für Gäste wie Wassertouristen gleichermaßen beeindruckend. Das **Schiffermuseum** (Schleusenstr. 22, Mai–Okt. Di–So 10–17 Uhr) auf einem Großfinowmaßkahn am Bollwerk der *Elisabeth-Mühle* informiert mit über die historische Entwicklung und den gegenwärtigen Stand der Schifffahrt, sowie über die Wechselbeziehungen der Schifffahrt zur Stadt Zehdenick.

Ausflug

Die Region um Zehdenick war im 19. Jh. Europas größter Ziegelhersteller. 1991 schloss die letzte Ziegelei ihre Tore. Über dieses Thema gibt es im 5 km nahen **Mildenberg** Näheres zu erfahren, wo Technikfreaks und Naturfreunde im 42 ha großen *Ziegeleipark* (www.ziegeleipark.de, April–Mitte Okt. tgl. 10–18 Uhr) auf ihre Kosten kommen. In etwa 1,5 Std. führt die *Ziegeleibahn-Tour* vom Havelufer bis zur

Platt wie eine Flunder – Ziegel-Ringofen im Technikmuseum Mildenberg

›Perle der Uckermark‹ – Templin wurde nach dem Stadtbrand von 1735 in einheitlichem Fachwerkstil aufgebaut, im Bild die Berliner Straße

Kugelmühle durchs Gelände und jedes erste Wochenende im Monat können Besucher mit der *Tonlorenbahn* ›LoWa‹ durch die Tonstichlandschaft bis nach Burgwall zum Tontagebau fahren.

i Praktische Hinweise

Information

Fremdenverkehrsbüro, Schleusenstr. 22 (Elisabeth-Mühle), Zehdenick, Tel./Fax 033 07/28 77, www.fremdenverkehrs buero-zehdenick.de

Hotel

******Preußischer Hof**, Bischofswerder Weg 12, Liebenwalde, Tel. 03 30 54/870, Fax 03 30 54/871 87, www.hotel-preussi scherhof.de. Hotel mit einem großen, offenen Innenhof, um den sich die einzelnen Hotelgebäude und das Restaurant Charlotte gruppieren.

19 Templin

Stadtmauer und Seen umgürten die ›Perle der Uckermark‹.

Hügelketten, Wälder, Wiesen und sechs Seen umschließen Templin. Kein Wunder, dass die Stadt bereits zu Beginn des 20. Jh. als Erholungsort entdeckt wurde. Der liebenswerte Charme dieser Kleinstadt nimmt den Besucher auch heute noch rasch gefangen. Ihre Zierde ist die fast vollständig erhaltene **Stadtmauer** mit vielen Türmen, halbrunden Kampfhäusern und prachtvollen Stadttoren. Die im späten 13. Jh. errichtete, bis zu 8 m hohe Wehranlage aus Feldsteinen misst 1735 m und kann umwandert werden. Regelrechte Schmuck- und zugleich Lehrstücke sind die drei gotischen **Backsteintore**: Im Süden das blendengegliederte *Berliner Tor*, im Nordwesten das palmettenfriesverzierte *Mühlentor* und schließ-

Immer geradeaus – unterwegs mit der Fahrrad-Draisine von Templin nach Fürstenberg

lich das *Prenzlauer Tor*, das älteste und höchste aller Tore, das ein Vortor aus dem 15. Jh. besitzt und das **Volkskundemuseum** (Di–Fr 9–12 und 13–17 Uhr, unregelmäßig auch Sa/So geöffnet, Tel. 039 87/27 25) mit Wissenswertem über die uckermärkischen Handwerker, Bauern und Fischer beherbergt. Das putzige **Torschreiberhaus** beim Eulenturm, auf Befehl König Friedrichs II. zum Eintreiben der Akzise (Zoll) erbaut, wurde wieder schmuck hergerichtet und nahm den Fremdenverkehrsverein auf.

Die Stadt wurde um 1230 von den Askaniern gegründet und gehört seit 1480 zu Brandenburg. Jeweils verheerende Brände der Jahre 1492, 1530, 1698 und zuletzt 1735 haben Templin schwer heimgesucht. Danach wurde die Stadt im **Fachwerkstil** neu angelegt. Aus dem 18. Jh. stammt auch das rechtwinklige Straßenraster des historischen Stadtkerns mit dem quadratischen Marktplatz, den das barocke **Rathaus** (1738–50) beherrscht. Bekrönt wird der Bau von einem Dachtürmchen mit einem Adler – dem märkischen Wappentier – obenauf. Ältestes Gebäude der Stadt ist neben dem Berliner Tor die kreuzrippengewölbte **Georgenkapelle** (14. Jh.) mit einem 500 Jahre alten *Schnitzaltar*. Die Stadtkirche **St. Maria Magdalena**, ein dreischiffiger barocker Hallenbau, besitzt einen Turm mit stattlichem mehrgeschossigem Aufbau und einer kupferbeschlagenen Haube als Abschluss.

In den mit sechsprozentiger Sole gefüllten Becken der **Natur-Therme** (www.naturthermetemplin.de) dienen Wärme, Licht und Musik der Entspannung von Körper und Seele.

Wider das Vergessen – Will Lammerts ›Klagende‹ vor der Lagermauer des ehem. Frauen-KZ in Ravensbrück

Ausflüge

TOP TIPP

Von Templin aus kann man mit einer **Fahrrad-Draisine** (März–Okt. Ausgabe 9–12, Rückgabe 13–18 Uhr, www.draisine.com, Draisinen-Büro Fürstenberg, Tel. 03 30 93/371 11, Touristica Berlin, Tel. 030/873 02 21) über Lychen nach Fürstenberg fahren. Seit 1996 rollen die Draisinen auf der etwa 30 km langen, stillgelegten Bahnlinie durch die Wald- und Seenlandschaft. Die Gefährte werden per Beinkraft über Pedale angetrieben. An geraden Tagen geht es von Templin nach Fürstenberg und an ungeraden Tagen in umgekehrter Richtung zurück, heimreisen kann man jeweils mit dem Bus. *Schnuppertouren* zwischen Fürstenberg und Hohenlychen sind jeweils am 31. Tag eines Monats möglich.

Wasser spielte in der 19 km nordwestlich von Templin gelegenen Stadt **Lychen** schon immer eine wichtige Rolle, wird sie doch von Seen fast vollständig umarmt und daher seit Beginn des 20. Jh. auch gern als Urlaubsziel gewählt. Eine Mordsgaudi bereiten im Sommer Fahrten mit dem 30 Personen fassenden *Touristenfloß* über den Oberpfuhlsee. Weitere Informationen über die hier traditionelle Flößerei bietet das *Flößereimuseum* im Stargarder Tor (Mai–Aug. Di–So 13–16, sonst Mi/Fr–So 13–16 Uhr). In der Altstadt sind außerdem das barocke *Rathaus* und die frühgotische *Johanniskirche* beachtenswert, letztere mit kirchenschiffbreitem Westturm und einer Ausstattung des späten 17. Jh.

Das **Frauen-KZ Ravensbrück** im nördlichen Ortsteil von Fürstenberg/Havel (12 km westlich von Lychen) war das größte in Deutschland – mehr als 132 000 Frauen und Kinder haben die Nazis hierher deportiert, über 90 000 kamen um. Ihnen ist die 1959 eröffnete *Mahn- und Gedenkstätte* (www.ravensbrueck.de, Mai–Sept. Di–So 9–20, sonst 9–18, Ausstellungen 9–17 Uhr) gewidmet. Die Räume im ehem. Zellenbau gestalteten alle Nationen, die an diesem grauenvollen Ort Opfer zu beklagen hatten. Eindrucksvoll versinnbildlicht Will Lammerts in den Schwedtsee ragende Bronzeskulptur ›Tragende‹ das Leiden und die Solidarität der Menschen.

i Praktische Hinweise

Information

Templin-Information, Obere Mühlenstr. 11 (Akzisehaus), Templin, Tel. 039 87/26 31, Fax 039 87/538 33, www.tourismus-service-templin.de.
Fremdenverkehrsverein Lychen, Stargarder Str. 2a, Lychen, Tel. 03 98 88/39 39, Fax 03 98 88/41 78, www.lychen.de

Hotels

****Hotel und Restaurant Fährkrug**, Fährkrug 1, Templin, Tel. 039 87/480, Fax 039 87/481 11, www.faehrkrug-templin.de. Familienfreundliches Haus am Fährsee am Ortsrand.

****Hotelpension Mühlenseeperle**, Am Mühlentor 2, Templin, Tel.039 87/509 50, Fax 039 87/509 60, www.muehlenseeperle.de. Gemütliche Unterkunft direkt an der historischen Stadtmauer, mit dem Gasthaus ›Zur Roßschwemme‹.

20 Prenzlau

Bedeutende Backsteingotik in der alten Hauptstadt der Uckermark.

Narben der schweren Kriegszerstörungen sind in der Stadt am Unteruckersee noch vielfach zu sehen, doch der interessierte Besucher wird in Prenzlau auch beeindruckende Denkmäler entdecken. Vom Marktplatz führt der mit einem Dreieck markierte und 3,5 km lange **Historische Stadtrundgang** zu den Sehenswürdigkeiten, die den einstigen Reichtum der ehem. Hansestadt erahnen lassen.

Torturm mit Bauchbinde – das Mitteltor ist Prenzlaus originellster Wehrbau

Episoden der Stadtgeschichte erzählt die hohe **Kalksteinsäule** (1993) des Bildhauers Jannelius Tembridis auf dem Marktplatz vis-à-vis der **Marienkirche**. Es ist vor allem der mit außerordentlich reichem filigranem Stab- und Maßwerk überaus kunstvoll gestaltete *Ostgiebel*, der diesen mächtigen Kirchenbau mit der hohen frühgotischen *Doppelturmfront* zu einer Perle norddeutscher Backsteingotik macht. Bis die im Zweiten Weltkrieg ausgebrannte dreischiffige Hallenkirche (um 1340) auch im Inneren wieder hergestellt sein wird, dürften noch Jahre vergehen.

In der nordwärts führenden Klosterstraße passiert man die lang gestreckte, harmonisch proportionierte **Dreifaltigkeitskirche** (13. Jh.) des ehem. Franziskanerklosters und trifft in der Mauerstraße auf Reste der **Stadtmauer** mit den hier typischen **Wiekhäusern** (kleine Kampfhäuser, die in Bogenschussweite in die Stadtmauer eingefügt waren). 66 dieser Bauten sind für Prenzlau nachweisbar. Als sie nach dem Dreißigjährigen Krieg ihren Verteidigungswert verloren hatten, wur-

Maßwerkgitter in Vollendung – die filigrane Ostwand der Marienkirche in Prenzlau ist ein bedeutendes Werk norddeutscher Backsteingotik

den sie nach und nach abgetragen. Den Abschluss der Mauer bildet der **Blindower Torturm**, der mit weiteren fünf Türmen als Teil der Wehranlage erhalten blieb. Am häufigsten fotografiert wird das originell gestaltete **Mitteltor** (nahe der Marienkirche), das auf halber Höhe, gleichsam als Bauchbinde, einen gedeckten Wehrgang und über der zinnenbekrönten Spitze ein Kegeldach trägt.

Der Weg führt nun südwärts zum **Steintorturm** und von dort zum 1275 gegründeten ehem. Dominikanerkloster, dessen frühgotische Gebäude vom **Kulturhistorischen Museum** (Di–So 10–17 Uhr) bezogen wurden. *Kreuzgang* und *Klausur* mit Kreuzrippengewölben, Stützpfeilern und Maßwerk geben der umfangreichen Sammlung einen wunderbaren Rahmen. Ein Museumsbesuch empfiehlt sich daher allein schon wegen der Architektur. Ins Dominikanerkloster zog auch die **Kulturarche**, die Kabarett, Theater und Lesungen bietet. Die benachbarte **Nikolaikirche** (14. Jh.) bewahrt u. a. die geretteten Figuren aus dem 1512 in Lübeck gefertigten Hauptaltar der Marienkirche und einen *Renaissancealtar* von 1609. Das Stadtbild bereichert seit Sommer 2000 wieder ein Roland – in der Fußgängerzone der Friedrichstraße. Der ursprüngliche Roland von 1495 war im 18. Jh. zerstört worden. Der neue 4,70 m hohe Roland wurde aus Originalfragmenten vom uckermärkischen Steinbildhauer Toralf Jaeckel nachgebildet.

Erholsamen ›Auslauf‹ finden Spaziergänger entweder im östlich gelegenen **Stadtpark** oder auf der **Uckerpromenade**, die im Südwesten an der **Sabinenkirche**, der früheren Kirche des Augustinerinnenklosters (13. Jh.), beginnt. Langstreckenwanderer können den **Unteruckersee** auf einem 30 km langen, markierten Weg umrunden. Oder man genießt den Blick auf Prenzlau von Bord des Motorschiffs ›Onkel Albert‹ (Tel. 039 84/83 20 89, www.uckerseeschiff.de) aus, das sommers über die hiesigen Gewässer tuckert.

Ausflug

21 km südwestlich lohnt in dem netten Dorf **Boitzenburg** (www.boitzenburger-land.info) die noch voll funktionstüchtige Klostermühle aus dem Jahr 1627 einen Besuch, in dem ein *Mühlenmuseum* (sommers Di–So 10–17, winters bis 16 Uhr) eingerichtet ist. Bei Führungen zieht der Museumleiter gern die Müllerkluft an und setzt die alte Technik mit Schrotgang und Walzenstühlen in Bewegung. Die gemütliche Müllerwohnung erweckt den Eindruck, als sei die Familie nur mal kurz ins nahe Dorf gegangen.

Dort steht auch ein vielfach überformtes, geradezu märchenhaft anmutendes *Renaissanceschloss*, in den Jahren 1528–1945 Stammsitz der Grafen Arnim und heute Kinder- und Jugendhotel.

i Praktische Hinweise

Information

Stadtinformation, Friedrichstr. 2, Prenzlau, Tel. 039 84/83 39 52, Fax 039 84/83 39 54, www.prenzlau.de

Hotels

*** **Parkhotel Uckermark**, Friedrichstr. 2, Prenzlau, Tel. 039 84/364 00, Fax 039 84/36 42 99, www.hoteluckermark.de. Vom Hochzeitszimmer über individuell eingerichtete Einzel- und Doppelzimmer bis zur Familiensuite reicht das Angebot.

*** **Schloss Herrenstein**, Gerswalde (25 km südlich von Prenzlau), Tel. 03 98 87/710, Fax 03 98 87/711 75, www.herrenstein.de. Historisches Herrenhaus vom Ende des 18. Jh. und drei angegliederte Fachwerkbauten inmitten einer parkähnlichen Sport- und Freizeitanlage mit Tennisplätzen und Reithalle.

21 Schwedt

Das Eingangstor in den Nationalpark Unteres Odertal.

Dank seiner Lage im Urstromtal der Oder bildet Schwedt, als größte Stadt der Uckermark auch ihr wirtschaftliches und kulturelles Zentrum, das Eingangstor zum Nationalpark Unteres Odertal. Deutsche Siedler hatten den 1265 erstmals genannten Ort an der von Berlin nach Stettin führenden Straße gegründet. 1670 bestimmten dann die Markgrafen Brandenburg-Schwedt die Stadt zu ihrem Sitz (bis 1788), bauten sie zur **barocken Residenz** aus und siedelten aus Frankreich vertriebene Hugenotten an. Die Glaubensflüchtlinge brachten den **Tabakanbau** nach Schwedt und trugen damit zum wirtschaftlichen Aufschwung bei. Ende des Zweiten Weltkriegs wurde die Stadt zerstört, machte aber zu DDR-Zeiten erneut Karriere als bedeutender **Industriestandort** der Petrochemie. Für Zehntausende aus allen Landesteilen zugezogener Arbeitnehmer entstanden daraufhin zahlreiche **Wohnkomplexe**, von denen einige im innerstädtischen

Unteruckersee – Prenzlauer kommen gern zu dieser nahe gelegenen Naturbadeanstalt

Bereich durchaus beachtenswert sind. Die Einwohnerzahl erhöhte sich von 6000 (1960) auf 52 000 (1989), heute sind es 37 900.

Auf dem Areal des 1945 ausgebrannten und 1961 abgetragenen Schlosses bieten die **Uckermärkischen Bühnen** (Tel. 033 32/53 80, www.theater-schwedt.de) nun Musikabende, Lesungen sowie klassisches und zeitgenössisches Theater. Dahinter erinnern der **Europäische Hugenottenpark** mit Kopien barocker Steinplastiken aus der Werkstatt Friedrich Christian Glumes sowie historischer Sonnenuhr (1740), vor allem aber der über ovalem Grundriss angelegte, mit Kuppeldach samt Laterne gedeckte **Berlischky-Pavillon** (1777) an der Lindenallee an die alten Zeiten. Heute wird dieser von Wilhelm Berlischky errichtete Zentralbau, der ursprünglich den französischen Einwanderern als Kirche diente, kulturell genutzt. Gegenüber steht der **Ermelerspeicher**, den der Berliner Tabakgroßhändler Ermeler im 19. Jh. erbauen ließ. Das Gebäude, das heute eine Galerie beherbergt, erinnert an die wirtschaftlich so florierende Zeit des Tabakanbaus: Um 1800 war die Gegend um Schwedt mit 4000 ha Anbaufläche das größte geschlossene Tabakanbaugebiet Deutschlands, später dann auch Zentrum der Zigarrenfabrikation. Ausführlich informiert darüber das **Stadtmuseum** (Jüdenstr. 17, Di–Fr 9–17, So 14–16 Uhr).

Beachtenswert vor allem wegen ihres massigen, das Stadtbild beherrschenden Turms ist noch die Stadtkirche **St. Katharinen**, die 1945 völlig ausbrannte, aber bereits 1950 in vereinfachter Form wieder hergestellt war.

Naturschönheiten vor der Tür

Das Untere Odertal, das durch die Grenzziehung nach dem Zweiten Weltkrieg zweigeteilt wurde, zählt zu den letzten natürlichen Flussmündungslandschaften Mitteleuropas. Um diese einzigartige Landschaft nördlich und südlich von Schwedt für kommende Generationen zu erhalten, entstand 1995 der **Nationalpark Unteres Odertal** (www.unteres-odertal.de). Von dem 105 km² großen Schutzgebiet auf deutscher Seite (in Polen 60 km²) sind 11 km² als Totalreservat ausgewiesen, in dem die Tier- und Pflanzenwelt sich weitgehend selbst überlassen bleibt. Mehr als *120 Vogelarten* brüten im Nationalpark, darunter Seeadler, Schwarzstorch und die seltenen Seggenrohrsänger. Ein beeindruckendes Naturerlebnis gibt es im Oktober, wenn bis zu 13 000 Kraniche auf ihrem Durchzug zu ihren Schlafplätzen fliegen. Der ehemalige Schafstall der Gutsanlage von Criwen nahm das *Besucherzentrum* des Nationalparks auf, in dessen Mittelpunkt ein 15 000-Liter-Aquarium mit mehr als 20 einheimischen Fischarten steht (April–Okt. tgl. 9–18, Nov.–März tgl. 13–17 Uhr).

TOP TIPP

◁ Im Schutz des Nationalparks Unteres Odertal bleiben die wertvollen Nasspoldergebiete entlang der Oder, die bei Hochwasser wie hier bei Criewen **(Mitte)** *überflutet werden, sich selbst überlassen – in solch paradiesischer Landschaft leben Haubentaucher* **(oben rechts)** *und Fischadler* **(unten)**, *blüht das breitblättrige Knabenkraut* **(oben links)**

i Praktische Hinweise

Information

Tourist-Information, Berliner Str. 47, Schwedt, Tel. 033 32/255 90, Fax 033 32/25 59 59, www.schwedt.de

Hotel

*** **Turm-Hotel & Gasthaus Brauerei**, Heinersdorfer Damm 1–11, Schwedt, Tel. 0 33 32/44 30, Fax 44 32 99, www.turmhotel-schedt.de. Gutes Stadthotel, im Restaurant wird selbst gebrautes Bier ausgeschenkt sowie regionale und internationale Küche serviert.

22 Angermünde

Historisches Flair inmitten dreier Seen.

Allein der reizvolle Altstadtkern rechtfertigt schon einen Besuch von Angermünde. Die uckermärkische Kleinstadt, um 1230 von den Askaniern gegen Pommern gegründet, wurde auf nahezu quadratischem Grundriss am Ufer des Mündesees angelegt und blieb durch die kampflose Übergabe am Ende des Zweiten Weltkriegs unversehrt. Charakteristisch sind heute die zahlreichen barocken **Fachwerkhäuser**, deren Tordurchfahrten und Höfe auf ihre einstigen Bewohner – Fischer und Ackerbürger – hinweisen.

Blickfang am zentralen Markt ist das 1828 in spätbarockem Stil errichtete **Rathaus** mit akzentuiertem Portal und keckem Uhrtürmchen. Nordwärts führt von hier der Hohe Steinweg zum eindrucksvollen Granitquaderbau der **Marienkirche**, die außen ganz und gar von dem mächtigen, breit gelagerten *Turm* dominiert wird – dieser frühgotische, an den Schmalseiten mit Treppengiebeln geschmückte Westriegel gilt als Wahrzeichen von Angermünde. Markantestes Ausstattungsstück neben der von drei Männerfiguren getragenen *Bronzetaufe* (14. Jh.) ist die reich geschnitzte *Barockorgel* (1742–44), die der Silbermann-Schüler Joachim Wagner geschaffen hat. Ihre 2000 Pfeifen und 30 Register ergeben eine überwältigende Klangfülle, die vor allem während der jährlich stattfindenden **Angermünder Sommerkonzerte** viele verzaubert.

Am südlichen Ende der Berliner Straße liegt die gotische **Heilig-Geist-Kapelle** mit feinem Schmuckgiebel, die nach dem Dreißigjährigen Krieg eingewanderte Hugenotten als Gotteshaus zugewiesen bekamen. Die innen sterngewölbte Kapelle wird noch heute von der französisch-reformierten Gemeinde genutzt. Im Friedenspark nahebei ragen einige rote Backsteinreste der **Stadtmauer** (1292) nebst altehrwürdigem **Pulverturm** mit dunklem Verlies auf. Seit mehr als 100 Jahren brüten auf der Spitze seines achteckigen Helms Storchenpaare.

Die Klosterstraße führt zur ehem. **Franziskanerklosterkirche**. Sie wurde 1250–1300 in drei Bauphasen unter mehrmaligen Planänderungen errichtet, präsentiert sich heute als zweischiffige Backsteinhalle mit breitem Haupt- und schmalem Seitenschiff und wird seit ihrer Sanierung für Konzerte und Theateraufführungen genutzt.

1884 kam im 15 km entfernten Dorf Biesenbrow Ehm Welk zur Welt, der spätere Journalist, Schriftsteller und Ehrenbürger von Angermünde. Dort erinnert in dem Fachwerkhaus in der Puschkinallee 10 das

Marienkirche in Angermünde – die prächtige Orgel des Silbermann-Schülers Joachim Wagner zieht Organisten und namhafte Chöre aus nah und fern an

Historisches Flair – reizende Fachwerkhäuser umstehen die Marienkirche in Angermünde, deren massiver Westturm Wahrzeichencharakter hat

Ehm Welk- und Heimatmuseum (www.ehmwelk.de, Di–So 10–12 und 13–17, Sa/So 13–17, Fei 13–16 Uhr) an den Autor, dessen Bücher eine Gesamtauflage von rund 4 Mio. haben. Am bekanntesten sind ›Die Heiden von Kummerow‹, ›Die Gerechten von Kummerow‹ und ›Die Lebensuhr des Gottlieb Grambauer‹. Vorbild für die Figur des Grambauer war übrigens Welks Vater, ein Schäfer.

Im nahe gelegenen **Tierpark** (Puschkinallee 12b, April–Okt. 7–19, Nov.–März 8–16 Uhr) leben etwa 250 Tiere.

Ausflüge

4 km nordwestlich von Angermünde befindet sich bei Kerkow das erholsame, von Kranichen, See- und Fischadlern bevölkerten Naturschutzgebiet **Blumberger Teiche**. Dort bietet das äußerlich einem Baumstumpf nachempfundene *NABU-Informationszentrum Blumberger Mühle* (www.blumberger-muehle.de, April–Okt. Mo–Fr 9–18, Sa/So 9–19, Nov.–März Sa/So 10–16 Uhr) Interessantes wie eine Otterschauanlage oder ein Sumpfschildkrötenhabitat. Zu den Attraktionen gehören Livebilder einer Videokamera von einem nahen Fischadlerhorst.

Bei **Stolpe**, 10 km südöstlich von Angermünde gelegen, ist der Rest einer mittelalterlichen Burganlage erhalten: ein *gotischer Rundturm*, Grützpott genannt. Mit 18 m Durchmesser und 6 m dicken Mauern gehört er zu den mächtigsten mittelalterlichen Turmbauten Deutschlands.

i Praktische Hinweise

Information

Touristbüro, Brüderstr. 20, Angermünde, Tel. 033 31/29 76 60, Fax 033 31/29 76 61, www.angermuende.de

Hotels

Flair Hotel Weiss, Puschkinallee 11, Angermünde, Tel. 033 31/218 54, Fax 033 31/233 66, www.hotelweiss.de. Familiengeführtes Haus mit Restaurant, modernes Ambiente.

*Hotel am Seetor**, Jägerstr. 25, Angermünde, Tel. 033 31/265 60, Fax 033 31/25 21 86, www.hotelamseetor.de. In der Altstadt zwischen Marktplatz und Mündesee. Gemütliches Restaurant im Haus.

Barnim, Oderbruch, Märkische Schweiz – sanfte Höhen, weite Täler

Barnim wird die waldreiche Grundmoränenplatte östlich der Havel und nördlich der Spree genannt, zu der die **Schorfheide** mit uraltem Eichenbestand gehört. Dieses seit 1990 als Biosphärenreservat der UNESCO geschützte Gebiet war seit Jahrhunderten Jagdrevier, in dem sich Brandenburgs Kurfürsten, Deutschlands Kaiser und zuletzt DDR-Bonzen tummelten. Die Ruine des **Klosters Chorin** gehört zu den Highlights der Geschichte, das Schiffshebewerk **Niederfinow** zu den sehenswerten technischen Meisterleistungen unserer Zeit. Mit der Entwässerung ab dem 18. Jh. wurde das tellerebene waldlose **Oderbruch** zum Gemüsegarten Berlins. Interessantes bieten Bad Freienwalde, Wriezen und Seelow an seinem Rand.

Für die westlich anschließende **Märkische Schweiz** rund um den Schermützelsee mit dem ferialen Zentrum Buckow sind Hügel und hübsche Täler charakteristisch. ›Buckelgebirge‹ wird das beliebte, 1990 zum Naturpark erklärte Naherholungsgebiet der Berliner oft genannt. Theodor Fontane schwärmte von den »Tannenabhängen und Laubholzschluchten« sowie von »Quellen, die über Kiesel plätschern und Birken, die, vom Winde halb entwurzelt, ihre langen Zweige bis in den Waldbach tauchen«.

23 Bernau

Hungerturm und Henkerhaus nahe Berlin.

Bernau ist vermutlich aus einer slawischen Siedlung hervorgegangen, die Legende allerdings berichtet, Albrecht der Bär habe den Ort 1140 gegründet. Den Chroniken nach erfolgte die Stadtgründung jedoch erst 1232. Die günstige Lage an einer Handelsstraße, die Tuchmacherei und vor allem die **Bierbrauerei** haben Bernau zu relativem Wohlstand verholfen. Nach 1979 erlitt die erhaltene Altstadt einen Abriss größeren Stils, wobei so manche fachwerkbestandene Gasse verschwand und durch sozialistische Plattenneubauten ersetzt wurde. So stehen heute auf engstem Raum historischen Gebäuden der vergangenen Jahrhunderte sozialistische Betonfertigteil-Architekturen gegenüber.

Noch immer nahezu umschlossen wird die Stadt von der etwa 1,5 km langen und bis zu 8 m hohen mittelalterlichen **Wehrmauer** aus Feldsteinen. Sie hat sich auch 1432 beim Widerstand gegen anstürmende Hussiten bewährt, woran die jedes Jahr im Juni veranstalteten **Hussitenfestspiele** erinnern. Teil des Verteidigungsrings mit Wall, Gräben, Wiekhäusern ist das spätgotische *Steintor* (15. Jh.). Der massige, quadratische Backsteinbau beherbergt heute das **Heimatmuseum im Steintor** (Di–Fr 9–12 und 13–17, Sa/So/Fei 10–13 und 14–17 Uhr), das Waffen, Rüstungen, Schwerter und Hellebarden zeigt. Die Waffensammlung wurde 1714 erstmals inventarisiert. Der Bau ist durch zwei Wehrgänge mit dem schlanken runden *Hungerturm* verbunden, der früher als Gefängnis genutzt wurde und von dessen Höhe herrliche Ausblicke zu genießen sind. Ebenfalls zum Heimatmuseum gehört das **Henkerhaus**, das regelrecht an der nördlichen Stadtmauer klebt und neben mittelalterlichen Folter- und Richtwerkzeugen auch eine Ausstellung zur Lebensweise im 19. Jh. präsentiert.

Keinesfalls versäumt werden darf der Besuch der Stadtkirche **St. Marien**, ein Feldsteinbau des 13. Jh., der bis zum 15. Jh. zur weiträumigen Backsteinhalle mit vierschiffigem Langhaus und dreischiffigem

◁ *Kurpark Bad Freienwalde – von Meisterhand kultivierte Landschaft*

Kunstvoll und figurenreich – der spätgotische Altar in der Marienkirche von Bernau

Umgangschor erweitert wurde. Der 1519 ausgemalte Innenraum birgt eine der reichsten Ausstattungen der Mark. Phänomenalstes Stück ist der dreifach wandelbare *Hochaltar* (um 1520) mit filigranem Schnitzwerk und Tafelmalereien aus dem Umkreis von Lucas Cranach d. Ä. Bizarr geformt ist das Gesprenge, manieristisch proportioniert die Schnitzfiguren, die bei geöffnetem Schrein eine Marienkrönung rahmen. Beachtenswert darüber hinaus sind das *Sakramentshäuschen* (15. Jh.), die *Triumphkreuzgruppe* (1490) und der zwischen korinthischen Säulen eingefügte *Bürgermeisterstuhl* im Chor.

Ein interessantes Geschichtsbuch in Bronze stellt am angrenzenden Marktplatz die **Stadtsäule** (1987) dar, die am Seitenflügel des klassizistischen **Rathauses** ihren Platz bekam. Ernst Engelhard hat darauf bedeutende Ereignisse der Stadtgeschichte gestaltet. Fußgängerzone ist die von hier südwärts führende Bürgermeisterstraße mit gemischter Bebauung. Das älteste erhaltene Fachwerk-Wohnhaus der Stadt, das **Kantorhaus** von 1583, befindet sich in der Tuchmacherstraße im Westen.

In der Brauerstr. 16–18, links neben dem Haupteingang zur Sparkasse, führen Treppen zu einem **Gewölbekeller** (Mo/Fr 8.30–16, Di/Do 8.30–18, Mi 8.30–13 Uhr) aus den ›Ursprüngen Bernaus‹. In solchen Kellern wurde im Mittelalter das **Bernauer Schwarzbier** gebraut, woran Gärbottich und Braupfanne erinnern.

Nordwestlich von Bernau, an der B 272 nach Wandlitz, liegt im Stadtwald bei Waldfrieden das **Baudenkmal Bundesschule** (Besichtigung nach Voranmeldung, Tel. 033 38/76 78 75, www.baudenkmal-bundesschule-bernau.de), ein denkmalgeschütztes Bauhaus-Ensemble aus Lehr-, Wohn- und Wirtschaftsgebäuden von nüchterner, bis ins Detail durchdachter Sachlichkeit. Der Schweizer Architekt und Bauhausdirektor Hans Meyer errichtete den Komplex 1929/30 als *Bundesschule des Allgemeinen Deutschen Gewerkschaftsbundes* in Stahlbetonbauweise mit Klinkerverblendung. Durch Glasgänge und Wintergärten hatten die Bewohner auf Zeit ständig Blickkontakt mit der Natur.

i Praktische Hinweise

Information

Fremdenverkehrsamt, Bürgermeisterstr. 4, Bernau, Tel. 033 38/76 19 19, Fax 033 38/76 19 70, www.bernau-bei-berlin.de

Hotel

Comfort Hotel, Zepernicker Chaussee 39, Bernau, Tel. 033 38/702 00, Fax 033 38/70 20 70, www.comfort-hotel-bernau.de. Hotel garni an der Stadtgrenze.

Restaurant

Waldkater, Wandlitzer Chaussee 10, Bernau, Tel. 033 38/57 64. Regionale Wild- und Fischgerichte.

24 Wandlitz

Bekannt geworden als ›verbotene Stadt‹ der SED-Politprominenz.

Nur ältere Berliner wissen noch, dass Wandlitz am Südufer des Wandlitzsees vor dem Zweiten Weltkrieg zu den beliebtesten Ausflugszielen im Norden Berlins gehörte. Das wieder zu werden, darum bemüht man sich redlich. Noch verbinden die meisten den Namen Wandlitz mit der **Wohnsiedlung der SED-Prominenz** um Walter Ulbricht und später Erich Honecker. Die ehem. Waldsiedlung, die nach der Wende zu einer Reha-Klinik umgestaltet wurde, liegt etwa 3 km vom Dorf Wandlitz entfernt. Das Gelände ist über die B 273 zu erreichen und steht zur Besichtigung offen.

Ab 1958 entstanden auf einem 1,4 km² großen eingezäunten Waldgelände 23 Häuser für Mitglieder und Kandidaten des SED-Politbüros, dem höchsten Parteigremium. Dieses bestimmte zwar das gesamte politische und wirtschaftliche Leben der DDR, bildete aber nicht, wie heute dort fälschlicherweise zu lesen ist, ›im Wesentlichen die Regierungsspitze‹. Beim Zusammenbruch der DDR wohnten in der Waldsiedlung 19 der höchsten SED-Parteifunktionäre, von denen sechs ein Regierungsamt innehatten. Als Anfang 1990 das Tor des Haupteingangs erstmals für die Öffentlichkeit aufgemacht wurde, war das Erstaunen groß – kein Pomp und Luxus, die Mächtigsten des Landes bewohnten mit ihren Familien **biedere Einheitsbauten**. Im Haus Habichtweg 5 lebte der 1994 verstorbene ehem. DDR-Staats- und SED-Parteichef *Erich Honecker*, sein Ziehsohn und kurzzeitiger Nachfolger *Egon Krenz* im Bussardweg 4, der 2000 verstorbene Stasi-Chef *Erich Mielke* Eichelhäherweg 14.

Wandlitz ist aber nicht nur die SED-Politbüro-Siedlung! Das **Seebad** am Wandlitzsee wurde als eines der modernsten im Berliner Umland 1923 eröffnet, nach der Sanierung 1998/99 hat es wieder seine alte Attraktivität. Das heute denkmalgeschützte **Bahnhofsensemble** wurde 1923–27 im Stil der Neuen Sachlichkeit erbaut. Einen Einblick in die Geschichte und Entwicklung der brandenburgischen Landwirtschaft in den letzten 200 Jahren gibt das **Agrarmuseum** (Breitscheidstr. 22, www.agrarmuseum-wandlitz.de, April–Okt. Di–So 10–17, Nov.–März Di–Fr 10–17 Uhr). Kostbarkeiten der opulenten Sammlung stellen die drei Traktoren der Marke Lanz-Bulldog aus den Jahren 1921, 1923 und 1940 dar. Nicht minder wertvoll sind die ersten in die DDR gelieferten Traktoren aus der Sowjetunion.

i Praktische Hinweise

Information

Tourismusverein Naturpark Barnim, Prenzlauer Chaussee 157, Wandlitz, Tel. 03 33 97/661 31, Fax 03 33 97/661 68, www.wandlitz.de

Hotels

***Seepark Kurhotel**, Kirchstr. 10, Wandlitz, Tel. 03 33 97/750, Fax 03 33 97/751 99, www.seepark-wandlitz.com. Ruhige Lage mit Sauna, Whirlpool, eigenem Strandbad und kreativer Küche.

***Waldhotel Wandlitz**, Bernauer Chaussee 28, Wandlitz, Tel. 03 33 97/66 90, Fax 03 33 97/66 98 01, www.waldhotel-wandlitz.de. Schickes Haus, im Restaurant werden überwiegend regionale Speisen serviert.

25 Eberswalde

Stadt des Waldes und des Finowkanals. Das ›märkische Wuppertal‹ ist Brandenburgs ältestes Industriegebiet.

Markgraf Johann I. soll die Stadt gegründet haben, die 1276 erstmals als Everswolde in einer Urkunde auftaucht. Früh

Grimmige Gesichter – Terrakottaschmuck des 13. Jh. an den Portalen der Maria-Magdalena-Kirche in Eberswalde

schon, ab dem 16. Jh., und gefördert durch die günstige Lage und kurfürstliches Wohlwollen, entstanden Kupferhämmer, Mühlen und später Gießereien und Walzwerke, die Eberswalde zu einem wichtigen **gewerblich-industriellen Ort** machten. Viel Mittelalterliches blieb daher nicht erhalten. Ende des Zweiten Weltkriegs wurde dann auch der Stadtkern weitgehend zerstört – von deutschen Flugzeugen. Zu DDR-Zeiten trug die 1970 mit Finow zusammengelegte Stadt den Doppelnamen Eberswalde-Finow, genannt ›Efi‹. Für die 2. Landesgartenschau Brandenburg 2002 wurde in einem ehemaligen Industriegebiet zwischen der B 167 und dem Finowkanal ein neuer **Park** angelegt, der das Stadtbild ungemein bereichert.

Wald dominiert rund um Eberswalde. Er hat auch in der Stadt Bedeutung, und zwar seit 1830, als die Berliner Forstakademie hierher übersiedelte und alsbald den **Forstbotanischen Garten** (Am Zainhammer, www.fh-eberswalde.de, April–Okt. tgl. 9–18, Nov.– März 9–15.30 Uhr) anlegen ließ. Etwa 1100 in- und ausländische Gehölzarten wachsen hier neben Hecken-, Stein- und Kräutergärten in den Himmel. Zu erreichen ist die Anlage auf dem Wanderweg in Richtung Spechthausen entlang des Flüsschens Schwärze. Ebenfalls an der Schwärze liegt der **Zoo** (Am Wasserfall, tgl. 9 Uhr–Dunkelheit) in dem sich rund 1000 Tiere wohl fühlen. Zu den Attraktionen gehören das Urwaldhaus (eine Amazonaslandschaft mit Kaimanen, Schlangen, Papageien und Orchideen) sowie das Freigehege für Bären und Wölfe.

Aus der Gründungszeit der Stadt stammt die gotische, vom Kloster Chorin beeinflusste Backsteinbasilika **St. Maria Magdalena** (13. Jh.). 1632 war hier der gefallene Schwedenkönig Gustav Adolf aufgebahrt. Alle drei *Portale* tragen schönen spätromanischen Terrakotta-Schmuck mit Szenen aus dem Alten und Neuen Testament. Ältestes Ausstattungsstück ist ein bronzenes *Taufbecken* aus dem 13. Jh., das von drei Männern mit Judenhüten getragen wird. Der dreizonige *Renaissancealtar* entstand 1606.

Der nahe Marktplatz war bis 1945 nur halb so groß wie heute und an allen vier Seiten bebaut. Von Christian Daniel Rauch stammt der ruhende Löwe des **Brunnens** (1836). Zwei **Rathäuser** grenzen an den Platz, das *Alte* von 1775 und das *Neue* im Neorenaissancestil (1903–05). Das älteste Fachwerkhaus der Stadt, die historische **Adler-Apotheke** (1663), steht in der Steinstraße 3 auf dem Gelände des Hl.-Geist-Hofes. Nach Restaurierungsarbeiten zeigt es sich wieder in alter Schönheit, eingezogen sind Standesamt, Tourist-Information und **Stadtmuseum** (Di–Fr 10–13 und 14–17, Sa 10–13, So 13–17 Uhr), das die Stadt-, Regional- und Wirtschaftsgeschichte des 17.–19. Jh. nachzeichnet.

Die Lebensader der Stadt war lange Zeit der **Finowkanal**. Eine erste Wasserstraße wurde auf Order von Kurfürst Friedrich ab 1605/06 gebaut, bis 1620 entstanden knapp 40 km Kanalbett mit elf **Schleusen**. Der Dreißigjährige Krieg unterbrach nicht nur die Arbeiten an diesem umfangreichen Projekt, er zerstörte sogar das Begonnene. Ab 1743 erfolgte der Bau des heute noch bestehenden **zweiten Kanals** mit Treidlerwegen beiderseits, denn wenn Wind und Strömung nicht ausreichten, mussten die Kähne von Menschenhand gezogen werden. 1746 fuhr der erste Kahn auf dem neuen Kanal von der oberen Havel zur mittleren Oder.

Mit der Eröffnung des nahezu parallel dazu verlaufenden und für größere Schiffe ausgelegten **Oder-Havel-Kanals** 1914 verlor der Finowkanal seine wirtschaftliche Bedeutung. Er wird heute mit seinen noch vorhandenen zwölf Schleusen vor allem von Wasserwanderern genutzt.

Ausflug

In **Niederfinow** (12 km östlich) gibt es eine technische Meisterleistung zu bewun-

Neorenaissance am Markt von Eberswalde – gezwirbelte Giebel trägt das Rathaus von 1905

dern – dort fahren Schiffe Fahrstuhl! Das **Schiffshebewerk** (www.schiffshebewerk.de) hebt bzw. senkt beladene Kähne und Motorboote um 36 m, nur 5 Minuten dauert die Prozedur. 1934 wurde die mächtige Stahlkonstruktion dem Verkehr übergeben, 256 Stahltrosse halten den 4300 t schweren Trog in der Schwebe. Wer eine *Schiffsschleusung* selbst erleben möchte, steigt am Parkplatz an der Straße Eberswalde-Liepe in ein Fahrgastschiff und nimmt an einer 1,5 Std.-Fahrt durch das Hebewerk teil. Um größeren Schiffen die Durchfahrt von Berlin zum polnischen Stettin und zur Ostsee zu ermöglichen, wird neben dem denkmalgeschützten

Gigantischer Fahrstuhl für Schiffe – in Niederfinow hebt ein 85 m langer Wassertrog Schiffe 36 m hoch über eine Riesenstufe des Oder-Havel-Kanals

Märchenplatz in weitläufiger Mischwaldlandschaft – der Werbellinsee ist mit seinem besonders sauberen Wasser und einer Tiefe von 60 m nicht nur Bade-, sondern auch Taucherparadies

Schiffshebewerk bis zum Jahr 2010 ein neues entstehen.

Technikfans werden nach **Finowfurt** (10 km westlich) fahren, wo im **Erlebnispark Luftfahrt und Technik** (Biesenthaler Str. 1, www.luftfahrt-museum-finowfurt.de, am Flugplatz, April–Sept. tgl. 10–17, Okt.–März 10–16 Uhr) 25 Originalflugzeuge aus der Zeit von 1945–85 stehen.

i Praktische Hinweise

Information

Tourist-Information, Am Alten Walzwerk 1, (im Familiengarten Eberswalde) Eberswalde, Tel. 033 34/38 49 10, Fax 033 34/38 49 20, www.eberswalde.de

Hotel

****Hotel Finesse**, Angermünder Str. 43a, Eberswalde, Tel. 033 34/386 96, Fax 033 34/386 97 99. 40 Zimmer in ruhiger Lage und ein Restaurant mit bürgerlicher und internationaler Küche.

Restaurant

Haus am Stadtsee, Am Stadtsee 1–4, Eberswalde, Tel. 033 34/2 02 24. Gutbürgerliche und regionale Küche.

26 Schorfheide

Kulturlandschaft, Biosphärenreservat und Dorado für Wanderfreunde.

Der Name irritiert: Heide ist hier kaum zu finden, dafür **Mischwälder** satt, Eichen, Kiefern, aufgelockert durch unzählige glasklare Seen, Bachläufe und Moore, die die abtauenden eiszeitlichen Gletscher vor 15 000 Jahren hinterließen. In diesem Naturgebiet zwischen der Templiner Seenlandschaft und den Choriner Endmoränen im Süden gedeihen **gefährdete Pflanzen** wie Sonnentau, Trollblume, Fieberklee und etliche Orchideenarten. Die Schorfheide ist das schönste und größte Waldstück Brandenburgs, unberührt und doch belebt von Wildschweinen, Hirschen, von Bibern, See-, Fisch- und Schreiadlern, Schwarzstörchen, Rohrdommeln und Großtrappen: ein **Wildland** also und daher seit alters **Jagdrevier** der brandenburgischen Kurfürsten und preußischen Könige – für den Kaiser wurde 1897 eigens der *Bahnhof Werbellin* gebaut. Später jagte dann Göring, der Reichsmarschall des Tausendjährigen Reiches, in der Schorfheide, dem die Genossen Honecker, Mittag und Mielke folgten. 1937 hatte der heute nicht mehr existierende Wildzaun eine Gesamtlänge von etwa 200 km.

Deutschlands zweitgrößtes Schutzgebiet (1291 km²), zu dem etwa 240 Seen gehören, ist in vier Bereiche gegliedert: in die unberührten *Kernzonen*, die nur auf bestimmten Wegen zu erreichenden *Schutzgebiete*, die für sanften Tourismus zugelassenen, landwirtschaftlich genutzten *Entwicklungszonen* und die *Sanierungsgebiete* mit zu behebenden Landschaftsschäden.

Der sehr tiefe, 13 km lange **Werbellinsee** am südöstlichen Rand der Heide, von Theodor Fontane als »Märchenplatz« bezeichnet, ist eine Oase für Sommerfrischler, Wassersportler und Wanderer. Nahe dem Westufer ließ sich König Friedrich Wilhelm IV. 1847–49 im bayerischen Landhausstil das **Jagdschloss Hubertusstock** erbauen, das später Kaiser Wilhelm II., Hitler, Mussolini und zu DDR-Zeiten Erich Honecker, Helmut Schmidt und Franz Josef Strauß als Gäste

bzw. Gastgeber erlebte. Honecker hatte Hubertusstock 1971 abreißen und als Gästehaus im Edel-Jodel-Stil wieder aufbauen lassen. Beliebte Ferienorte am Werbellinsee sind am Ostufer **Altenhof** mit Strand und Möglichkeit zu Bootsausflügen und am Nordufer **Joachimsthal** mit einer nach Plänen von Karl Friedrich Schinkel erbauten Kirche (1817) sowie dem im englischen Landhausstil erbauten Bahnhof Werbellinsee. Der so genannte *Kaiserbahnhof* wurde 1896 an der neu angelegten Bahnstrecke eberswalde–Templin für Kaiser Wilhelm II. eingerichtet, damit er sein Jagdrevier und das etwa 10 km entfernte Jagdschloss Hubertusstock bequem erreichen konnte. Seit sommer 2006 ist der ausgediente 21 m hohe *Wasserturm* (April–Okt. Do–So 11–18 Uhr) der Hauptanziehungspunkt von Joachimsthal. Zur Aussichtsplattform gelangt man per Aufzug in einer neben dem Turm errichteten orangefarbigen Glas- und Betonkonstruktion. Der Turm gehört ebenso wie eine umgebaute Villa aus dem frühen 20.Jh., die für kulturelle Veranstaltungen und Ausstellungen genutzt wird, zum Biorama-Projekt (www.biorama-projekt.org), das Kunst, Design und Tourismus mit der Natur verbinden möchte. Bei **Eichhorst** im Süden ließ Prinz Carl von Preußen 1879 den *Askanierturm* errichten, an der Stelle, an der einst die Burg Werbellin gestanden haben soll. Eine mittlerweile 600-jährige Eiche im Dorf gab dem Ort seinen Namen.

Bei **Groß Schönebeck** an der B 109 liegt der *Wildpark Schorfheide* (Di–So 10–16 Uhr, www.wildpark-schorfheide.de). In großzügigen Anlagen tummeln sich Wollschweine, Elche, Wildpferde und sogar Wölfe, die vereinzelt auf ihren Wanderungen aus Polen hierher gelangen. Die Wanderwege mit Rast- und Picknickplätzen sind fast 4 km lang, sie führen auch zum Abenteuerspielplatz und Streichelgehege für die kleinen Besucher. Um das Jahr 1660 entstand in der Nähe für den Großen Kurfürsten Friedrich Wilhelm das ehem. *Jadgschloss Groß Schönebeck*, in dem heute das *Schorfheidemuseum* (Di/Mi 10–12, Sa/So 13–17, Nov.–April bis 16 Uhr) Tierpräparate zeigt.

Auf der nahen Landzunge zwischen dem Großen Döllnsee und dem Wuckersee hatte sich Hermann Göring, einer der Mächtigsten der NS-Diktatur, seine Residenz **Carinhall** errichten lassen. Ein Findling markiert heute die Stelle, an der sich die Zufahrt zur Anlage befand. Erhalten blieben nur zwei Torhäuser, da Göring Carinhall nach Abtransport der zusammengerafften Kunstschätze am 28. April 1945 in die Luft sprengen ließ.

Praktische Hinweise

Information

Tourismusverein, Rosenbecker Str. 1a (Alte Schmiede), Groß Schönebeck, Tel. 03 33 93/657 77, Fax 03 33 93/657 78, www.tourismus-schorfheide.de

Hotels

****Hotel Döllnsee-Schorfheide**, Döllnkrug 2, Groß Dölln, Tel. 03 98 82/630, Fax 03 98 82/634 02, www.doellnsee.de. Elegantes Ambiente in idyllischer Lage am Großen Döllnsee; Wellnessbereich mit Schwimmbad und Restaurant mit internationaler Küche.

27 Kloster Chorin

Top Tipp

Die bedeutendste und bekannteste Ruine der Zisterzienser zwischen Elbe und Oder.

Zu Recht wird Kloster Chorin (April–Okt. tgl. 9–18, Nov.–März bis 16 Uhr) als **Juwel norddeutscher Backsteingotik** bezeichnet. Beeindruckend ist die erhabene Schönheit dieser Klosteranlage, ihr Stil prägte viele Bauten im norddeutschen Raum.

Zisterzienser hatten das zweite askanische Hauskloster – das erste war das 1180 gegründete Lehnin – in mehreren Bauabschnitten 1273–1334 hochgezogen. Es entwickelte sich zum kulturellen und wirtschaftlichen Zentrum mit bis zu 80 Priestermönchen und etwa 200 Laienbrüdern in seiner Blütezeit und mit großen Besitzungen zwischen Eberswalde, Oderberg und Angermünde. Mit der Säkularisierung im Jahr 1542 begann der Verfall des Klosters, nach dem Dreißigjährigen Krieg wurden Teile der Anlage gar als Steinbruch genutzt. Die Romantik erkannte den Wert dieses Denkmals, die Mischung aus Verfall und einstiger Größe begeisterte die Menschen. Erhaltungsmaßnahmen unter Mitwirkung Karl Friedrich Schinkels wurden eingeleitet.

Klangfülle in Klosterruinen – klassische Konzerte locken Zuhörer zuhauf zum Choriner Musiksommer

Am schönsten präsentiert sich die dreischiffige Kirchenruine in ihrer **Westfassade**, wo der gestaffelte Mittelschiffgiebel, die als Treppentürme gestalteten Eckpfeiler und die kleinen Seitenschiffgiebel eine ungemein geschlossene Bauform abgeben, die zugleich stark strukturiert und differenziert wirkt. Vornehm und feierlich wirken hingegen die feingliedrigen, steil emporstrebenden **Maßwerkfenster** des Chors. Das lang gezogene **Mittelschiff** öffnet sich mit abwechselnd von Kreuz- und Bündelpfeilern getragenen Arkaden in die Seitenschiffe, wobei das südliche nicht mehr erhalten ist. Auch die geschmückten **Kapitelle**, die Nischenumrahmungen und die mit Blendreihen reich verzierten **Querschiffgiebel** gilt es zu beachten.

Erhalten blieben auch große Teile des Kreuzgangs, zwei Flügel der Klausur, wobei im Fürstensaal des Westflügels noch Reste **gotischer Wandmalereien** zu sehen sind – die ›Anbetung der Könige‹ und der ›Bethlehemitische Kindermord‹.

Von den ehem. Nebengebäuden stehen noch das Brauhaus, die Küche und das Pfortenhaus.

Überaus begehrt sind Karten für die alljährlich in romantischer Ruinenatmosphäre stattfindenden Konzerte des **Choriner Musiksommers** (Tel. 033 34/65 73 10, Fax 033 34/65 73 20, www.choriner-musiksommer.de).

Praktische Hinweise

Information

Klosterverwaltung, Amt Chorin 11, Chorin, Tel./Fax 03 33 66/703 78, www.kloster-chorin.info

Hotel

****VCH-Hotel Haus Chorin**, Neue Klosterallee 10, Chorin, Tel. 03 33 66/500, Fax 03 33 66/326, www.chorin.de. Komfortables Ambiente in Seenähe.

Die Westfassade der Choriner Klosterkirche gilt als schönstes Werk märkischer Backsteingotik

Restaurant

Alte Klosterschänke, Am Amt 9, Chorin, Tel. 03 33 66/53 01 00. Ländlich gemütliche Atmosphäre. Im dazu gehörenden Scheunentheater Theater, Konzerte und Kleinkunstveranstaltungen.

28 Bad Freienwalde

Der älteste Badeort Brandenburgs.

»Freienwalde – hübsches Wort für hübschen Ort«, schrieb Theodor Fontane treffend. Mit dem historischen Altstadtkern, dem Schlossensemble, ihrem Kurbezirk und einer Reihe schöner Häuser im spätbarocken Zopfstil besitzt die Stadt tatsächlich Sehenswertes.

Bad Freienwalde ging vermutlich im 13. Jh. aus den Siedlungen Tornow und Kietz hervor, auf dem Schlossberg befand sich eine Burg, die 1468 zerstört wurde. Aus deren Feldsteinen entstand 1895 der 26 m hohe **Bismarckturm** (April–Okt. Sa/So/Fei 11–17 Uhr), der als erster in Deutschland dem ›Eisernen Kanzler‹ gewidmet wurde. Ein weiterer Aussichtsturm, 1879 als **Kriegerdenkmal** errichtet, steht auf dem Galgenberg.

Bis zur Entdeckung der heilkräftigen, eisenhaltigen Quellen in der zweiten Hälfte des 17. Jh. war Freienwalde eine unbedeutende Ackerbürgerstadt. Dann eröffnete Kurfürst Friedrich Wilhelm 1684 den **Badebetrieb**, und von da an kurierte der brandenburgisch-preußische Adel hier seine Rheumaleiden. Königin Friederike Luise kam ab 1790 jährlich zur Kur. Sie ließ sich am Apothekerberg im Süden der Stadt den **Musik- und Theaterpavillon** mit hölzernem Säulenumgang erbauen

Kulturgeschichte des Oderlandes im Oderlandmuseum Bad Freienwalde

Weitblick über die Tiefebene des Oderbruchs, die unter Friedrich II. zum immergrünen Gemüsegarten wurde

sowie 1797 von David Gilly als Witwensitz das klassizistische **Schloss Freienwalde** (Mi–So 11–17, Nov.–März bis 16 Uhr). Innen erinnert eine Ausstellung an *Walter Rathenau*, den Außenminister der Weimarer Republik, der das Schloss von 1909 bis zu seiner Ermordung 1922 besaß. Ferner ist eine Ausstellung zur Bau- und Kunstgeschichte des Schlosses zu sehen. Den **Schlosspark** gestaltete Peter Joseph Lenné um 1820 zum Landschaftsgarten. Sein Werk ist auch der **Kurpark** im Brunnental mit dem **Kurhaus** (1875) und dem klassizistischen sog. **Landhaus**. Diesen 1790 von Carl Gotthard Langhans als Logier- und Badehaus für adlige Gäste errichteten Bau zeichnen sein Mansarddach und die monumentale Nische im Mittelrisalit aus.

Der Marktplatz wird durch die spätgotische Stadtkirche **St. Nikolai** (15. Jh.) mit prächtiger *Renaissanceausstattung* im Inneren dominiert. Nahebei liegt das spätklassizistische **Rathaus** und die entzückende kleine Fachwerkkirche **St. Georg** (1696), die seit Jahren als Konzerthalle dient. Das *Loebensche Freihaus* gegenüber der Kirche, 1560 in Fachwerk erbaut und um 1760 mit einer barocken Putzfassade verändert, beherbergt das **Oderlandmuseum** (Mo–Fr 9–18, Sa/So/Fei 10–15 Uhr). Hier ist viel über die Urbarmachung des Oderbruchs zu erfahren, die Friedrich II. Mitte des 18. Jh. veranlasste. Auch Trachten des Oderbruchs werden gezeigt.

Wer sich für Ökologie interessiert, dem sei ein Besuch im **Haus der Naturpflege** (Dr.-Max-Kienitz-Weg 2, www.haus-der-naturpflege.de, tgl. 10–18, Okt.–März Mo–Fr 10–16 Uhr) empfohlen, ein Freilandmuseum des Naturschutzes, ein Garten voll botanischer Besonderheiten. Kurt Kretschmann, der Gründer des Parks, und seine Frau Erna schufen 1950 mit der Waldohreule das heute bundesweit eingesetzte Naturschutzsymbol.

i Praktische Hinweise

Information

Tourist-Information, Uchtenhagenstr. 2, Bad Freienwalde, Tel. 033 44/15 08 90, Fax 033 44/150 89 20, www.bad-freienwalde.de

Hotel

******Hotel Eduardshof**, Eduardshof 8, Bad Freienwalde, Tel. 033 44/41 30, Fax 033 44/41 31 80, www.hotel-eduardshof.de. 57 gut ausgestattete Zimmer in einem Neubau mit viel Glas und Grün.

Restaurant

Schlosscafé, Schlosspark, Bad Freienwalde, Tel. 033 44/23 66. Kaffee- und Eisspezialitäten sowie warme Gerichte.

29 Oderbruch

Größte geschlossene Niederungslandschaft im Bundesland Brandenburg.

Ausgedehnte Sümpfe mit großen und kleinen Wasserarmen sowie Halbinseln und Inseln prägten Jahrtausende die Landschaft an der Oder, bis Friedrich der Große Mitte des 18. Jh. das rund 20 km breite und 60 km lange Oderbruch entwässern ließ und damit Brandenburgs **Korn- und Zuckerkammer** schuf. Gleichzeitig entstanden zahlreiche neue Dörfer, die bis heute das ›Neu‹ im Namen tragen; bevölkert wurden sie mit Kolonisten aus der Pfalz, Schwaben, Pommern, Österreich und Böhmen. Viele dieser Dörfer tangiert die **Oderbruchrandstraße** (B 167), einer der ältesten Wege dieser Ge-

gend, an der Westseite des Bruchs zwischen Bad Freienwalde und Seelow. Das flache Oderbruch ist ein Paradies für Rad- und Fusswanderer, die die herbe Natur mögen.

Nördliches Oderbruch

Erster Halt nach Bad Freienwalde ist das Dorf **Altranft**, das in ein *Freilichtmuseum* (www.freilichtmuseum-altranft.de, April–Okt. Di–Fr 9–17, Sa/So/Fei 11–18, Nov.–März nur das Schloss Di–Fr 10–16, Sa/So/Fei 11–16 Uhr) verwandelt wurde – Schmiede, Wasch- und Backhaus, Scheune, Bauernhäuser, Spritzen- sowie Fischerhaus verteilen sich über das gesamte Dorf. Volkskunde und Agrargeschichte des Oderbruchs sind hier hautnah erlebbar, wenn an Aktionstagen alte Handwerkskunst wie Flachsen, Seilern, Weben, Schmieden dargeboten werden. Die Führungen beginnen im Schloss (16. Jh.), dem Zentrum des Museumsensembles. Eine Außenstelle des Freilichtmuseums ist die **Bockwindmühle** (April–Okt. Fr 10–16, Sa/So 11–16 Uhr) in **Wilhelmsaue**, gut 25 km entfernt bei Letschin. Sie ist die letzte von einst über 100 Windmühlen der Gegend.

Der flache Oderbruch ist Radlerland

3 km von Altranft liegt **Altgaul**, in dessen Ortsteil Rathsdorf in einem längst stillgelegten Ziegelbrennofen des 19. Jh., dem so genannten ›Storchenturm‹, das *Storchenmuseum* (www.nabu-oberbarmin.de, April–Okt. tgl. 10–17 Uhr) eingerichtet wurde. Es bietet Informatives über den Weißstorch, der sich bis heute im Oderbruch wohl fühlt. Anziehungspunkt im nahen **Altreetz** ist der *Oderbruch-Zoo* (Schulgartenstr. 10, tgl. 9 Uhr bis Einbruch der Dunkelheit) mit etwa 250 Tieren. In Altreetz erinnert außerdem ein großer Findling mit der Inschrift ›Zum Gedenken an den Kampf gegen das Hochwasser‹ an das verheerende **Jahrhunderthochwasser** im Sommer 1997.

In **Wriezen** an der Alten Oder weisen noch das gitterförmige Straßennetz und der zentral gelegene Marktplatz auf eine planmäßige mittelalterliche Stadtanlage hin. In den letzten Tagen des Zweiten

Star-Architekt der Hohenzollern

Lobende Worte fand Fontane über **Karl Friedrich Schinkel** (1781–1841), Preußens berühmtesten Baumeister des Klassizismus: »Unter allen bedeutenden Männern, die Ruppin, Stadt und Grafschaft hervorgebracht, ist Karl Friedrich Schinkel der bedeutendste.« Der kleine Pomonatempel auf dem Potsdamer Pfingstberg war das erste seiner Werke, die Nikolaikirche und Schloss Charlottenhof in Potsdam sowie das Schauspielhaus und das Alte Museum in Berlin seine bedeutendsten.

Der in Neuruppin Geborene wurde 1798 Schüler von **David und Friedrich Gilly** an der Berliner Bauakademie und kam durch Vermittlung Wilhelm von Humboldts zur Oberbaudeputation. Dort stieg er zum **Oberlandesbaudirektor Preußens** auf, der jeden Entwurf zu begutachten und zu genehmigen hatte. Nicht selten nahm der kritische Schinkel Veränderungen vor, deshalb kann sich manch abgelegenes Dorf heute eines Schinkel-Schlosses oder einer Schinkel-Kirche rühmen. Viele Entwürfe blieben unausgeführt, denn auch damals waren die Staatskassen leer. **Friedrich Wilhelm III.** bremste die Ideen Schinkels mit den Worten: »Dem muß man einen Zaum anlegen!« Zu Schinkels **Hinterlassenschaften** gehören nicht nur 83 ausgeführte Bauwerke, sondern auch mehr als 4000 Zeichnungen, 42 Bühnenbildentwürfe und mehr als 60 Ölbilder.

Weltkriegs lag Wriezen, die ›Hauptstadt des Oderbruchs‹, im Verteidigungsring um Berlin und wurde evakuiert. Als die Einwohner zurückkehrten, fanden sie eine nahezu total zerstörte Stadt vor. Zeugnis davon legt die gotische Pfarrkirche *St. Marien* (15. Jh.) ab; sie beeindruckt auch noch als Ruine. Ihr Turm wurde 1998 wieder hergestellt. Von Wriezen empfiehlt sich ein Abstecher ins südlich nahe **Möglin**, wo *Albrecht Daniel Thaer* (1752–1828) wirkte, der als Begründer der wissenschaftlichen Landwirtschaftslehre gilt. Dafür gründete er hier eine Lehranstalt, die bis 1861 bestand und der Friedrich Wilhelm III. den Titel ›Königliche Akademie des Landbaus‹ verlieh. Im so genannten *Professorenhaus* (Hauptstr. 19/20, www.albrecht-daniel-thaer.org, April–Sept. Do–So 11–17, Okt.–März 10–16 Uhr), einem rund 400-jährigen Herrenhaus auf dem Gelände, werden Thaers Arbeit und Verdienste mit einer Ausstellung gewürdigt.

Das benachbarte **Kunersdorf** war Anfang des 19. Jh. ein geistig-kulturelles Zentrum in Brandenburg. Im verschwundenen Schloss weilten Dichter, Künstler, Wissenschaftler, darunter die Gebrüder Humboldt, Staatskanzler von Hardenberg u. v. a., zusammengeführt von *Helene Charlotte von Lestwitz* – sie nannte sich später Frau von Friedland – und deren verheirateter Tochter *Henriette Charlotte Itzenplitz*. Der Dichter Adalbert von Chamisso schrieb hier 1813 sein Prosawerk ›Peter Schlemihls wundersame Geschichte‹. Besuchenswert ist die bedeutende *Grabkolonnade* derer von Lestwitz und Itzenplitz auf dem Friedhof – neun jeweils durch dorische Säulenpaare getrennte Nischen unter durchlaufendem Gesims sind bestückt mit Stelen, Reliefbildnissen, Marmorurnen der berühmten Bildhauer Johann Gottfried Schadow, Christian Daniel Rauch und Christian Friedrich Tieck.

Das östlich gelegene **Neutrebbin** erhielt 1904 auf dem Dorfplatz ein *Denkmal Friedrichs II.* mit einer 2,5 m hohen Bronzefigur des Monarchen, die jedoch in den ersten DDR-Jahren entfernt wurde. Seit 1997 steht Friedrich der Große wieder an seinem angestammten Platz – als Nachguss. Ein ähnliches Schicksal erlitt das Standbild Friedrichs II. (1905) in **Letschin**. Über die DDR-Jahre hinweg konnte es allerdings versteckt, vor der Vernichtung bewahrt und schließlich 1990 wieder aufgestellt werden. Von der im Zweiten Weltkrieg zerstörten *Kirche* blieb allein

Neuhardenberg – das Schloss trägt Schinkels Handschrift, den Park gestaltete Peter Joseph Lenné. In der Nazizeit fanden hier Treffen der Widerständler um Graf Stauffenberg statt

der nach einem Entwurf von Karl Friedrich Schinkel 1818 angebaute Backsteinturm bestehen, er wurde zum Wahrzeichen des Dorfes.

Südliches Oderbruch

Das größte Dorf an der B 167 ist **Neuhardenberg**. Es änderte im Laufe der Geschichte nicht weniger als vier Mal den Namen – bis 1815 hieß es Quilitz, bis 1949 Neu-Hardenberg, bis 1990 Marxwalde – und eigentlich müsste es sowieso ›Schinkeldorf‹ heißen. Es ist aber nach dem preußischen Staatskanzler Karl August Fürst von Hardenberg benannt, der mit Freiherrn vom Stein den preußischen Staat grundlegend reformierte und 1814 dafür in den Besitz des Ortes mit seinem Schloss kam. Der junge Schinkel war nämlich entscheidend am Wiederaufbau des 1801 abgebrannten Dorfes beteiligt. Nach seinen Vorschlägen entstanden die ersten 32 neuen Häuser, dazu die *Kirche* mit ihrem markanten ovalen Aufsatz am Westturm und der dorischen Säulenhalle an der Ostwand. Im Inneren wird das Herz Hardenbergs bewahrt.

Auch dem 1820–23 erbauten **Schloss Neuhardenberg** (www.schlossneuhardenberg.de) verlieh Schinkel sein edles klassizistisches Aussehen. Während der Kriegsjahre fanden darin konspirative Treffen der Widerstandsgruppe um Claus Graf Schenk von Stauffenberg statt.

Das schön proportionierte, reich durchfensterte Gebäude gehört heute dem Deutschen Sparkassen- und Giroverband, der es 2002 als *Zentrum für Kunst und Kultur, Wissenschaft und Wirtschaftsethik* eröffnete – ein Ort gesellschaftspolitischer, philosophischer und künstlerischer Debatten. Das **Museum** (Di–So 11–19 Uhr)

Minerva und Mars trauern in Lennés Schlosspark um Friedrich II., Denkmal von Johann Wilhelm Meil, 1792

Buckow, Zentrum der Märkischen Schweiz, hat einen Badeplatz am Schermützelsee

im Kavaliershaus mit der Ausstellung ›Schloss Neuhardenberg. Ein Ortstermin‹, ein Hotel und zwei Restaurants runden die Anlage ab. Für die Umgestaltung des *Schlossparks* waren Peter Joseph Lenné und Fürst Hermann von Pückler-Muskau, der Schwiegersohn Hardenbergs, verantwortlich. Der Park wurde nach historischem Vorbild restauriert und ist öffentlich zugänglich. Am *Friedrich-Denkmal* (1792) hinter dem Schloss trauern Mars und Minerva um den toten König; den Marmorsockel schuf Christian Daniel Rauch 1821 nachträglich.

Liebhaber von Zinnfiguren sollten im 8 km entfernten **Gusow** Halt machen. In das dortige dreiflügelige, um 1870 im Stil englischer Landsitze umgebaute Schloss zog das *Zinnfigurenmuseum* (www.schloss-gusow.de, April–Sept. Di–So 10–18, Okt.–März Di–Fr 10–17, Sa/So/Fei 10–18 Uhr) zur brandenburgisch-preußischen Geschichte. Etwa 160 Dioramen mit 7000 Zinnfiguren sind zu bewundern, auch deren Herstellung wird erläutert. Besonders oft taucht Georg Freiherr von Derfflinger auf, was nicht erstaunt, wenn man weiß, dass der Generalfeldmarschall 1651–95 in Gusow wohnte.

An den strategisch wichtigen Oderhängen bei **Seelow** tobte im April 1945 eine der letzten Schlachten des Zweiten Weltkriegs. Etwa 33 000 sowjetische, 5000 polnische und fast 12 000 deutsche Soldaten fanden dabei den Tod. Über diese Phase des Kriegs informiert am Stadtrand direkt an der B 1 die *Gedenkstätte Museum Seelower Höhen* (www.gedenkstaette-seelower-hoehen.de, April–Sept. Di–So 10–17, Nov.–März bis 16 Uhr). Zahlreiche Soldatengräber und das monumentale 1945 von den Sowjets aufgerichtete *Siegesdenkmal* erinnern ebenfalls an das furchtbare Geschehen. Am Bau der klassizistischen *Kirche* in der Stadt war Karl Friedrich Schinkel maßgeblich beteiligt.

Unübersehbar ist im nahen **Friedersdorf** der Backsteinkasten des *Kunstspeichers an der B 167* (www. kunstspeicher-friedersdorf.de, Mi–So 11–18 Uhr) Im einstigen Getreidespeicher von 1922/23 wird zu Theateraufführungen, Konzerten und Künstlerlesungen geladen. Mehrmals im Jahr sind Ausstellungen mit Werken regionaler Künstler zu sehen.

i Praktische Hinweise

Information

Tourist-Information Oderbruch e. V., Berliner Str. 1–3, Seelow, Tel. 033 46/84 98 08, Fax 033 46/84 98 07, www.oderbruch-tourismus.de

Hotel

TOP TIPP *****Hotel Schloss Neuhardenberg**, Schinkelplatz, Neuhardenberg, Tel. 03 34 76/600-0,

Fax 03 34 76/60 08 00, www.schloss neuhardenberg. Komfortables Schlosshotel mit 54 behaglich eingerichteten Zimmern in historischem Ambiente sowie zwei Restaurants.

30 Buckow

Im Herzen der Märkischen Schweiz.

Wald- und seenreich, stark gebuckelt und mit tiefen Tälern zeigt sich der **Naturpark Märkische Schweiz**. Dessen Verwaltungssitz und Zentrum ist der viel besuchte Luft- und Badekurort Buckow. Bereits 1854 war Friedrich Wilhelm IV. von seinem Leibarzt ein Aufenthalt mit den Worten empfohlen worden: »Majestät, in Buckow geht die Lunge auf Samt!« Der klare **Schermützelsee**, mit 45 m einer der tiefsten Seen Brandenburgs, bietet obendrein hervorragende Bedingungen zum Baden, Paddeln und Surfen.

Berühmt wurde Buckow vor allem, weil hier ab 1952 der Dramatiker Bertolt Brecht (1898–1956) und seine Frau, die Schauspielerin Helene Weigel (1900–1971) ein Jugendstilhaus mit Atelier pachteten, in dem Brecht an Bearbeitungen von ›Coriolan‹ und ›Turandot‹ sowie an den ›Buckower Elegien‹ (1953) arbeitete und Künstler wie Paul Dessau und Hanns Eisler empfing. Das **Brecht-Weigel-Haus** (Bertolt-Brecht-Str. 30, April–Okt. Mi–Fr

Gesuchtes Wanderziel in Buckows Umgebung – am Sophienfließ steht die Wurzelfichte mit ihren riesigen Tentakeln

13–17, Sa/So 13–18, Nov.–März Mi–Fr 10–12 und 13–16, Sa/So 11–16 Uhr) wurde Museum, es präsentiert Fotos, Dokumente und Persönliches. Im Bootshaus steht der Originalwagen, den Helene Weigel als ›Mutter Courage‹ in der ersten Inszenierung 1949 zog.

Für Spaziergänge und Wanderungen eignet sich das wildromantische **Stobbertal**. Am wildbachartigen Sophienfließ trifft man auf die **Wurzelfichte**, Buckows bekanntestes Naturdenkmal. Die Wurzeln des rund 160 Jahre alten Baums lie-

Im Brecht-Weigel-Haus in Buckow verbrachte das Dichterpaar den Sommer

gen – mannshoch – zum größten Teil frei. Besonders schöne Aussicht auf Buckow mit Schermützelsee und die umliegende Hügelwelt bietet die **Bollersdorfer Höhe**, nach Fontane »vielleicht das schönste Landschaftsbild« der Märkischen Schweiz.

Ausflug

Die Kleinstadt **Müncheberg**, etwa 12 km von Buckow entfernt, umschließt eine weitgehend erhaltene *Stadtmauer* aus Feldsteinen (14. Jh.). Bestehen blieben auch der runde *Küstriner-* und der quadratische *Berliner Torturm*. Die kriegszerstörte frühgotische Kirche *St. Marien* mit dem von Karl Friedrich Schinkel entworfenen Westturm (1829) bekam bei ihrer Wiederherstellung ein mehrstöckiges Gemeindehaus eingebaut und wird nun auch als Kulturzentrum genutzt.

i Praktische Hinweise

Information

Fremdenverkehrsamt Märkische Schweiz, Wriezener Str. 1a, Buckow, Tel. 03 34 33/575 00, Fax 03 34 33/577 19, www.buckow-online.de und www.amt-maerkische-schweiz.de

Hotels

*****Kur- und Tagungshotel Am See**, Ringstr. 5–6, Buckow, Tel. 03 34 33/63 60, Fax 03 34 33/63 61 38, www.kurhotel-am-see.de. Zimmer mit Balkon; Restaurant, in dem leichte deutsche Kost serviert wird.

*****Stobbermühle**, Wriezener Str. 2, Buckow, Tel. 03 34 33/668 33, Fax 03 34 33/668 44, www.stobbermuehle.de. Schicke Apartments, ausgezeichnete Küche im hauseigenen Restaurant mit Kamin und Rosenterrasse.

31 Strausberg

Ausgangspunkt in eine malerische Wald- und Seenlandschaft, ein herrliches Wandergebiet.

Aus einer alten Fischersiedlung wuchs ein Städtchen, das die Berliner wegen der nahen ausgedehnten Wälder- und Seenketten bereits im 19. Jh. als **Ausflugsziel** entdeckten. Scharenweise kamen sie damals mit Picknickkörben, heute ermöglicht die S-Bahn eine bequeme Anreise von der Hauptstadt aus. Zu DDR-Zeiten hatte das Ministerium für Nationale Verteidigung in Strausberg seinen Sitz, Uniformen bestimmten das Stadtbild.

Manches über die frühere Zeit ist im **Heimatmuseum** (August-Bebel-Str. 33, Di–Do 10–12 und 13–17 Uhr) zu erfahren, das sich in einem 1867 als Caféhaus Weber eröffneten Gebäude befindet.

Von der **Stadtmauer** des 13. Jh. sind noch große Teile in einer Höhe von teilweise 6 m erhalten, beispielsweise nördlich der Anlegestelle der **Fähre**, die zu Strausbergs Attraktionen gehört. Seit 1894 verbindet sie das Ostufer des *Straussees* mit seinem 360 m entfernten Gegenüber, dem Zugang ins Wanderparadies des Strausberger Waldgebiets. Es ist Deutschlands einzige elektrische Seilfähre mit Oberleitung. Unweit der Anlegestelle öffnete am Fichteplatz 1925 die **Seebadeanstalt** mit heute denkmalgeschützten Holzbauten. Die Georg-Kurze-Straße führt zum Marktplatz mit der ganz aus Feldsteinen errichteten und durch ihren breit gelagerten Westquerbau eminent beeindruckenden **Marienkirche** (13. Jh.). Im Inneren der Pfeilerbasilika faszinieren *Gewölbemalereien* (1448), ein spätgotischer *Schnitzaltar* mit einer Madonna im Strahlenkranz (um 1520) sowie eine imposante *Barockkanzel* (1700). Den oberen Abschluss des Marktplatzes bildet das zweigeschossige klassizistische **Rathaus** von 1825.

Ausflug

Altlandsberg, ein besuchenswertes Städtchen 15 km westlich von Strausberg, besitzt noch den mittelalterlichen Grundriss. Vorwiegend zweigeschossige Bürgerhäuser aus dem 19. Jh. prägen das sympathische Stadtbild, aus dem die gotische *Marienkirche* mit großem, barock behelmten Feldsteinturm und die ebenfalls barocke *Schlosskirche* (1768) herausragen. Die *Stadtmauer* aus unbearbeiteten Feldsteinen blieb fast vollständig erhalten, auch der *Strausberger Torturm* im Osten und der *Berliner Torturm* im Süden. Bedeutend ist das *Scheunenviertel* östlich der Altstadt (Richtung Strausberg, Rüdersdorf), ein geschlossenes, aus etwa 40 Backsteinscheunen bestehendes Ensemble des 19. Jh., das leider von Jahr zu Jahr mehr verfällt.

i Praktische Hinweise

Information

Stadt- und Tourist-Information, August-Bebel-Str. 1, Strausberg,

Lektion über die Kalksteingewinnung im 19. Jh. – Museumspark Rüdersdorf

Tel. 033 41/31 10 66, Fax 033 41/31 46 35, www.stadt-strausberg.de

Hotels

******Landhaus Villago**, Altlandsberger Chaussee 88–89, Eggersdorf, Tel. 033 41/46 90, Fax 033 41/46 94 69, www.villago.de. Am Ufer des Bötzsees, mediterrane Atmosphäre, Zimmer im Countrystil, Schwimmbad, Restaurant.

******The Lakeside**, Gielsdorfer Chaussee 6, Strausberg, Tel. 033 41/3 46 90, Fax 033 41/34 69 15, www.thelakeside.de. In englischem Landhausstil mit Restaurant und English Pub; die Hochzeitssuite im Turm mit eigenem Whirlpool.

*** **Schlosshotel Reichenow**, Dorfstr. 1, Reichenow, Tel. 03 34 37/30 80, Fax 033 41/308 88, www.schlossreichenow.de. Geschmackvoll eingerichtet Zimmer, Well-nessbereich, 25 000 m² großer Park und Restaurant mit saisonaler Küche.

32 Rüdersdorf

Museumspark mit einzigartigen Industriedenkmälern.

Seit rund 600 Jahren ist Rüdersdorf mit dem **Kalkabbau** verbunden; der erste Nachweis darüber findet sich in Aufzeichnungen bereits um das Jahr 1376. Für viele namhafte Bauwerke, etwa das Brandenburger Tor und das Olympiastadion in Berlin, wurde Rüdersdorfer Kalk verwendet. Die faszinierende Technik, mit der Kalk abgebaut und verarbeitet wurde, ist im **Museumspark** (Heinitzstr. 11, www.museumspark.de, tgl. 10–18 Uhr) hautnah zu erleben. Die Ausstellung ›Geologie im Haus der Steine‹ zeigt steinerne Zeugen der 240 Mio. Jahre alten Geschichte des Rüderdorfer Kalksteins. Eine *Wohnung* dokumentiert, wie um 1920 gelebt wurde, eine zweite dient für Wechselausstellungen zu Themen der Arbeits- und Sozialgeschichte.

TOP TIPP

Gegenüber diesem Bauwerk aus dem 18. Jh. stehen die auffallend großen Brenntürme der **Rumford'schen Öfen** (1804/05,

1817), in der Nähe liegen der **Bülowkanal** (1815/16) und das Portal des **Heinitzkanals**. Dieses Kanalsystem entstand Anfang des 19. Jh., um die Kalksteinbrüche mit den natürlichen Wasserstraßen zu verbinden. Auf dem Weg zur ›Kathedrale des Kalks‹, einer mehrgeschossigen **Schachtofenbatterie** mit 18 sich nach oben verjüngenden Brennöfen aus den Jahren 1871–77 passiert man den an eine Burg mit Zinnenkranz erinnernden **Seilscheibenpfeiler** (1871), der das Schienennetz am Boden des Tagebaus mit der Eisenbahnstrecke auf der Anhöhe verband. Mittels Dampfmaschine wurden hier Wagen an Stahlseilen über eine 205 m lange schräge Ebene in den Kalkbruch hinabgelassen bzw. nach oben gehievt. Von April bis Oktober finden täglich etwa 1 stündige Landrovertouren statt, auch auf Mountainbiketou-ren kann man das Gelände erkunden (Orientierungspläne werden gestellt).

Die Rüdersdorfer **Mühlenfließbrücke** (1937–39) ist mit 742 m die längste Autobahnbrücke Brandenburgs. 1990–95 wurde sie für rund 50 Mio. Euro auf sechs Spuren erweitert. Eine Besonderheit sind die hohen Lärmschutzwände aus Acrylglas, die die Lärmbelästigung verringern und gleichzeitig Ausblick auf die schöne Landschaft gestatten.

Ausflug

In **Dahlwitz-Hoppegarten** (12 km nordwestlich von Rüdersdorf) fand 1868 das erste Galopprennen statt, auch der preußische König und der spätere Reichskanzler Otto von Bismarck schauten damals zu. Die **Rennbahn** – Rennbahn und Tribünen stehen unter Denkmalschutz – war nach dem Vorbild der französischen Bahnen Paris-Longchamp und Chantilly entstanden; in den besten Zeiten wurden hier 1500 Vollblüter trainiert, berühmte Pferde und Jockeys gaben sich ein Stelldichein. Die Anlage gilt als *Deutschlands schönste Galopprennbahn*, die 1400 m lange gerade Bahn als einmalig. Da die Galopprennbahn zum Verkauf steht, werden momentan keine Rennen veranstaltet.

i Praktische Hinweise

Hotel

***__Dormotel Hoppegarten__, Köpenicker Str. 1, Dahlwitz-Hoppegarten, Tel. 033 42/36 70, Fax 033 42/36 73 67, www.hotel-hoppegarten.de. 138 modern eingerichtete Zimmer, Restaurant ›Hofgarten‹ mit regionaler und internationaler Küche.

33 Erkner

Gerhart Hauptmanns mehrjähriger Wohnort in erholsamer Landluft.

Mit der S-Bahn-Linie 3 ist man von der Hauptstadt schnell in Erkner und damit im Grünen. Schon Mitte des 19. Jh. ent-

Prickelnde Rennatmosphäre in Dahlwitz-Hoppegarten – ja wo laufen sie denn?

Mobiliar aus dem Familienbesitz – Gerhart-Hauptmann-Museum in Erkner

deckten die Berliner den schön zwischen Dämeritz- und Flakensee, an Spree und Löcknitz gelegenen Ort als Ausflugsziel.

Der junge Gerhart Hauptmann (1862–1946) war im Herbst 1885 aus gesundheitlichen Gründen ins ländlich-ruhige Erkner gekommen und bezog mit seiner Frau die untere Etage der ehem. Villa Lassen, die heute das **Gerhart-Hauptmann-Museum** (Gerhart-Hauptmann-Str. 1–2, Di–So 11–17 Uhr, www.gerhart-hauptmann-museen.de) beherbergt. Er wohnte in diesem klassizistischen Haus bis 1889, hier kamen seine ersten drei Söhne zur Welt, hier schrieb er die Novelle ›Bahnwärter Thiel‹ und das Drama ›Vor Sonnenaufgang‹. Die Gegend lieferte Hauptmann Figuren und Stoff für seine frühen literarischen Werke, auch im ›Biberpelz‹ (1893) tauchen einige seiner Zeitgenossen aus Erkner auf. Wohn- und Arbeitsräume des späteren Nobelpreisträgers sind original ausgestattet, so auch das Arbeitszimmer mit dem schweren Schreibtisch und einem Schrank nach Entwurf des Dichters.

Nicht weit davon entfernt ist im **Museumshof am Sonnenluch** in einem kleinen strohgedeckten Fachwerkhaus von 1760 das **Heimatmuseum** (Mi/Sa/So 13–17 Uhr) untergebracht. Es zeigt etwa eine komplette Schusterwerkstatt und Fundstücke aus der Bronzezeit.

Ausflug

Von Erkner fahren Ausflugsschiffe nordwärts nach **Woltersdorf**, das vom Berliner S-Bahnhof Rahnsdorf auch mit der Straßenbahn zu erreichen ist. Von der Endhaltestelle sind es nur wenige Schritte bis zur *Hubbrücke* (1929) an der alten Schleuse, die seit 500 Jahren den unterschiedlichen Wasserstand von Kalk- und Flakensee ausgleicht. Der Wasserweg war für den Transport des Rüdersdorfer Kalks wichtig.

Vorbei an der nahen *Liebesquelle* geht es hinauf auf die 108 m hohen Kranichsberge mit *Aussichtsturm* (April–Okt. Mo–Fr 9.30–15.30, Sa/So/Fei 10–17, Nov.–März Sa/So/Fei 10–16 Uhr), der nicht nur schöne Sicht auf die Wälder des umliegenden Seengebiets gewährt, sondern auch eine ständige Ausstellung zur Ufa-Filmgeschichte zeigt, denn in Woltersdorf wurde vor und nach dem Ersten Weltkrieg mancher heute längst vergessene Film gedreht.

i Praktische Hinweise

Information

Tourismusverein, Friedrichstr. 61, Erkner, Tel. 033 62/74 03 18, Fax 033 62/88 99 06, www.tourismus-erkner.de

Restaurant

Gaststätte Löcknitz-Idyll, Fangschleusenstr. 1, Erkner, Tel. 033 62/88 84 94. Gutbürgerliche Küche.

Oder-Spree- und Dahme-Seengebiet – Flüsse und Kanäle, Wald und Wiesen

Wasser und immer wieder Wasser! Die **Seen** zwischen Spree und Oder sind kaum zu zählen, große und kleine, unberührt mit schilfbewachsenen Rändern die einen, mit Badestränden voller Trubel die anderen. Der größte und bekannteste ist der **Scharmützelsee**, das ›Märkische Meer‹. **Bad Saarow** an seinem Ufer ist gerade wieder dabei der noble Ferienort zu werden, der er vor 1945 war. Ein Naturkleinod mit abwechslungsreicher, für Wanderungen prädestinierter Landschaft ist das **Schlaubetal**. Dass die **Lausitzer Neiße** nach dem Zweiten Weltkrieg Grenzfluss wurde, ist in **Guben** – der geteilten Stadt – besonders augenfällig. Bei Ratzdorf mündet die Neiße in die Oder, die an **Eisenhüttenstadt** vorbeifließend **Frankfurt** erreicht, heute die wichtigste Grenzstadt Deutschlands in Richtung Osten.

Das am südlichen Berliner Stadtrand bei Königs Wusterhausen beginnende **Dahme-Seengebiet** ist mit seinen ausgedehnten Kiefernforsten, Wiesen und märchenhaften Gewässern seit langem ein touristisch überaus beliebter Landstrich. Dort gibt es etwa 70 Seen, die zum großen Teil durch Kanäle und das Flüsschen Dahme miteinander verbunden sind.

34 Fürstenwalde/Spree

Waldumkränzte Domstadt.

1679 schwärmte der Fürstenwalder Bürgermeister Jacobus Lotitius: »Am Wasser liegt die Stadt: ihr Bildnis und Gestalt ist lustig, lieblich, schön: ist lauter Grün und Wald ...« Am Wasser liegt Fürstenwalde noch heute, Grün und Wald dominieren nach wie vor die Umgebung. Im Zweiten Weltkrieg wurde Fürstenwalde schwer beschädigt. Diese Spuren, aber auch die Bausünden der Nachkriegszeit, wurden inzwischen weitgehend beseitigt.

Eines der ersten Gebäude, die wieder erstanden, war das spätgotische **Rathaus**. Seit 1968 erstrahlt der rechteckige Bau mit markantem *Zierrippengiebel* und vorgesetztem Turm in alter Pracht. Bedeutend länger warten musste der benachbarte **Dom St. Marien**, den die Bischöfe von Lebus (nördlich von Frankfurt) im Zuge ihrer Residenzverlegung nach Fürstenwalde um 1470 als dreischiffige Backsteinhalle mit Umgangschor und bemerkenswertem Turmbau errichtet hatten. Nach seiner Zerstörung im Zweiten Weltkrieg konnte 1995 der Wiederaufbau abgeschlossen werden. Zu den geretteten Kunstwerken gehören ein zierliches, reich dekoriertes *Sakramentshaus* (1517), das 1943 eingemauert und erst 1989 freigelegt wurde. Der Innenraum wird heute durch eine gläserne Wand geteilt, die die Kirchenhalle im vorderen Teil vom dreigeschossigen Gemeindezentrum mit der fußbodenbeheizten ›Winterkirche‹ in der Westhälfte trennt. In der ehem. Domschule gibt das **Stadtmuseum** Einblick in die Geschichte von Fürstenwalde (Dompl. 7, Juli/Aug. Di–Fr 10–12 und 14–18, So 14–16, sonst Di–Fr 10–12 und 13–16, So 14–16 Uhr).

Einen Besuch wert ist auch der **Heimattiergarten** (www.heimattiergarten-fuerstenwalde.de, April–Sept. tgl. 9–18, Okt.–März bis 16 Uhr) im Stadtpark mit begehbaren Streichelgehegen. Selbst mit Berberaffen kann dort Freundschaft geschlossen werden. Großer Beliebtheit

◁ *Am ›Märkischen Meer‹: Ein Saum dunkelgrüner Kiefernwälder umschlingt den Scharmützelsee* **(oben)**, *den größten aller brandenburgischen Seen – einst klassisches Erholungsgebiet der Berliner Prominenz. Heutige Besucher werden im Luxushotel* **(unten)** *an seinem Ufer in Bad Saarow-Pieskow verwöhnt*

erfreut sich das Spaßbad Schwapp (www.schwapp.de) mit Piratenburg, mehreren Rutschen, Wildwasserfahrt und Grottenwasserfall.

i Praktische Hinweise

Information

Tourismusbüro, , Mühlenstr. 26, Fürstenwalde/Spree, Tel. 033 61/76 06 00, Fax 033 61/76 06 01, www.fuerstenwalde-tourismus.de

Hotels

*** **Hotel Kaiserhof**, Friedrich-Engels-Str. 1 a, Fürstenwalde/Spree, Tel. 033 61/55 00, Fax 033 61/55 01 75, www.kaiserhof.de. Modernes Haus mit lichtdurchflutetem Atrium, Küche mit österreichischem Akzent.

* **Hotel-Pension Zille-Stuben**, Schlossstr. 26, Fürstenwalde/Spree, Tel. 033 61/577 25, Fax 033 61/577 26. Wohnen und Schlafen in historischem, modernisiertem Milieu.

35 Bad Saarow

Berühmter Kur- und Ferienort am ›Märkischen Meer‹.

»Märkisches Meer« nannte Fontane den gut 10 km langen und 28 m tiefen Top Tipp **Scharmützelsee**. Im Norden von den Rauenschen Bergen geschützt und eingebettet in schönen Waldbestand, ist er ein beliebtes Urlauberziel, geschätzt vor allem von Wassersportlern. Um 1900 entstand an seiner Nordspitze eine **Villensiedlung** im Landhausstil, aus der schließlich der weithin bekannte Kurort Bad Saarow hervorging. Erinnerungen an damals lässt der denkmalgeschützte **Bahnhof** von 1911 am Ortseingang wach werden; mit seinen auffallenden Fachwerkgiebeln und Kolonnaden gibt er zugleich ein gutes Beispiel für die Bauweise des Heimatstils hier am See.

Bad Saarow-Pieskow ist es gelungen, sich wieder in die erste Reihe der Kur- und Ferienorte Deutschlands einzureihen. Zwei 18-Loch-Golfplätze, Tennis-, Reit- und Segelanlagen sowie zahlreiche moderne Hotels, darunter zwei in der Luxuskategorie, sind vorhanden. Der im August 1998 eingeweihte **Kursaal** bildet das Veranstaltungszentrum, er wurde an das frühere Kurcafé im **Kurpark** angebaut. Den hielt die östliche Siegermacht des Zweiten Weltkriegs bis zu ihrem Abzug 1994 besetzt, doch nun zeigt er sich wieder schön gestaltet. Ein Trumpf Top Tipp ist auch die **Saarow-Therme** (Am Kurpark 1, So– Do 9–21, Fr/Sa 9–23 Uhr), in der sich die Besucher in 34 °–36 °C warmer Thermalsole in drei ineinander übergehenden Becken drinnen wie draußen von Sprudeldüsen zum Strömungskanal oder unter den Massagepilz genüsslich treiben lassen können. Zum Sonnenbaden und Ausruhen lädt die Dachterrasse über dem Saunabereich.

In den 20er- und 30er-Jahren des 20. Jh. ließen sich am Scharmützelsee vor allem Berliner Finanzgrößen nieder, **Prominenz** aus Kunst, Schauspiel, später auch aus der Politik. Das Box-Idol *Max Schmeling* lebte 1930–38 in Bad Saarow, 1933 heiratete er in der Dorfkirche des Ortsteils Pieskow die Schauspielerin *Anny Ondra*. Zahlreiche Ufa-Filmstars, etwa Victor de Kowa und Gustav Fröhlich, besaßen in Saarow Häuser. Auf dem **Friedhof** im Ortsteil Pieskow liegen die ihrerzeit berühmten Schauspieler Käthe Dorsch und Harry Liedtke begraben. Der russische Dichter *Maxim Gorki*, dessen Theaterstück ›Nachtasyl‹ ab 1903 in Berlin gespielt wurde, kurte 1922/23 in Saarow. Nach dem Krieg wählten der Regisseur Slatan Dudow, die in der DDR beliebten Schauspieler Günter Simon, Harry Hindemith und Gerry Wolf sowie die Schriftsteller Michael Tschesno-Hell, Hedda Zinner und Fritz Erpenbeck den Ferienort als Wohnsitz. Der Dichter und erste DDR-Kulturminister Johannes R. Becher besaß am See (Friedrich-Engels-Damm 107) ein Wochenendhaus, sein »Traumgehäuse«, in dem er von 1948 bis zu seinem Tod 1958 viele Sommermonate verbrachte. Ein **Denkmal** für Becher, 1964 von Fritz Cremer geschaffen, steht in der Seestraße an der Schwanenwiese.

Auf einer künstlich aufgeschütteten Landzunge an der Westseite des Sees entstand der **Fontanepark**. Von dort fuhren im 19. Jh. ziegelsteinbeladene Lastkähne nach Berlin ab, heute befindet sich hier der neue **Sportboothafen** mit Anlegestegen für mehr als 100 Boote.

Ausflug

5 km nordwestlich von Saarow, in den **Rauenschen Bergen**, ließ die letzte Eiszeit die beiden größten *Findlinge* in der märkischen Landschaft zurück. Einer von ihnen hat einen Umfang von 22 m, er ragt 3,7 m aus der Erde, vom anderen gibt es

Bad Saarow mausert sich zum Ferienzentrum – Jachthafen am Fontanepark

nur einen Rest. Aus seinem 1827 abgesprengten Teil wurde eine große Granitschale gefertigt, die eigentlich für das Alte Museum in Berlin gedacht war, dann aber im Berliner Lustgarten ihren Platz fand und von den Berlinern respektlos ›Suppenschüssel‹ genannt wird.

Praktische Hinweise

Information

Tourist-Information, Am Kurpark 1, Bad Saarow, Tel. 03 36 31/86 80, Fax 03 36 31/86 81 20, www.bad-saarow.de

Hotels

*******Sport & Spa Resort A-Rosa Scharmützelsee**, Parkallee 1, Bad Saarow, Tel. 03 36 31/626 82, Fax 03 36 31/625 25, www.a-rosa.de. Großzügige moderne Zimmer, vier Restaurants, 1200 m² großes Wellnessareal, Golf-, Reit-, Tennis- und Segelanlage.

TOP TIPP ******Esplanade Resort & Spa**, Seestr. 51, Bad Saarow, Tel. 03 36 31/43 20, Fax 03 36 31/432 82 22, www.esplanade-resort.de. 190 Zimmer und ein 3500 m² großer Wellnessbereich am Ufer des Scharmützelsees.

*****Hotel-Pension am Werl**, Silberberger Str. 51, Bad Saarow, Tel. 03 36 31/ 86 90, Fax 03 36 31/869 51, www.hotelamwerl.de. Neu erbautes Hotel mit gemütlichen Zimmern; Restaurant und Café im Haus.

*****Landhaus Alte Eichen**, Alte Eichen 21, Bad Saarow, Tel. 03 36 31/41 15, Fax 03 36 31/20 58, www.landhaus-alte-eichen.de. Hotel direkt am See, regionale Küche aus frischen Landprodukten.

36 Frankfurt (Oder)

Plan Seite 90

Deutsch-Polnische Nachbarschaft. Henry Maske und Axel Schulz machten die Grenzstadt bekannt.

Mit drei Brücken über die Oder ist Frankfurt die wichtigste **Grenzstadt** im Osten Deutschlands. Die Stadtbrücke, die einst zum Stadtteil Dammvorstadt führte, stellt seit 1945 eine Verbindung zum Nachbarland Polen her, denn der ehem. Vorort Dammvorstadt wurde durch die in Potsdam getroffene Entscheidung der Alliierten zum polnischen Städtchen Slubice.

Geschichte Am Kreuzungspunkt wichtiger Fernhandelsstraßen mit direkter

Frequentiertes Tor zum Osten – deutsch-polnischer Grenzverkehr zwischen Frankfurt (Oder) und Slubice

Verbindung zur Ostsee entstand an einem Oderübergang um 1226 eine Siedlung, die 1253 Stadtrecht bekam. Große **Märkte** und **Messen** seit dem 14. Jh. wie auch die Mitgliedschaft in der Hanse 1430–1518 brachten Frankfurt enormen wirtschaftlichen Aufschwung. Ihm folgte der geistige – 1506 wurde die erste brandenburgische **Landesuniversität** gegründet, an der u. a. Ulrich von Hutten, die Brüder Humboldt und der 1777 in Frankfurt geborene Heinrich von Kleist studierten. 1811 wurde die ›Viadrina‹ nach Breslau verlegt. Ende des 19. Jh. entwickelte sich Frankfurt zur Beamten- und Garnisonsstadt. Auf die schweren Kriegszerstörungen folgte ein Wiederaufbau im sozialistischen Betonplattenstil. Vor allem auch im Hinblick auf die Vertiefung der deutsch-polnischen Zusammenarbeit erfolgte im Jahr 1991 die Wiedergründung der Europa-Universität Viadrina.

Besichtigung Die überdimensionale Karl-Marx-Straße ist ein Ergebnis des Wiederaufbaus nach dem Zweiten Weltkrieg. Ihr südliches Ende markiert der 25-stöckige **Oderturm** 1 (1976), mit 86 m das höchste Bauwerk der Stadt und Garant für beste Aussicht. Ins Innere locken Geschäfte, Restaurants und Cafés. Am Marktplatz prunkt das gotische **Rathaus** 2 mit sehenswerter filigraner Giebelzier an der Süd- und Nordfassade. Seine Schmuckgiebel erhielt der im 13. Jh. als zweigeschossige Kaufhalle mit Ratsstube und Gerichtslaube konzipierte Bau anlässlich einer Erweiterung Ende des 14. Jh. – eine augenfällige Demonstration des Reichtums dieses einst so wichtigen Fernhandelsplatzes. In der unteren Rathaushalle präsentiert das **Museum Junge Kunst** (Marktplatz 1, Di–So 11–17 Uhr, www.museum-junge-kunst.de) Gemälde, Grafiken und Plastiken ostdeutscher Künstler. Eine Dependace wurde im **PackHof** des Museum Viadrina [s. S. 92] in der Carl-Philipp-Emanuel-Bach-Str. 11 eingerichtet.

Die gegenüber dem Rathaus liegende **Marienkirche** 3 (1253–1524) gehört mit ihrem breiten fünfschiffigen Langhaus

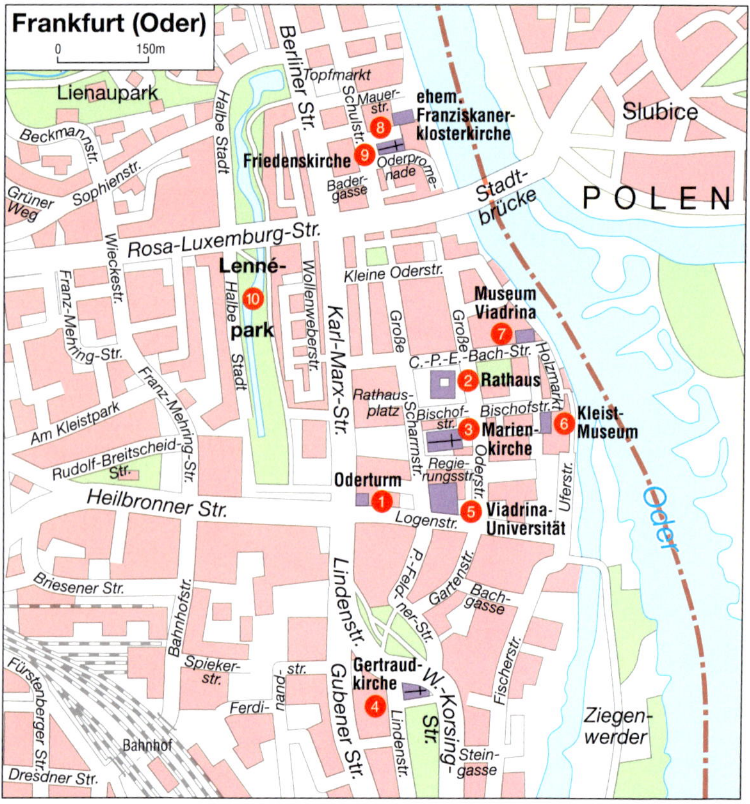

und dem dreischiffigen Umgangschor zu den imposantesten Hallenkirchen der norddeutschen Backsteingotik. 1945 bis auf die Grundmauern ausgebrannt, wurde der Baukörper in den letzten Jahren umfassend saniert. Seitdem wird die Kirche für Theateraufführungen, Konzerte und Ausstellungen genutzt. Bedeutend ist das figurengeschmückte *Sandsteinportal* der Nordvorhalle, das in drei großen Medaillons mit deutschem Reichsadler, böhmischem Löwen und brandenburgischem Adler auf Kaiser Karl IV. verweist. Er war ab 1373 auch Markgraf von Brandenburg.

1945 waren die kostbaren Glasfenster aus dem 14. Jh. der Marienkirche als Beutekunst nach Russland verschleppt worden, im Sommer 2002 wurden 111 von ihnen zurückgegeben. Im Gegenzug kommt die Bundesregierung für die Renovierung einer von deutschen Truppen zerstörten Kirche in Nowgorod auf.

Die vor der Zerstörung aus der Marienkirche geretteten Kunstwerke sind nun am nahen Gertraudplatz in der neogotischen **Gertraudkirche** 4 zu bewundern, darunter ein fast 5 m hoher *Bronzeleuchter* in Form eines Baumes und eine ebenso große *Bronzetaufe* (um 1375), beide reich reliefiert mit biblischen Szenen. Zu den größten Schnitzaltären Norddeutschlands gehört der ehem. *Hochaltar* (1489), dessen Kunst – Bilder wie Schnitzfiguren –

Oben: *Grenzland – Turmblick auf Frankfurt mit der renovierten Marienkirche. Dahinter fließt die Oder, die Häuser am jenseitigen Ufer gehören zum polnischen Nachbarort Slubice*
Unten: *Nord- und Südseite des prächtigen Rathauses zeigen repräsentative Schaugiebel*

Gertraudkirche – ausladender Bronzeleuchter (1375) und großer Schnitzaltar (1489)

auf Nürnberger Meister weist. Im Schrein wird die Madonna von den Heiligen Adalbert und Hedwig flankiert, die Gemälde zeigen Kindheit und Passion Christi.

Auf dem Rückweg Richtung Marktplatz passiert man die wieder gegründete **Viadrina-Universität** 5, die mit ihren Studenten der Kunstgeschichte, Betriebswirtschaft und Jurisprudenz den Sitz der ehem. Bezirksregierung bezog, einen prächtigen neubarocken Bau mit Jugendstilelementen.

Kennen Sie Carl Philipp Emanuel Bach (1714–1788), den ›Berliner Bach‹? – Frankfurts Konzerthalle informiert

Vom *Einkaufsboulevard* der Großen Scharrnstraße rechts abzweigend, stößt man in Odernähe, Faberstr. 7, auf ein 1777 im spätbarocken Zopfstil errichtetes Gebäude mit Mansarddach, die ehem. Garnisonsschule. Hier wurde Heinrich von Kleist (1777–1811), dem großen Sohn der Stadt, das informative **Kleist-Museum** 6 (www.kleist-museum.de, Mai–Sept. Di–Fr 11–18, Sa/So 10–18, Okt.–April Di–So 10–17 Uhr) eingerichtet, das mit Erstausgaben, Requisiten und Bildern Leben, Werk und Wirkung des Dichters nachzeichnet. Nahebei, in der Carl-Philipp-Emanuel-Bach-Straße 11, wartet das **Museum Viadrina** 7 (Di–So 11–17 Uhr) im barocken Junkerhaus mit einer Sammlung zur Vor-, Früh- und Stadtgeschichte auf, beim Besuch kann man auch schöne *Stuckdecken* des späten 17. Jh. sehen. Im PackHof des Hauses ist ein Teil der Sammlungen des Museum Junge Kunst [s. S. 91] zu sehen.

Etwas weiter nördlich, jenseits der Oderbrücke, schmückt ein prachtvoll verspielter Maßwerkgiebel die Westfassade der **ehem. Franziskanerklosterkirche** 8 (13.–16. Jh.). Ihr schöner Innenraum mit zierlichem Netzgewölbe dient als Konzerthalle. In unmittelbarer Nachbarschaft steht Frankfurts älteste Stadtpfarrkirche St. Nikolai (um 1300), die heutige **Friedenskirche** 9, deren neugotische Doppelturmfront Wahrzeichencharakter hat.

Westlich der Konzerthalle lädt der **Lennépark** 10 zu Spaziergängen. Der berühmte Gartengestalter ließ ihn 1833–45 auf den ehem. Wallanlagen anlegen. Ein

TOP TIPP

Naherholungsgebiet unserer Tage ist der **Helene-See** (www.helenesee-ag.de) am südlichen Stadtrand. Er entstand aus einem ausgekohlten Braunkohletagebau. Das Bade-, Ruder-, Segel- und Surfparadies der Frankfurter mit einer Tiefe bis zu 76 m und schönem Sandstrand zeichnet sich durch sehr gute Wasserqualität aus.

Praktische Hinweise

Information

Tourist-Information, Karl-Marx-Str. 8a, Frankfurt (Oder), Tel. 03 35/32 52 16, Fax 03 35/225 65, www.frankfurt-oder-tourist.de

Hotel

***Zur Alten Oder**, Fischerstr. 32, Frankfurt (Oder), Tel. 03 35/55 62 20, Fax 03 35/556 22 28, www.zuraltenoder.de. Hotel garni mit liebenswertem Service.

Badespaß in klarem Wasser – der Helene-See entstand aus einem Tagebau Restloch

Restaurant

Turm 24, Logenstr. 8 (im Oderturm), Frankfurt (Oder), Tel. 03 35/50 45 17. Brandenburgs höchstgelegenes Restaurant – Internationale Speisen und leckere Torten im 24.Stock eines Hochhauses.

37 Schlaubetal

TOP TIPP *Das schönste Bachtal Brandenburgs.*

Eine landschaftliche Perle ist das 20 km lange Schlaubetal, ein altes Rinnen- und Seensystem, das seiner Schönheit und der artenreichen Tier- und Pflanzenwelt wegen den Status eines **Naturparks** (227 km²) erhielt. Hier sind See- und Fischadler, Schwarzstorch und Eisvogel sowie rund 700 Schmetterlingsarten zu beobachten. Frauenschuh und Korallenwurz kommen brandenburgweit nur noch hier vor. Charakteristisch für das Bachtal sind bis zu 30 m tiefe Schluchten im oberen Abschnitt, saftige Wiesen, dichte Wälder und eine Kette wunderschön gelegener, teils verlandender Seen – ein Dorado für naturverbundene Wanderer.

Als Eingangstor gilt das Städtchen **Müllrose** am 1668 eingeweihten Friedrich-Wilhelm-, dem heutigen Oder-Spree-Kanal, der zweitältesten künstlichen Wasserstraße Deutschlands. Den Marktplatz am Großen Müllroser See säumen *Bürgerhäuser* aus dem 18./19. Jh., die barocke *Pfarrkirche* bewahrt einen sehenswerten Kanzelaltar (1770) und Orgelprospekt. Ausstellungen über die 700-jährige Müllroser Stadtgeschichte und die durch Mühlenwirtschaft geprägte Region bietet das *Heimatmuseum* (Kietz 5, Mai–Sept. Di–Fr 9–12 und 13–16, Sa 10–12 und 14–16, So 10–14, Okt.–April Sa 10–14, So/Fei 10–12 und 14–16 Uhr). **Badeparadiese** sind der Große Müllroser See, der Schervenzsee im Südosten und der Große Treppelsee, Ziele reizvoller **Wanderungen** sind alte Forsthäuser und ehem. Mühlen.

Praktische Hinweise

Information

Fremdenverkehrsverein Schlaubetal und Umgebung, Kietz 5, Müllrose, Tel. 03 36 06/7 72 90, Fax 03 36 06/77 29 25, www.schlaubetal-online.de

Wanderer im Schlaubetal treffen zwangsläufig auf die Bremsdorfer Mühle

Hotels

***Hotel Kaisermühle**, Forststr. 13, Müllrose, Tel. 03 36 06/880, Fax 03 36 06/ 881 00, www.hotel-kaisermuehle.de. Ruhige Lage am Wald, gute Küche.

***Forsthaus Siehdichum**, Schernsdorf, OT Siehdichum, Tel. 03 36 55/210, Fax 03 36 06/596 49, www.forsthaus-siehdichum.de. Wohnen und speisen im Schlaubetal.

***Waldseehotel am Wirchensee**, Treppeln, Tel. 03 36 73/660, Fax 03 36 06/661 99, www.wirchensee.de. Familiengeführtes Haus zwischen zwei Seen im Naturpark.

Restaurant

Bremsdorfer Mühle, Bremsdorf, Tel. 03 36 54/232. In der Gaststätte kommen frische Forellen aus der Fischzuchtanlage nebenan auf den Tisch.

38 Eisenhüttenstadt

Die ehem. Werkssiedlung ist heute ein Denkmal für DDR-Architektur und -Städtebau.

Nach dem Willen der Planer sollte die als **Wohnstadt des Eisenhüttenkombinats Ost** (**EKO**) auf die grüne Wiese gebaute Siedlung die ›erste sozialistische Stadt auf deutschem Boden‹ sein. Auf dem Reißbrett wurden großzügige Wohnkomplexe mit weiten Park- und Freiflächen entworfen – Eisenhüttenstadt war zu DDR-Zeiten eine **Musterstadt**. Im eingemeindeten alten Fürstenberg an der Oder hat die Stadt noch Flair.

EKO Stahl Eisenhüttenstadt – Phalanx der Schlote an der Oder

Geschichte 1951 wurde am Oder-Spree-Kanal mit dem Bau des Eisenhüttenkombinats Ost begonnen – bewusst am Ostrand der DDR, um die Rohstoffe günstig auf dem Land- und Wasserweg heranzubringen: Eisenerz aus der Sowjetunion, Steinkohle aus Polen und den Zuschlagstoff Kalk aus dem brandenburgischen Rüdersdorf. Für die Arbeitnehmer entstand auf märkischem Sand eine neue Stadt, benannt nach dem sowjetischen Diktator Stalin, dem Idol der kommunistischen Welt. Mit der Eingemeindung des 700-jährigen Städtchens Fürstenberg und des Dorfes Schönfließ erfolgte 1961 die Umbenennung von Stalinstadt in Eisenhüttenstadt. Nach der Einheit konnte der **Stahlstandort** erhalten werden, allerdings eingeschränkt: Die Zahl der Arbeitnehmer sank von 12 000 auf heute 2750.

Besichtigung Vom **Rosenhügel** im Südwesten, einem Teil der bis zu 126 m hohen Diehloer Berge, ist die Stadt mit ihren breiten Straßen gut zu überblicken. Die **Lindenallee** (damals Leninallee) verbindet als ›Magistrale‹ Stahlwerk und Stadt, sie beginnt am Werktor und endet am Friedrich-Wolf-Theater. Die in den 50er- und 60er-Jahren des 20. Jh. errichteten ›Paläste der Arbeiterklasse‹ in den denkmalgeschützten **Wohnkomplexen 1 bis 4** zwischen Beeskower-, Karl-Marx-, Friedrich-Engels- und Diehloer Straße wurden solide gebaut, mit abwechslungsreichen Fassaden – Erker, Säulen, Wandmalereien bestimmen das Bild – und künstlerischen Werken in den Grünanlagen. Jeder Wohnkomplex besitzt ein eigenes Zentrum mit allen notwendigen sozialen und kulturellen Einrichtungen. Die neue Wohnstadt, heute ein Denkmal für die Entwicklung von Architektur und Städtebau der ersten beiden DDR-Jahrzehnte, sollte gebauter Ausdruck sozialistischer Zukunftsvisionen sein. Im Baustil lehnen sich die Häuser, etwa das **Friedrich-Wolf-Theater** (1953–55), an den Neoklassizismus der 1930er-Jahre an. Sie erinnern noch nicht an den später üblichen Einheitsplattenbaustil. Der zog auch in Eisenhüttenstadt ein, als – wie überall im Land – im Wohnungsbau gespart werden musste.

Pomp total – die Klosterkirche Neuzelle entstand unter dem Einfluss böhmischer Baumeister. Barock im Überschwang, untypisch für das protestantische Brandenburg

Über die Geschichte der Stadt, den Oder-Spree-Kanal und die Oderschifffahrt informiert das **Städtische Museum** (Löwenstr. 4, Di–Fr 10–16, Sa/So 13–16 Uhr). Das **Dokumentationszentrum Alltagskultur der DDR** (Erich-Weinert-Allee 3, www.alltagskultur-ddr.de, Di–Fr 13–18, Sa/So/Fei 10–18 Uhr) sammelt alles, was zum Alltag der DDR-Bürger gehörte – von Eierbechern über Orden bis zu FDJ-Hemden. Fast 30 000 Gegenstände sind inzwischen zusammengekommen. Nach der Einheit hinzugekommen ist das **Inselbad** (www.inselbad-ehst.de) mit Wasserfall, Strömungskanal, beheizbarem Freibecken und Saunalandschaft.

Im alten Stadtteil Fürstenberg behielt der rechteckige **Marktplatz** das Aussehen einer Ackerbürgerstadt aus dem 19. Jh. Noch von schmalen, oft verwinkelten Gassen ist der **Fischerkiez** am Wasser geprägt. Die backsteinerne spätgotische **Nikolaikirche** (15. Jh.) bekam nach der Zerstörung im Zweiten Weltkrieg äußerlich ihre frühere Gestalt zurück, die Innenausstattung ist verbrannt. Die Geschichte der lokalen Feuerwehr dokumentiert das **Feuerwehrmuseum** (Heinrich-Pritzsche-Str. 4, Di–Fr 10–16, Sa/So 13–16 Uhr), u. a. anhand vieler Feuerwehrfahrzeuge.

Ausflug

In barocke Üppigkeit kann eintauchen, wer im nur 9 km südlich gelegenen **Neuzelle** die **Klosterkirche St. Marien** besucht. Das 1268 gestiftete Zisterzienserkloster gehörte vom 13. bis 17. Jh. zum Königreich Böhmen und überstand deshalb als einziges in Brandenburg die Reformation. Auch der frühbarocke Umbau nach dem Dreißigjährigen Krieg hing mit der böhmischen Gegenreformation zusammen. Dieser ersten Barockisierung folgte im 18. Jh. eine weitere. 1817 wurde Kloster Neuzelle aufgelöst. Farbenpracht und Formenreichtum imponieren im Inneren – Süddeutschland in Brandenburg! Die Deckengemälde, Stuckdekorationen, Holzschnitzereien und Altäre stammen von italienischen, böhmischen und schwäbischen Künstlern. Sehenswert sind auch die evangelische *Kreuzkirche* von 1730 mit ihrer freskierten Kuppel, ferner die ehem. Stiftsgebäude, das Barockportal und die *Klosterbrauerei* vom Beginn des 20. Jh. Eines ihrer Getränke darf sie neuerdings nicht mehr Bier nennen, weil ihm ein wohl dosierter Schuss Zuckersirup zugesetzt wird, was gegen das deutsche Reinheitsgebot verstößt. ›Schwarzer Abt‹ heißt das Getränk nun – weder dem Absatz noch den Besucherzahlen der Brauerei hat dies bisher geschadet.

i Praktische Hinweise

Information

Tourismusverein Oder-Region (TOR), Eisenhüttenstadt, Lindenallee 4 (im Linden-Zentrum), Tel. 033 64/41 36 90, Fax 033 64/41 36 87, www.eisenhuetten stadt.de, www.tor-eisenhuettenstadt.de

Hotel

** **Hotel Berlin**, Beeskower Str. 114, Eisenhüttenstadt, Tel. 033 64/42 60, Fax 033 64/41 47 50, www.eisenhuettenstadt-hotelberlin.de. 82 Zimmer im Zentrum.

39 Guben

Geteilte Stadt an der Neiße.

Seit Kriegsende teilt die Neiße als Grenzfluss die alte Industriestadt ins deutsche **Guben** auf dem westlichen und das polnische **Gubin** mit dem historischen Zentrum auf dem östlichen Ufer.

Zu DDR-Zeiten trug Guben den Beinamen **Wilhelm-Pieck-Stadt**, denn Pieck (1876–1960), Kommunistenführer und erste Präsident der DDR, war 1876 in der Gubener Altstadt geboren. Für die Stadtentwicklung war aber Carl Gottlob Wilke bedeutender, der im 19. Jh. Wolle mit Druck und trockenem Dampf behandelte und so glänzenden wasserfesten Filz erzeugte. Das Material eignete sich ideal für Hüte – Guben wurde zum bedeutendsten Standort der deutschen **Wollhutindustrie**, die in den 30er-Jahren des 20. Jh. etwa 7000 Beschäftigte zählte. Die Erinnerung an die große Zeit der Gubener Hutproduktion hält das neue **Stadt- und Industriemuseum** (Gasstr. 4–7, Di–So 10–18 Uhr) wach, das die Technik der Hutherstellung, die Unternehmensgeschichte sowie die Kultur und Lebensweise der Huthersteller dokumentiert.

Die Hutmacherindustrie hat Tradition in Guben – das Technische Museum klärt auf

Das **Museum Sprucker Mühle** (Mühlenstr. 5, Mi/Do 9–12 und 14–17, Sa/So 14–17 Uhr) fand sein Domizil in der 1363 erstmals erwähnten Mühle, deren heutige Gebäude 1732–1841 entstanden.

Ein vielfältiges Kultur- und Bildungsprogramm mit Vorträgen, Lesungen, Ausstellungen und Konzerten bietet das **Ludwig-A.-Meyer-Haus** (Uferstr. 11).

Die wichtigen historischen Bauwerke der 1235 gegründeten Stadt, die mächtige Ruine der **Stadtkirche** (16. Jh.) sowie das heute als Kulturhaus genutzte **Rathaus** (1771), liegen auf dem polnischen Ufer. Dass Gubens Altstadt am Ende des Zweiten Weltkriegs starke Zerstörungen erlitt, wird hier überdeutlich.

i Praktische Hinweise

Information

Tourist-Information, Frankfurter Str. 21, Guben, Tel. 035 61/38 67, Fax 035 61/39 10, www.tourismus-guben.de

Hotel

*** **Hotel Waldow**, Hinter der Bahn 20, Guben, Tel. 035 61/40 60, Fax 035 61/21 71, www.hotel-waldow.de. Modern eingerichtete Zimmer, Wellnessbereich mit Schwimmbad und Restaurant am nördlichen Stadtrand am Oder-Neiße-Radweg.

40 Beeskow

Alte Fachwerkhäuser und eine Burg als Kulturzentrum.

Die Lage an der sich hier stark windenden Spree macht den besonderen Reiz Beeskows aus. Auf der linken Flussseite liegt die historische Altstadt mit stillen Winkeln und einer malerischen Promenade, ihr gegenüber die Spreeinsel mit der Burg. Weitgehend erhalten ist zudem die **Stadtmauer** (14. Jh.) samt Wehrgang, ebenso sechs von einst neun Backsteintürmen: darunter herausragend der zinnenbekrönte runde **Luckauer Turm**, den man auch ›Dicker Turm‹ nennt.

Anheimelnd wird das Stadtbild durch die vielen historischen **Fachwerkhäuser**, das älteste, Anfang des 16. Jh. errichtet, steht in der Kirchgasse Nr. 2 (März–Mitte Dez. Di–So 10–12 und 13–17, Okt. bis 16 Uhr. Hier wird die frühere Wohnkultur dokumentiert. Die stattliche Halle der gotischen **Marienkirche** aus dem 15. Jh. war im Zweiten Weltkrieg zerstört worden. Nachdem sie nun samt ihrem gedrungenen Achteckturm wieder aufgebaut ist, wird der großzügige ehem. Kirchenraum heute für Konzerte und Ausstellungen statt (www.marienkantorei-beeskow.de).

Beeskow war in der ersten Hälfte des 13. Jh. an einem Spreeübergang entstanden, Schutz bot damals eine vor 1250 erbaute **Burg** (April–Sept. Di–So 10–20, Okt.–März Di–So 10–17 Uhr), die ihr heutiges Aussehen im Wesentlichen im 16. Jh. bekam. Das *›Alte Amt‹* darinnen wurde zum Kultur- und Bildungszentrum ausgebaut, das immer wieder Wechselausstellungen zu Kunst der DDR zeigt. Auch das *Regionalmuseum* ist hier untergebracht.

Ausflug

Mit 11,7 km^2 zählt der **Schwielochsee** südlich von Beeskow zu den größten natürlichen Gewässern Brandenburgs. Er ist nicht nur ein Paradies für Wassersportler und Angler, sondern, da von dichten Wäldern umgeben und buchtenreich, auch für Wanderer und Camper. Erlebnisreich sind *Schiffsrundfahrten* auf dem See von Goyatz, Jessern und Zaue aus.

Praktische Hinweise

Information

Märkische Tourismus-Zentrale Beeskow, Berliner Str. 30, Tel. 033 66/229 49, Fax 033 66/25 36 54, www.beeskow-tourismus.de

Hotel

*****Märkisches Gutshaus**,
Frankfurter Chaussee 48, Beeskow.
Tel. 033 66/337 88 33, Fax 033 66/337 88 21, www.maerkisches-gutshaus.de.
Günstige Unterkunft in zum Hotel Garni umgebauten Gutshaus am Stadtrand. 2 ha großer Park ringsum.

Bootfahren, Schwimmen, Planschen, Surfen, Angeln – alles angesagt am Schwielochsee bei Beeskow

41 Storkow

Kleinstadt mit Flair, von Wasser umgeben.

Die verträumte Kleinstadt mit fast dörflichem Charakter gehört zu den ältesten in der Berliner Umgebung. Sie besitzt einen weitläufigen, von Fachwerkhäusern umstandenen **Marktplatz**, hinter dem die **Stadtkirche** (14. Jh.) mit Turm von 1896 aufragt. Von der neuen Zugbrücke einige Schritte weiter kann man dem Schleusen der Boote zuschauen. Der Hauptteil der im 14. Jh. erstmals erwähnten **Burg** brannte 1978 vollständig nieder. In jüngster Zeit gibt es Bemühungen, sie wieder aufzubauen. Das backsteinerne *Brauhaus* daneben sowie ein Rest der *Burgmauer* blieben erhalten.

Ausflug

Südwestlich von Starkow erstreckt sich die unter Naturschutz stehende **Groß Schauener Seenkette** – Schwaplowsee, Groß Schauener See, Großer Wolchowsee, Selchower See, Schweriner See, Bugker See –, die die Heinz-Sielmann-Stiftung 2002 erwerben konnte. Sie gehört zu den bedeutendsten Flachwasserbereichen Europas.

Praktische Hinweise

Information

Tourismusbüro, Schlossstr. 6, Storkow, Tel. 03 36 78/731 08, Fax 03 36 78/732 29, www.storkow-mark.de

Hotel

**** **Schloss Hubertushöhe**, Robert-Koch-Str. 1, Tel. 03 36 78/430, Fax 03 36 78/431 00, www.hubertushoehe.de. Moderne Zimmer in einem parkumgebenen denkmalgeschützten Schloss.

Restaurant

Köllnitzer Fischerstuben, Hauptstr. 19, Groß Schauen, Tel. 03 36 78/610 84. Leckere Fischgerichte, frisch aus den benachbarten Teichen auf den Tisch.

42 Königs Wusterhausen

Ort des berühmt-berüchtigten Tabakskollegiums und Wiege des deutschen Rundfunks.

›KW‹ wird das Städtchen, in dem die Berliner S-Bahn-Linie 46 endet, leger genannt. Für die meisten ist die Stadt am Nottekanal Ausgangspunkt für eine Wanderung in die schöne Umgebung.

In die jüngere Geschichte ist Königs Wusterhausen als **Wiege des deutschen Rundfunks** eingegangen. Das Stadtwappen zeigt auch drei rote Sendetürme auf einem Teil der Erdhalbkugel. Von Königs Wusterhausen wurde nämlich am 22. Dezember 1920 die erste Radiosendung Deutschlands ausgestrahlt: Live spielte ein Orchester in einem behelfsmäßig zum Studio hergerichteten Raum, Postbeamte sangen dazu. Später übertrugen von hier Radio DDR und der Berliner Rundfunk ihre Programme, der Sendebetrieb von Königs Wusterhausen wurde 1991 eingestellt. Über die Pionierjahre des Rundfunks, als es weder Konserven noch Playback gab, informiert das **Sender- und Funktechnikmuseum** (Sendehaus 1, Funkerberg, zur Zeit geschl.).

Mitten im Stadtpark liegt das burgähnliche, sorgfältig renovierte **Renaissanceschloss** (www.spsg.de, April–Okt. Di–So 10–17, Nov.–März bis 16 Uhr, nur mit Führung) mit einem altertümlichen Treppenturm zwischen zwei spitz aufgemauerten Giebeln. Das Schloss war Domizil des Soldatenkönigs Friedrich Wilhelm I., der sich in dem klobigen Bau jeden Herbst mit seiner Familie für einige Wochen aufhielt. Eine Ausstellung dokumentiert höfisches Leben zur Regierungszeit von Friedrich Wilhelm I. in der ersten Hälfte des 18. Jh., zu sehen sind u. a. robustes Tafelgeschirr, Waffen und einige der lehnenlosen Stühle, die nach Entwürfen des Königs gefertigt wurden. Nachgestaltet wurde der Raum des berühmten Tabakskollegiums – eine Runde ranghoher Persönlichkeiten, die qualmend und Bier trinkend über Gott und die Welt diskutierten.

Hinter dem Bahnhof beginnt der Weg zur 4 km entfernten, besonders idyllisch gelegenen **Schleusenanlage Neue Mühle**, die hier die Dahme reguliert. Von der Hubbrücke lässt sich das Schleusen der Sportboote und Ausflugsschiffe gut beobachten, die Anlage stammt in ihrer heutigen Form aus der Zeit um 1890.

Als der Rundfunk noch in den Windeln lag – Rundfunkmuseum Königs Wusterhausen

Praktische Hinweise

Information

Tourismusverband Dahme-Seen, Am Bahnhof, Königs Wusterhausen, Tel. 033 75/252 00, Fax 033 75/25 20 11, www.dahme-seen.de

Hotels

******Seehotel Zeuthen**, Fontaneallee 27/28, Zeuthen, Tel.03 37 62/890, Fax 03 37 62/894 08, www.seehotel-zeuthen.de. Hotel am Zeuthener See mit eigenem Steg und Restaurant mit internationaler Küche.

****Hotel Brandenburg**, Karl-Liebknecht-str. 10, Königs Wusterhausen, Tel. 033 75/67 60, Fax 033 75/67 61 66, www.hotel-brandenburg-kw.de. Modernes Hotel Grani im Herzen der Stadt.

Beweinungsszene – Detail des Flügelaltars in der Moritzkirche von Mittenwalde

43 Mittenwalde

Anheimelndes Städtchen vor den Toren Berlins.

In den stillen Straßen und kopfsteingepflasterten Gässchen Mittenwaldes scheint die Zeit stehen geblieben zu sein. Im Stadtkern gibt es noch eine stattliche Reihe ein- und zweigeschossiger Häuser des 18. und 19. Jh. mit ansehnlichen Fassaden, vor allem in der Katharinen-, Paul-Gerhardt- und Schützenstraße. Von der mittelalterlichen Befestigung sind lediglich wenige Stadtmauerreste erhalten, umso auffälliger ist das erhaltene **Berliner Tor** mit Blendgiebel und Rundtürmchen sowie beigestelltem runden Feldsteinturm.

Alles überragt der mächtig aufstrebende und reich gegliederte Turm der Pfarrkirche **St. Moritz**, er wurde 1877/78 der schlichten mittelalterlichen Kirche angesetzt. Im Inneren fasziniert ein prächtiger *Flügelaltar* (1514), interessant ist auch das aus der Renaissancezeit stammende *Chorgestühl* mit Hausmarken und Wappen der einstigen Kirchgänger. An der Moritzkirche wirkte *Paul Gerhardt* (1607– 1676) sechs Jahre lang als Probst, er ist der bekannteste evangelische Kirchenlieddichter (›Befiehl Du Deine Wege‹, ›O Haupt voll Blut und Wunden‹).

Ausflüge

Ungestörten Badespaß kann man im südlich gelegenen **Motzen** genießen, denn auf dem See sind nur Muskel- und Windantrieb erlaubt. Badestellen bestehen am nördlichen Ortseingang sowie auf der gegenüberliegenden Seite in Kallinchen. Fast noch schöner liegt der buchtenreiche **Teupitzer See**, 10 km weiter südlich. Schiffsfahrten beginnen im Ort Teupitz hinter dem Marktplatz.

Draisinefahrten kann man zwischen *Töpchin* und *Mittenwalde* (11 km, www.draisinenbahn.de) sowie zwischen *Zossen, Mellensee* und *Jüterbog* (40 km, www.erlebnisbahn.de) unternehmen. Gefahren wird auf den Gleisen der ehem. Königlich-Preußichen-Militäreisenbahn.

i Praktische Hinweise

Hotel

******Hotel Residenz am Motzener See**, Töpchiner Str. 4, Motzen, Tel. 03 37 69/ 850, Fax 03 37 69/851 00, www.hotel-residenz-motzen.de. Für anspruchsvolle Gäste mit Seezugang und Restaurant.

Spreewald und Niederlausitz – faszinierendes Fließgewässernetz

Die Spree verästelt sich auf ihrem Weg nach Berlin und schuf so eine heute idyllisch anmutende Perle in der Landschaft – den **Spreewald**. Slawen waren die ersten Siedler, die sich im 6. Jh. auf die von den zahllosen Nebenarmen der Spree und ihren beiden Zuflüssen Malxe und Berste gebildeten Inseln zurückzogen, sie kultivierten das unwegsame Land, bauten Blockhäuser, Boote und Brücken, vernetzten die Gewässerarme mit Kanälen, da jeglicher Transport nur über Wasserstraßen möglich war.

75 km lang und bis zu 16 km breit ist die typische Spreewaldlandschaft heute, teils urwaldartig, teils gezähmter Feld Wald-Bestand. Der Unterspreewald um **Schlepzig** ist der ruhigere Teil, die Stadt **Lübben** bildet die Grenze zum bekannteren, größeren und fließenreicheren Oberspreewald mit den von Touristen besonders frequentierten Orten **Lübbenau** und **Burg**.

300 Kanäle, fast 1000 km lang! Zum Erlebnis wird da eine Erkundung des Spreewalds vom Wasser aus – entweder auf einem der großen Holzkähne mit Fährmann/-frau, 600 warten auf Passagiere, oder selbstständig im gemieteten Paddelboot. Doch auch Wanderer zu Fuß oder per Rad kommen auf ihre Kosten. Fisch und hier gezogenes Gemüse bilden die anderen, die kulinarischen Genüsse.

Um diese einzigartige Kulturlandschaft weiterhin als Lebensraum zahlreicher Tier- und Pflanzenarten zu erhalten, wurde ein Großteil des Niederungsgebiets – genau 484 km^2 – unter den Schutz der UNESCO gestellt und zum **Biosphärenreservat** erklärt. Die von engen, hier Fließe genannten Wasserwegen durchzogenen Wiesen und Äcker bieten Kranich, Fischotter und Weißstorch ideale Lebensräume.

Die **Niederlausitz** prägen Kiefernforste und auch zahlreiche **Badegewässer**. Mehr als die Hälfte davon sind künstlichen Ursprungs, hervorgegangen aus rekultivierten Braunkohlegruben. An den zweisprachigen Straßenschildern ist erkennbar: Spreewald und Niederlausitz sind die Heimat der **Sorben**. Ihre Lieder, Trachten und Bräuche prägen das Lokalkolorit.

44 Schlepzig

Das Zentrum des Unterspreewaldes.

Zloupiste hieß das von der Hauptspree und einigen Fließen durchzogene Dorf einst, das war die sorbische Bezeichnung für Pfahl. Denn die ersten Häuser entstanden in der sumpfigen Gegend auf Pfählen.

◁ *Spreewald-Impressionen: Einer stakt immer – der Kahnfährmann kennt den Weg durchs Labyrinth der Fließe* **(oben)**.
In Harmonie mit der Natur – hinter blühendem Wall kauert ein Spreewaldhaus, der Idylle ordnen sich selbst moderne Technik-Accessoires unter **(unten)**

Vom kleinen **Fährhafen** in Dorfmitte starten die kiellosen flachen Kähne zu Fahrten in den vor allem durch Mischwaldbestand geprägten Unterspreewald. Mit dem Rudel, wie die bis zu 4 m langen Stangen heißen, werden sie gestakt (fortbewegt). Das **Agrarhistorische Museum** (Dorfstr. 26, April–Okt. Di–So 10–16, Nov.–März Mo–Fr 10–16 Uhr) wurde in einem Fachwerkhaus von 1818 eingerichtet. Preußenkönig Friedrich Wilhelm III. hatte das Anwesen einst einem Herrn Richter für dessen Verdienste in der Armee übergeben. Hier sind landwirtschaftliche und hausliche Gerätschaften der Spreewaldbewohner zu sehen, die Bauernwohnung ist originalgetreu eingerichtet. Die **Dorfkirche** (1782) fasziniert durch ihr Fachwerk und die Innenausstattung im bäuerlichen Barock. An der Landstraße nach Krausnick beginnt der 5,4 km lange **Naturlehrpfad Buchenhain** mit bildhaften Informationen auf 21 Tafeln.

Ausflug

8 km von Schlepzig entfernt entstand in der weltgrößten frei tragenden Halle das **Tropical Islands Resort** (www.my-tropical-islands.com), ein Tropenparadies der Superklasse. Hauptattraktionen sind der Regenwald mit bis zu 14 m hohen Bäumen, die so genannte Südsee, 8000 m² weißer Sandstrand, ein tropisches Dorf mit Gastronomie, Basar und Unterhaltungsangeboten.

Praktische Hinweise

Information

Tourist-Information Unterspreewald, Dorfstr. 26, Schlepzig, Tel. 03 54 72/ 640 25, Fax 03 54 72/640 24, www.unterspreewald.de

Hotels

****Hotel Müggenburg**, Grüne Wiese 11, Schlepzig, Tel. 03 54 72/66 00, Fax 03 54 72/66 03 05. In idyllischer Lage, mit eigenem Kahnan- und -ableger.

****Landgasthof Zum grünen Strand der Spree**, Dorfstr. 53, Schlepzig, Tel. 03 54 72/66 20, Fax 03 54 72/473, www. spreewaldbrauerei.de. Rustikal eingerichtete Haus, Restaurant und eine eigene Brauerei samt Gaststätte.

45 Lübben

Kahnfahrten in alle Himmelsrichtungen, Tor zum Unter- und Oberspreewald.

Lübben, sorbisch Lubin, ist nicht nur Ausgangspunkt für Spreewaldfahrten aller Art, sondern auch, obzwar schwer kriegszerstört, ein historisch interessantes Städtchen. Dort, wo die bedeutende Fernstraße von Leipzig in Richtung Osten die Spreewaldniederung an ihrer engsten Stelle überquerte, entstand um 1150 eine Burg und nach 1200 eine Siedlung, die im 15. Jh. ummauert wurde. Damals begann der Aufstieg von Lubin: zunächst Tagungsort der Niederlausitzer Landstände (bis 1722), dann zeitweise Nebenresidenz der sächsischen Kurfürsten und gelegentlich Verwaltungsmittelpunkt der Niederlausitz. Mit dem Übergang an Preußen 1815 verlor die Stadt an Bedeutung.

Spreenah blieben Teile der **Stadtmauer** mit einem runden Eckturm erhalten. Zeuge der glanzvollen Vergangenheit ist auch **Schloss Lübben**, in dem das neue **Stadt- und Regionalmuseum** (April–Okt. Di–So 10–17, Nov.–März Mi–Fr 10–16, Sa/So 13–17 Uhr) seine Ausstellung mit multimedialen Inszenierungen präsentiert. Neben dem Schloss steht das **Oberamtshaus** (1682) mit schönem Giebel und Portal, gekrönt vom Niederlausitzer Wap-

Im Wehrturm von Lübben huldigten bis 1722 die Stände der Niederlausitz ihrem Landesherren

pen. Der mächtige **Wohn- und Wehrturm** (14. Jh.) davor soll in absehbarer Zeit saniert werden. Sein Wappensaal prunkt mit dem monumentalen Historiengemälde ›Huldigung der Stadt Lübben an Brandenburgs Kurfürst Friedrich II. im Jahr 1448‹ (1917).

Die spätgotische **Kirche** am Marktplatz – sie birgt mit *Altarretabel, Taufstein* und *Kanzel* prachtvolle Spätrenaissancearbeiten – wurde nach Paul Gerhardt benannt, hier war seine letzte Wirkungsstätte. 1907 in Bronze gegossen, steht er, der berühmteste protestantische Kirchenliederdichter nach Luther, vor der Kirche.

i Praktische Hinweise

Information

Spreewald-Information, Ernst-von-Houwald-Damm 15, Lübben, Tel. 035 46/30 90, Fax 035 46/24 33, www.luebben.de

Hotels

*****Spreewaldhotel Stephanshof**, Lehnigksberger Weg 1, Lübben, Tel. 035 46/272 10, Fax 035 46/27 21 60, www.hotel-stephanshof.de. Direkt am Wasser mit hauseigener Kahnanlegestelle, Fahrrad- und Paddelbootverleih.

Restaurant

TOP TIPP **Schlossrestaurant**, Ernst-von-Houwald-Damm 14, Lübben, Tel. 035 46/40 78. Regionale und internationale Küche, gutes Weinangebot.

46 Lübbenau

Beliebtes Touristenziel mit dem meistfrequentierten Kahnhafen des Spreewaldes.

Lübbenau, sorbisch Lubnjow, gilt als heimliche Hauptstadt des Spreewaldes. Von hier aus gehen die meisten der traditionellen Holzkähne auf die Reise über die weit verzweigten Fließe, die schönste führt in den Hochwald – rund acht Stunden sind zu veranschlagen.

Als ein findiger Lübbenauer 1882 Fahrten für Berliner hierher organisierte, war das die Initialzündung für den alsbald florierenden **Fremdenverkehr**. Kein Wunder, dass sich dann 1908 hier der erste Kahnfährmannsverein gründete. Von besonderer Bedeutung für das Städtchen, das Sitz der Standesherrschaft der Grafen

Sorben oder Wenden?

Sorbe ist der wissenschaftlich exakte und auch vom offiziellen Verband, der **Domowina**, propagierte Begriff. Als Wenden betitelten die Deutschen einst alle slawischen Stämme zwischen Elbe und Oder und hatten dabei nicht immer nur Gutes im Sinn. Vermutlich geht diese Bezeichnung auf die römischen Chronisten Plinius und Tacitus zurück, die von Vendi und Veneti schrieben. Wie auch immer: Sorbisch wie wendisch meint ein und dasselbe, die etwa 20 000 in der **Niederlausitz** lebenden Sorben nennen sich meist selbst Wenden.

Die Lausitzer Sorben überstanden die deutsche Ostbewegung zwischen dem 10. und 12. Jh. und konnten in der bäuerlichen Familie und der Dorfgemeinschaft **Sprache** und **Kultur** über die Jahrhunderte hinweg bewahren und weitergeben. So haben sich erstaunlich viele Bräuche und Feste erhalten, beispielsweise Zapust – eine Art Faschingstreiben – oder Stollenreiten über abgeerntete Felder. Die typischen **Trachten** – bunt, mit viel Spitze, mit Kopftüchern oder großen Hauben – tragen wie immer nur ältere Frauen, jüngere nur für touristische Zwecke. Ebenso beherrschen nur noch Ältere das dem Polnischen und Tschechischen nahe stehende **Sorbische**, das zur Familie der westslawischen Sprachen gehört. In Sorbisch erscheinen eine Wochenzeitung und Bücher, der ORB, Landesstudio Cottbus, strahlt Sendungen in Niedersorbisch aus und einmal im Monat gibt es auch eine halbe Stunde Fernsehen in niedersorbischer Sprache. In der zu Sachsen gehörenden **Oberlausitz** leben heute etwa 40 000 Sorben.

seit 1896
ORIGINAL
Spreewälder
Gurken

zu Lynar war und 1635–1815 zu Kursachsen gehörte, war der Bau des **Braunkohlegroßkraftwerks** 1957–64. Er brachte im Süden ein großes Wohngebiet im DDR-üblichen Einheitsstil, die Einwohnerzahl erhöhte sich bis 1977 auf 23 000.

Freundliche Bürgerhäuser rahmen den **Marktplatz** mit einer Postmeilensäule von 1740, die Ziele in Sachsen anzeigt. Vom Dresdner Festungsbaumeister wurde 1741 die Stadtkirche **St. Nikolai** errichtet, ein Emporensaal mit Herrschaftslogen und beachtenswertem spätbarockem Lynar-Wandgrab. Das Torhaus am Topfmarkt nahm die so interessanten wie breit gefächerten Sammlungen des **Spreewaldmuseums** (Topfmarkt 12, April–Mitte Sept. Di–So 10–18, Mitte Sept.–Mitte Okt. Di–So 10–17 Uhr) zur Stadt-, Verkehrs- und Regionalgeschichte auf. Im **Haus für Mensch und Natur** (Schulstr. 9, April–Okt. tgl. 10–17 Uhr) stellt die Verwaltung des Biosphärenreservats Spreewald Interessantes über die europaweit einzigartige Fließgewässerlandschaft aus.

Spaß und Entspannung bietet das **Kur- und Freizeitbad Kristall** (www.kristallbad-luebbenau.de) mit Wellenbad, Wildwasserstrudelkanal sowie zwei je 118 m langen Rutschen.

Herrschaftlich wohnen kann man im alten **Lynarschloss**, das sich heute als klassizistischer, stumpf gewinkelter Zweiflügelbau mit Türmen zeigt. Am Umbau 1839 war Schinkel beteiligt. Im umliegenden Landschaftspark stehen die barocke *ehem. Kanzlei* der Grafen Lynar und die klassizistische *Orangerie*.

Ganz in der Nähe befindet sich der größte **Fährhafen** des Spreewaldes, in dem stets Kähne für die verschiedensten Routen zur Abfahrt bereitliegen.

Ausflug

TOP TIPP Ein Besuch des **Freilandmuseums Lehde** (April–Mitte Sept. tgl. 10–18, Mitte Sept.–Okt. bis 17 Uhr) mit vielen hölzernen Brücken (›Bänke‹ genannt) zwischen reetgedeckten *Bauernhäusern* in Blockbauweise gehört zum Muss eines Spreewaldaufenthaltes. Man erreicht das Ziel zu Fuß (30 Min.) oder mit dem Kahn – vor Ort gibt es keine Parkmöglichkeiten, also Pkws unbedingt in Lübbenau abstellen! Fontane nannte Lehde schwärmerisch »die Lagunenstadt in Taschenformat«. Die gut erhaltenen, denkmalgeschützten Häuser – die ältesten rund 200 Jahre alt – wurden um drei typische, komplett eingerichtete Hofanlagen zum Freilandmuseum ergänzt, dem auch die älteste *Kahnbauerei* des Dorfes (1884) angehört. Stets viel bestaunt: das für sechs Personen, d. h. drei Generationen taugliche *Familienbett* im Wohnstallhaus. Sehenswert sind auch die Ausstellungen zur Böttcherei, zum Blaudruck, über die filigran bemalten sorbischen Ostereier sowie die Trachten.

Beim 8 km entfernten **Raddusch** wurde an historischer Stelle die **Slawenburg** (April–Okt. tgl. 10-18, Nov.-März bis 16 Uhr, www.slawenburg-raddusch.de) originalgetreu errichtet. Im einst massiven Erdwall befinden sich Ausstellung und Gaststätte.

◁ *Spreewald-Kaleidoskop: Kähne bestimmen den Alltag im Spreewald – der einheimischen Bauern* **(oben rechts)** *wie auch der Touristen, die in Lübbenau* **(Mitte)** *ihre Exkursion zu sauren Gurken* **(oben links)** *und ins Freilandmuseum Lehde* **(unten links)** *beginnen. Dort kann man die Kultur der Gegend kennen lernen: Hofanlagen, Trachten und bemalte sorbische Ostereier betrachten* **(unten rechts)**

i Praktische Hinweise

Information

Spreewald-Touristinformation, Ehm-Welk-Str. 15, Lübbenau, Tel. 035 42/36 68, Fax 035 42/467 70, www.spreewald-online.de

Hotels

******Hotel Schloss Lübbenau**, Lübbenau, Tel. 035 42/87 30, Fax 035 42/87 36 66, www.schloss-luebbenau.de. Im Schlosspark nahe dem größten Kahnfährhafen.

*****Spreewaldeck**, Dammstr. 31, Lübbenau, Tel. 035 42/890 10, Fax 035 42/89 01 11, www.spreewaldeck.de. Familienfreundliches Hotel in einem Eckhaus.

Restaurants

Café Venedig, An der Lischka 1, Lehde, Tel. 035 42/23 63. Beliebtes Ausflugslokal mit großem Kaffee- und Biergarten.

Café zum Nussbaum, Dammstr. 76, Lübbenau, Tel. 035 42/36 73. Im Wintergarten sitzt man besonders angenehm.

Spreewaldgaststätte Wotschofska, Wotschofskaweg 1, Lübbenau, Tel. 035 46/76 01. Die traditionsreiche Gaststätte 3,5 km von Lübbenau ist das Ziel vieler Kanutouren.

Im Paddelboot nach Lehde

Die beliebteste Kahntour führt von Lübbenau in das romantische Dorf Lehde, knapp 2 Stunden dauern Hin- und Rückfahrt. Besonders erlebnisreich jedoch ist die Fahrt mit dem gemieteten Paddelboot.

Nach dem Hafengebiet fährt man in die Hauptspree ein, von der es auf der **Lehdschen Grobla** (Graben) durch den Lübbenauer Ortsteil Kaupen geht. Mit jedem Paddelschlag in Richtung Lehde wird es ruhiger, man passiert üppige Blumengärten vor heimeligen Holzhäusern und Briefkästen, die unmittelbar am Ufer angebracht sind – denn in dieser Gegend kommt der Briefträger nach wie vor per Kahn.

Als Geheimtipp in der Idylle gilt das **Gasthaus Kaupen Nr. 6**, das in einem alten Bauernhaus seine Gäste empfängt und nur mit dem Kahn zu erreichen ist. Hier kann man regionale Gerichte kosten, etwa **Quark mit Leinöl** oder **Hefeplinsen**.

Niemand muss befürchten, sich im Spreewald zu verfahren. Fließe und Orte sind – wie auf dem Festland – **gut beschildert**, an den kleinen Schleusen finden sich stets Bedienungsanleitungen. In Lehde werden an mehreren Verkaufsständen die spreewaldtypischen Produkte **Meerrettich** und **Gewürzgurken** angeboten. Anlegestellen sind reichlich vorhanden, vor den zahlreichen Gaststätten sind sie selbstverständlich. Über den **Hechtgraben** und die Hauptspree geht es schließlich zurück nach Lübbenau.

47 Burg (Spreewald) und Umgebung

Das östliche Tor zum Spreewald.

194 befahrbare Fließe schlängeln sich durch Burg, wo man noch viele typische Spreewaldhöfe findet. Mit den drei Ortsteilen Dorf, Kauper, Kolonie und deren verstreut liegenden Gehöften ist es die flächenmäßig (35 km²) **größte Gemeinde** im Osten Deutschlands. Rund 300 Brücken überspannen die Spree und die vielen Fließe in diesem Gebiet. Von zwei **Kahnfährhäfen** aus – einer in Burg-Dorf, der andere, weniger frequentierte in Burg-Kauper – starten Bootstouren, die zwischen einer und acht Stunden dauern.

In der Gaststätte im **Spreewaldbahnhof**, in den 1970 letztmalig die Schmalspurbahn ›Spreewaldguste‹ dampfte, kommt das Bier per Mini-Bahn zum Gast. Draußen sind mehrere restaurierte 100 Jahre alte Waggons zu besichtigen, einer überrascht mit einem Schulklassenzimmer der 30er-Jahre des 20. Jh.

An der Straße nach Straupitz, nördlich von Burg-Dorf, kann man sich im **Arznei- und Gewürzpflanzengarten** (Mai–Okt. tgl. 9–18 Uhr) über ortstypische Pflanzen informieren. Eine fantastische Spreewald-Aussicht bietet sich auf dem Schlossberg nahebei von der Höhe des den quadratischen **Bismarckturm** (Juli/Aug. tgl. 10–19, April–Juni/Sept./Okt. Fr–Mi 10–18, Uhr) von 1917. Die 2005 eröffnete **Spreewaldtherme** (www.spreewaldtherme.de) bietet 31°C warme Thermalsole, Wasserfälle, ein Außenbecken mit Strömungskanal, eine Saunalandschaft und vieles mehr.

Richtung Norden sind die markanten Türme der Kirche von **Straupitz** (10 km) zu erkennen. Diesen kastellartigen Bau mit den hoch aufragenden quadratischen *Zwillingstürmen* hat Karl Friedrich Schinkel 1832 im sog. Rundbogenstil errichtet. Das Gotteshaus setzt einen fulminanten Akzent in dieser ländlichen Umgebung. Straupitz verfügt auch über eine **Holländermühle** (Laasower Straße, www.windmuehle-straupitz.de, April–Mitte Okt. Di–Fr 9–18, Sa/So 10–17, sonst Mo–Do 9–17, Fr 9–14 Uhr) eine Besonderheit, denn sie vereint Korn-, Öl- und Sägemühle unter einem Dach. Dienstags ab 9 Uhr wird hier ein Schaupressen des delikaten, original spreewälder Leinöls veranstaltet.

In **Vetschau** (8 km von Burg in südlicher Richtung) leben seit Jahrhunderten Sorben und Deutsche einträchtig miteinander. Das belegen die zwei Gotteshäuser am Kirchplatz, die ältere *wendische Landkirche* und die 1690–94 angebaute *deutsche Stadtkirche* mit ihrer prächtigen farbigen Barockausstattung. Wissenswertes über Adebar und aktuelle Naturschutzthemen vermittelt im Ort das *Weißstorch-Informationszentrum* (Drebkauer Str. 2a, April–Okt. Mo–Fr 10–12 und 13–17, Sa/So 10–17, Nov.–März Mo–Fr 10–16 Uhr). Von einem nahen Storchenhorst überträgt eine Kamera Lifebilder ins Storchenzentrum und ins Internet (www.storchennest.de).

i Praktische Hinweise

Information

Touristeninformation, Am Hafen 6, Burg-Dorf, Tel. 03 56 03/75 01 60, Fax 03 56 03/750 16 16, www.burg-spreewald-tourismus.de

Hotels

TOP TIPP ****__Zur Bleiche Resort & Spa__, Bleichestr. 16, Burg-Kolonie, Tel. 03 56 03/620, Fax 03 56 03/602 92, www.hotel-zur-bleiche.de. Viel gerühmtes Hotel mit tollem Wellnessbereich, Gourmetrestaurant und eigenem Hafen.

**__Hotel-Restaurant Zum Leineweber__, Am Waldrand, Burg-Dorf, Tel. 03 56 03/640, Fax 03 56 03/611 29, www. zum-leinenweber. de. Funktionell eingerichtete Zimmer, vielseitige Küche.

Bismarckturm in Burg – interessante Architektur von Bruno Möhring, 1917

Paukenschlag im Spreewalddorf Straupitz – die doppeltürmige Schinkelkirche von 1832

Restaurant

TOP TIPP **Spreewaldbahnhof Burg**, Am Bahnhof 1, Burg-Dorf, Tel. 03 56 03/842. Rustikales Restaurant mit Spreewald-Spezialitäten wie Eierplinse. Getränkeservice mit der Mini-Bahn.

48 Peitz

Alte Festungsstadt mit berühmten Karpfenteichen.

Festung, Hüttenwesen, Teichwirtschaft – dies sind die Stichworte zur Geschichte von Peitz, der beschaulichen Kleinstadt am Ostrand des Spreewaldes. **Bürgerhäuser** prägen den Stadtkern mit ansehnlichem Rathaus (1804) und Backsteinkirche im Rundbogenstil des 19. Jh. Von der Festung, die Graf Rochus zu Lynar im 16. Jh. errichten ließ, blieb nur der mächtige **Turm** erhalten, der neben einer herrlichen Aussicht eine Ausstellung zur Stadtgeschichte (April–Okt. Sa/So 13–18 Uhr) bietet.

Im **Historischen Eisenhütten- und Hammerwerk** (April–Okt. Mo–Fr 10–16, Sa/So 11–18, sonst tgl. 10–16 Uhr) südöstlich der Stadt wird die Hütten- und Gießtechnik des 19. Jh. dokumentiert und beim Schaugießen die alte Technik gezeigt. Das Gebäude steht an der Stelle des einstigen Eisenhüttenwerks, in dem im Jahr 1660 der erste Hochofen Brandenburgs in Betrieb ging. Markgraf Johann V. hatte um 1535 ein Hütten- und Hammerwerk errichten lassen, um seine Armee und die Festungen Küstrin und Peitz ausreichend mit Munition versorgen zu können. Das dazu benötigte Eisenerz wurde im Tagebau gewonnen. Für den notwendigen Wasserantrieb entstand der 22 km lange **Hammergraben** von der Spree zur Malxe, eine großartige Leistung früher Ingenieurkunst. Er speist heute das große **Peitzer Teichgebiet**, aus dem die Fischer jährlich mehr als 500 t Karpfen holen. Im linken Seitenflügel des einstigen Eisenhüttenwerks eröffnete 2006 das **Fischereimuseum** (April–Okt. Mo–Fr 10–16, Sa/So 13–18, Nov.–März tgl. 10–16 Uhr). An den Teichen führt ein in Teichlehrpfad entlang.

i Praktische Hinweise

Information

Tourismus-Information Peitzer Land, Markt 1, Peitz, Tel. 03 56 01/81 50, Fax 03 56 01/815 15, www.peitz.de

Restaurant

Karpfen-Klause, Hüttenwerk 1, Peitz, Tel. 03 56 01/2 23 53. Direkt an den Karpfenteichen: frischer kann Fisch nicht serviert werden.

49 Cottbus

Schloss und Park Branitz sind der Tourismushit von Brandenburgs zweitgrößter Stadt.

Mit **Grünanlagen** ist Cottbus seit jeher üppig bedacht, die Bundesgartenschau 1995 bescherte der Stadt zusätzlich den *Spreeauenpark*, der sich vom Branitzer Park und Tierpark im Süden bis in die Wohngebiete hinein erstreckt. Die Bundesgartenschau half auch, Cottbus vom Image ›Zentrum der Niederlausitzer Braunkohleindustrie‹ zu befreien. Das Stadtoriginal, der **Cottbuser Postkutscher**, trägt ebenso dazu bei, bekannt geworden ist er durch den Zungenbrecher: ›Der Cottbuser Postkutscher putzt den Cottbuser Postkutschkasten.‹ Ihm zu Ehren wurde im Frühling 2006 an der Stadtmauer, wo die letzte Poststation stand, ein Denkmal enthüllt.

Als Metropole der Niederlausitzer Sorben hat Chosebuz zweisprachige Straßenschilder. In der Altstadt empfängt das wirtschaftliche und kulturelle Zentrum der Region seine Gäste in barockem Rahmen.

Geschichte Am Spreeübergang der Salzstraße Halle–Schlesien blühte Cottbus, 1156 erstmals genannt, rasch auf. Die seit dem Mittelalter belegte Tuchmache-

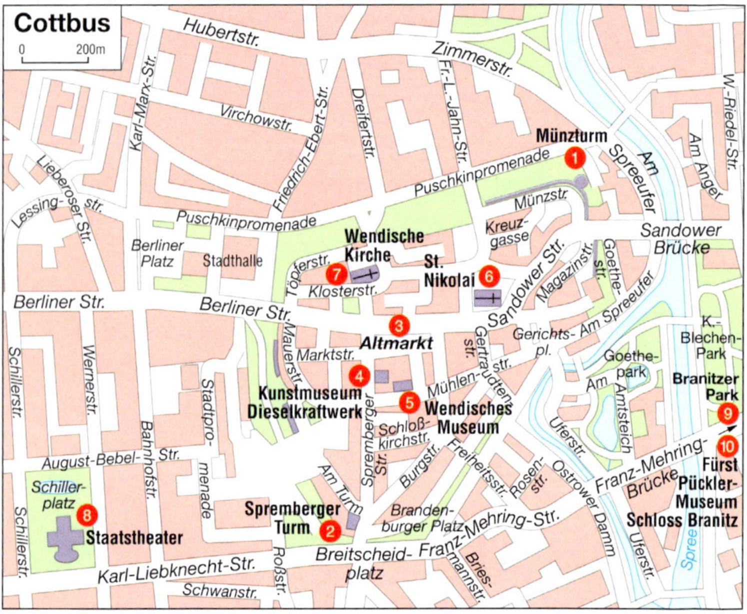

Ansehnliche Bürgerhäuser umstehen den Altmarkt in Cottbus – die Oberkirche St. Nikolai spitzt in die gute Stube der Niederlausitz-Metropole

rei und von Pfälzern und Hugenotten ab 1701 eingeführte Seidenspinnerei entwickelten sich letztlich zum Hauptindustriezweig bis ins 20. Jh. hinein. 1845 kam *Hermann Fürst von Pückler-Muskau* nach Branitz bei Cottbus, als bereits 60-Jähriger legte er in der tristen Kiefernlandschaft einen großartigen Park an. Die schwer kriegszerstörte Stadt wurde zu DDR-Zeiten zum Hauptort der *Niederlausitzer Braunkohle- und Energieindustrie.*

Besichtigung Von der Stadtmauer des 15. Jh. sind vor allem im Nordwesten an Münz- und Magazinstraße Reste erhalten, zur ehem. Befestigung gehört hier der gedrungene **Münzturm** ❶ sowie der nach Schinkels Plänen zinnenbekränzte **Spremberger Turm** ❷, der im Süden die

Sorbisches Kulturgut im Wendischen Museum – Trachtenrock aus dem Vetschauer Kirchenspiel

Das Staatstheater Cottbus ist ein hinreißender Jugendstilbau des Berliners Bernhard Sehring aus dem Jahr 1908

›Sprem‹ – Cottbus' Flanier- und Einkaufsstraße – bewacht. Als dritter im Bunde erhebt sich stadtbildbeherrschend nahe der Spree der Turm des im 19. Jh. abgebrochenen Schlosses.

Der **Altmarkt** 3 mit seinen repräsentativen Bürgerhäusern des 17./18. Jh. ist die gute Stube von Cottbus. Haus Nr. 24 ist die 400-jährige Löwen-Apotheke mit dem **Brandenburgischen Apothekenmuseum** (www.brandenburgisches-apothekenmuseum.de, nur mit Führungen: Di–Fr 11, 14, Sa/So/Fei 14, 15 Uhr). Die überregional bekannten Brandenburgischen Kunstsammlungen, die nun unter dem Namen **Kunstmuseum Dieselkraftwerk Cottbus** 4 (Spremberger Str. 1, www.museum-dkw.de, Di/Do 10–20, Mi/Fr/So 10–18, Sa 14–18 Uhr) firmieren, präsentieren noch bis zum Umzug Ende 2007 am jetzigen Standort zeitgenössische Fotografie und Plakate, aber auch Malerei, Grafik, Plastik, Design. Viel über die Kultur der Sorben ist im **Wendischen Museum** 5 (Mühlenstr. 12, www.wendisches-museum.de, Di–Fr 8.30–18, Sa/So/Fei 14–18 Uhr) zu erfahren, das u.a. kunstvoll bestickte Trachten, Blaudrucke, Möbel und fein bemalte Ostereier zeigt.

Östlich des Altmarkts ragt der haubengedeckte Turm der Oberkirche **St. Nikolai** 6 auf. Als Glanzpunkte im Inneren der spätgotischen Backsteinhalle brillieren der farbig gefasste *Altaraufbau* von 1661 mit sehenswerten Alabasterreliefs des ›Abendmahls‹ in der Predella und der ›Auferstehung‹ im Mittelteil sowie die reichen *Stern- und Netzrippengewölbe*.

Das Mädchen und die Brücke – Tagtraum im Park des Fürsten Pückler in Branitz

Der tolle Pückler

Er gehört zu den bedeutendsten Gartenarchitekten des 19. Jh., aber auch zu den schillerndsten Persönlichkeiten seiner Zeit: **Hermann Fürst von Pückler-Muskau** (1785–1871). Die Parks in Babelsberg (Potsdam), Bad Muskau (Freistaat Sachsen) und Branitz (Cottbus) gelten als seine großartigsten **Landschaftsgestaltungen**. Pücklers Credo: »Der Park soll den Charakter der Landschaft haben, die Hand des Menschen wenig darin sichtbar sein.« Seit seiner Leipziger Studienzeit besaß Pückler den Ruf eines **Exzentrikers**. Aufsehen erregte der **Frauenheld**, als er in einer von vier Hirschen gezogenen Kutsche in Berlin die Straße Unter den Linden entlangfuhr, um um seine spätere Frau Lucie zu werben. Der **Bildungsreisende** lernte ferne Länder wie Nordafrika und den Orient kennen, seine Tätigkeiten als **Schriftsteller** fanden Anerkennung bei Goethe. Jedoch – Pücklers Einfälle überstiegen bei weitem seine finanziellen Mittel. Den Muskauer Besitz musste er verkaufen und ins väterliche Erbgut nach Branitz bei Cottbus ziehen. Dort liegt erauch begraben, nach Pückler-Art: in einer in einem Teich errichteten Pyramide.

Weiterleben wird Hermann Fürst von Pückler-Muskau nicht nur in seinen Gartengestaltungen, auch das **Fürst-Pückler-Eis** hält seinen Namen hoch – es gehört allerdings nicht zu den fürstlichen Kreationen, sondern wurde von einem pfiffigen Konditor werbewirksam so benannt. Zu DDR-Zeiten waren die Mächtigen bemüht, ihrem Volk keine Adligen als Vorbild zu suggerieren, und daher wurde das Fürst-Pückler-Eis kurzerhand in **Halbgefrorenes** umgetauft.

Schätze der ehem. Klosterkirche am Nordrand der Altstadt, die nach der Reformation als **Wendische Kirche** 7 fungierte, sind ein gewaltiges *Holzkreuz* (um 1320) und das etwa gleichzeitig entstandene *Doppelgrab* der Kirchenstifter Fredehelm und Adelheid von Cottbus, die armumschlungen (!) dargestellt sind.

Zielpunkt vieler Cottbus-Besucher ist am Schillerplatz Brandenburgs einziges **Staatstheater** 8 – ein architektonisches Kleinod des späten Jugendstils, 1908 geschaffen vom Berliner Bernhard Sehring. Es ist eine Lust, die schwellenden, schwingenden Fassadenteile zu betrachten, teils flächig glatt, teils detailreich strukturiert und geschmückt, oder sich im ebenso schönen Inneren dem sprühenden Theaterleben hinzugeben.

Das touristische Highlight aber liegt im Südosten der Stadt. In Branitz schuf Fürst von Pückler-Muskau 1846–71 mit dem **Branitzer Park** 9 ein Meisterwerk der Gartenkunst, das zu allen Jahreszeiten beeindruckt. Etwa 400 Bäume ließ der exzentrische Fürst für den Landschaftspark heranschaffen, Gräben und Teiche künstlich anlegen, Blumen-, Beet- und Buscharrangements komponieren. Zu seinen ungewöhnlichen Gestaltungsideen gehören zwei **Erdpyramiden**, wobei die Seepyramide, der sog. *Tumulus*, als Grabstätte des Fürsten konzipiert ist. Des Fürsten Herz ist in Glas eingeschmolzen, Gemahlin Lucie wurde später hierher umgebettet.

Besuchenswert ist auch das **Fürst-Pückler-Museum Schloss Branitz** 10 (www.pueckler-museum.de, April–Okt. tgl. 10–18, Nov.–März Di–So 11– 17 Uhr). Den spätbarocken Dreiflügelbau hatte der Fürst von Gottfried Semper umbauen lassen und 1846 bezogen. Man wandelt heute durch *Stilzimmer*, orientalische Räume, den Musiksaal, die fürstliche Bibliothek und lernt dabei über Leben und Werk des Landschaftskünstlers. Im oberen Stockwerk werden Bilder des in Cottbus geborenen Malers *Carl Blechen* (1798–1840) gezeigt – die größte malerische Begabung in Deutschland zwischen Caspar David Friedrich und Adolph von Menzel. Im **Marstall** (April–Okt. tgl. 10–12.30 und 13–18 Uhr) des Schlosses sind Sonderausstellungen zu sehen.

i Praktische Hinweise

Information

CottbusService, Berliner Platz 6 (Stadthalle), Cottbus, Tel. 03 55/754 20, Fax 03 55/754 24 55, www.cottbus.de

Hotels

******Radisson SAS Cottbus**, Vetschauer Str. 12, Cottbus, Tel. 03 55/476 10, Fax 03 55/476 19 00, www.cottbus.radissonsas.com. Hier bleiben keine Wünsche offen: Hallenbad, Sauna, Solarium, gute Gastronomie, aufmerksamer Service.

*****Best Western Parkhotel Branitz & Spa**, Heinrich-Zille-Str., Cottbus, Tel. 03 55/751 00, Fax 03 55/71 31 72, www.branitz.bestwestern.de. Bekannt gutes Hotel in einer 68 000 m^2 großen Parkanlage mit großzügigem Well- und Fitnessbereich.

****Waldhotel**, Drachhausener Str. 70, Cottbus, Tel. 03 55/876 40, Fax 03 55/876 41 00, www.waldhotel-cottbus.de. Behaglich, rustikal, nah – und im Wald.

Rosen über Rosen im Ostdeutschen Rosengarten – kein Wunder, dass Forst ›Rosenstadt der Lausitz‹ genannt wird

50 Forst (Lausitz)

Stadt der Tuche und der Rosen.

Ein wohlduftendes Blütenmeer in unterschiedlichsten Farben empfängt den Sommergast im **Ostdeutschen Rosengarten** (Top Tipp) (Wehrinselstr. 43, www.rosengarten-forst.de, Mai–Okt. 8–20, Nov.–April 9–17 Uhr). Tausendfach zeigt sich die Königin der Blumen: Auf einer Gesamtfläche von 15 ha wachsen hier mehr als 40 000 Rosenstöcke in rund 400 Sorten, darunter auch außergewöhnlich kuriose und brandneue Züchtungen. Die Anlage an der Neiße geht auf eine Rosen- und Gartenbauausstellung im Jahr 1913 zurück, die nach Kriegszerstörung neu kultiviert wurde. Ein künstlich angelegter Wassergraben teilt den Park in zwei unterschiedlich gestaltete Bereiche.

Doch nicht nur Rosen machten Forst bekannt, die Stadt war lange Zeit Mittelpunkt der Lausitzer Textilindustrie und wurde ›Manchester des Ostens‹ genannt. Bis 1628 reichen die Anfänge des Tuchmacherhandwerks zurück. Die Blütezeit war zwischen den beiden Weltkriegen, 422 Textilbetriebe verzeichnete damals das Telefonbuch. Die Erinnerung an die Glanzzeit hält das **Brandenburgische Textilmuseum** (Sorauer Str. 37, Di/Do 10–17, Fr–So 14–17 Uhr) wach, das in die 1897 errichtete Noacksche Weberei zog. Weithin bekannt ist die **Forster Radrennbahn**, eine der ältesten noch bestehenden im Osten Deutschlands. Das erste Rennen fand hier am 10. Juni 1906 statt.

Jedes Jahr zu Pfingsten wird die Saison eröffnet.

Erhebliche Zerstörungen erlitt Forst gegen Ende des Zweiten Weltkriegs. Wieder aufgebaut wurde am quadratischen Marktplatz die spätgotische Pfarrkirche **St. Nikolai**, deren Grundsteinlegung in der ersten Hälfte des 13. Jh. erfolgte. Die barocke Inneneinrichtung war 1945 ein Opfer der Flammen geworden. Zum Wahrzeichen der Stadt wurde der 1903 errichtete **Wasserturm**.

i Praktische Hinweise

Information

Tourist- und Stadtinformation, Cott-buser Str. 10, Forst (Lausitz), Tel. 035 62/66 90 66, Fax 035 62/66 90 67, www.forst-information.de

Hotel

****Hotel Wiwo**, Domsdorfer Kirchweg 14, Forst (Lausitz), Tel. 035 62/95 10, Fax 035 62/98 43 79, www.hotel-wiwo.de. Modernes Hotel am südlichen Stadtrand mit dem Restaurant ›Malxe Stube‹.

51 Spremberg

Die spreeumflossene Stadt liegt im Herzen des Lausitzer Braunkohletagebaus.

Den schönsten Blick auf Spremberg bietet der Georgenberg mit dem 1903 erbauten **Bismarckturm** (Mai–Okt. Mi 9–12, Sa/So 14–18 Uhr), der über 140 Stufen des ›Schlüpferstegs‹ zu erklimmen ist. Ihm zu Füßen liegt auf einer Spreeinsel die verwinkelte Altstadt mit etlichen schmucken Giebelhäusern, die allesamt vom blendengeschmückten, mit kräftiger Barockhaube gedeckten Turm der **Kreuzkirche** überragt werden. Die gotische Backsteinhalle birgt kulturgeschichtlich wertvolle Arbeiten aus Kirchen der Umgebung, die in den vergangenen Jahrzehnten der Braunkohle weichen mussten, darunter ein *Renaissancealtar* aus Jessen. Mit der Braunkohle hat auch die Geschichte der **Auferstehungskirche** (13. Jh.) auf dem Schomberg zu tun. Um nicht dem Tagebau Greifenhain zum Opfer zu fallen, wurde sie 1988–90 im Dorf Pritzen Stein für Stein abgetragen und an ihrem jetzigen Standort bis 1994 wieder errichtet. Ein sorbisches Heidebauernhaus (um 1780) aus dem überbaggerten

Schwarzes Gold und weißer Strand

Gigantische Schaufelräder von riesigen Baggern fressen sich unablässig in die Landschaft. Bis zu 120 m tief graben die gewaltigen **Stahl-Ungetüme**, um an die Braunkohleflöze heranzukommen. Mehr als 150 Jahre lebten die Menschen in der Lausitz mit und von der Braunkohle, die **Vorräte** sind weiterhin riesengroß, sie werden auf 13 Milliarden Tonnen geschätzt.

Der **Braunkohle-Abbau** hat die Landschaft der Lausitz stark verändert: Wälder, Straßen und Flüsse mussten verlegt werden, weit über 100 Dörfer wurden seit 1924 von den Baggern überrollt. In der DDR war die Braunkohle, das ›schwarze Gold‹, der wichtigste Energieträger. Seit der Einheit wurden zahlreiche Tagebaue geschlossen. Ausgekohlt hinterlassen sie den düsteren Anblick einer **Kraterlandschaft**, rekultiviert bereichern sie das Terrain. Gegenwärtig verändert sich die Region in kaum vorstellbaren Dimensionen. Aus Tagebauen werden Seen mit Sandstränden, Marinas, Tauchbasen und Restaurants an den Ufern. Bund und Land stellen jährlich Millionen Euro bereit, um die zu DDR-Zeiten hinter den Neuaufschlüssen zurückgebliebene Rekultivierung zu forcieren. Im Osten von Cottbus entsteht der mit 19 m^2 größte **Binnensee** der Niederlausitzer Tagebaulandschaft. Bis zum Jahr 2020 wird es statt riesiger Mondlandschaften **weitere 20 Seen** und eine neue Bezeichnung auf den Landkarten geben – **Lausitzer Seenplatte**.

Dorf Groß Buckow wurde ebenfalls versetzt – auf das Parkgelände um **Schloss Spremberg**, das an der Stelle einer alten Wasserburg steht. Es war im 17. Jh. zur Sommerresidenz des Herzogs von Sachsen-Merseburg umgebaut und im 19. Jh. erheblich verändert worden. Heute ist darin das **Niederlausitzer Heide- und Kreismuseum** (Di–Fr 9–17, Sa/So/Fei 14–17 Uhr) untergebracht, in dem das frühere dörfliche Leben der Region anschaulich gezeigt wird.

Stilelemente der Renaissance, des Barock und des 20. Jh. weist das **Rathaus** auf, das als einziges Bauwerk am Marktplatz von den Zerstörungen des Zweiten Weltkriegs verschont blieb. Seit der Einheit erstrahlen zahlreiche geschichtsträchtige Häuser im Stadtzentrum wieder im alten Glanz, so das *Kavalierhaus* in der Langen Straße 14–16 und das kleinste und älteste Haus Sprembergs, ein um 1580 errichteter *Fachwerkbau* in der Burgstraße 9.

Wasserratten lockt das **Erlebnisbad-Waldbad** am Kochsagrund, Segler und Surfer zieht es zur **Talsperre Spremberg** nördlich der Stadt, die die Spree auf einer Länge von 7 km staut und umd die ein beliebtes Erholungsgebiet entstand.

Deutschlandweit bekannt wurde das Dorf **Bohsdorf**, 13 km von Spremberg entfernt, durch die ARD-Verfilmung der Romantrilogie ›Der Laden‹ des gebürtigen Bohsdorfers Erwin Strittmatter. Der berühmte Laden ist heute Museum (Di–Fr 13–17, Sa/So 10-12 und 13-17 Uhr, www.strittmatter-verein.de).

i Praktische Hinweise

Information

Tourist-Information, Am Markt 2, Spremberg, Tel. 035 63/45 30, Fax 035 63/59 40 41, www.spremberg.de

52 Senftenberg

Vom Industriestandort zur Ferienstadt.

1966 rollte der letzte Kohlezug aus dem Braunkohletagebau Niemtsch südlich von Senftenberg, sieben Jahre später kamen die ersten Badegäste. Die triste Braunkohlegrube wurde nach der Auskohlung zum **Senftenberger See** (www.senftenberger-see.de) gestaltet, mit 1300 ha eines der größten künstlich angelegten Gewässer Europas – ›Ostsee der Niederlausitzer‹ genannt. An heißen Sommertagen tummeln sich Zehntausende am kilometerlangen *Sandstrand* und im klaren Wasser des Sees, um den ein 18,5 km langer *Wanderweg* führt. Die künstlich angelegte *Insel* bietet seltenen Vögeln ungestörten Lebensraum und wurde deshalb unter Naturschutz gestellt und darf nicht betreten werden.

TOP TIPP

Ehemals Sommerresidenz, heute Museums- und Verwaltungssitz – Schloss Spremberg

Lohn der Rekultivierung – Strandleben am Senftenberger See

Direkt am Strand eröffnete 2001 das bis zu 600 Besucher fassende **Amphitheater** (www.amphitheater-online.de), das vom Baustil her eine Mischung aus klassischen und modernen Elementen ist. Die hervorragende Akustik sowie die moderne Licht-, Ton- und Bühnentechnik lassen Aufführungen zu einem Erlebnis werden.

Die aus einem quadratischen Erdwall mit vier Bastionen bestehende **Festungsanlage** entstand im 16. Jh. Derartige Anlagen waren beliebt, da sie schnell und billig aufgeschüttet werden konnten. Da sie aber wenig dauerhaft waren, blieb in Deutschland keine vergleichbare erhalten. Die Festung sicherte das *Renaissanceschloss*, das Mitte des 16. Jh. an der Stelle einer mittelalterlichen Burg errichtet wurde. Hier hat nun das **Kreismuseum** (April–Mitte Okt. Di–So 10–17, Mitte Okt.–März Di–Fr 10–16, Sa/So 13–17 Uhr) sein Domizil; ein nachgebauter *Bergwerksstollen* in Originalgröße bildet die Attraktion des Hauses. Vom hübschen Markt führt eine Gasse zum Kirchplatz mit der großen dreischiffigen Kirche **St. Peter und Paul**, die im Zweiten Weltkriegs ausbrannte, aber bereits 1958 wieder hergerichtet war. Skivergnügen auch im Sommer bietet die **Tropolis-Indoor-Skihalle** (Hörlitzer Str. 36, www.snowtropolis.de) mit einer 130 m langen Abfahrt.

Ausflüge

Eurospeedway Lausitz (direkt an der A 13, zwischen den Anschlussstellen Großräschen und Klettwitz, www.eurospeedway.de) nennt sich eine von Europas modernsten Rennstrecken. Sie wurde im August 2000 eröffnet. Das gesamte Areal, das auf dem Gelände des ehem. Braunkohletagebaus Meuros liegt, ist so groß wie 400 Fußballfelder und kostete 170 Mio. Euro. Bis zu 120 000 Zuschauer finden hier Platz.

Finsterwalde (ca. 50 km westlich) wurde durch Wilhelm Wolffs Lied ›Die Sänger von Finsterwalde‹ (1899) weit über Brandenburgs Grenzen hinaus bekannt. Traditionell wird daher alle zwei Jahre (2006, 2008...) Ende August das *Sängerfest* (www.finsterwalder-saengerfest.de) gefeiert. Den lang gestreckten *Marktplatz* mit adretten Häusern verschiedener Baustile begrenzt an der Südseite das barocke *Rathaus* (1739). Die *Stadtkirche* dahinter ist ein schöner Emporensaal (um 1580) mit prächtiger Sandsteinkanzel von 1615. Die Schlossstraße verbindet den Markt mit der weiträumigen, aus Vorder- und malerischem Hinterschloss bestehenden *Renaissanceanlage* (1559–97). Das *Kreismuseum* (Di–Fr/So 10–12 und 14–17 Uhr) in der Langen Straße 8 besitzt mit dem original eingerichteten Kolonialwarenladen aus der Mitte des 19. Jh. und einer mit Produkten aus DDR-Zeiten bestückten Drogerie zwei Kleinode.

7 km südöstlich von Finsterwalde wandelte sich bei **Lichterfeld** die mit 502 m Länge und 80 m Höhe größte Abraumförderbrücke der Welt zum **Besucherbergwerk F 60** (www.f60.de, Juni–Aug. tgl. 10–19, Mai Di–So 10–19, März/April/Sept./Okt. Di–So 10–21, Nov.–Febr. Di–So 10–16 Uhr; Nachtöffnungszeiten jeweils Fr/Sa/Fei im Sommer bis 23 Uhr). Die 1992 stillgelegte Anlage wird wegen ihrer lang gestreckten Form, der Größe und der Gitterkonstruktion im Volksmund ›liegender Eifelturm‹ genannt.

TOP TIPP

Doberlug-Kirchhain, 10 km westlich von Finsterwalde, besitzt mit der um 1228 geweihten ehem. *Zisterzienserklosterkirche* den bedeutendsten spätromanischen Kirchenbau der Niederlausitz, der allerdings 1905/06 vor allem im Inneren erheblich überformt wurde. Das nahe *Renaissanceschloss* mit den auffallenden giebelbekrönten Zwerchhäusern erhielt sein heutiges Aussehen in der zweiten Hälfte des 17. Jh. Seit dieser Zeit wurde in Kirchhain Leder gegerbt, um 1900 existierten hier etwa 100 Gerbereien. Über die Entwicklung dieses Handwerks informiert das *Weißgerbermuseum* (Potsdamer Str. 18, www.weissgerbermuseum.de, Di–Do 9–12 und 14–17, Fr 10–12 und 14–16, So 14–16 Uhr).

i Praktische Hinweise

Information

Tourist-Information, Markt 1, Senftenberg, Tel. 035 73/149 90 10, Fax 35 73/149 90 11, www.senftenberg.de

53 Luckau

Aufstrebende Kleinstadt – wehrhaft und schön.

Luckau hat eine verwinkelte **malerische Altstadt** mit engen Gassen, Kopfsteinpflaster und hübschen Häuschen. Es ist ein liebenswert-charmantes Städtchen mit historischem Flair.

Am Schnittpunkt der wichtigen Handelswege Magdeburg–Cottbus, Leipzig–Frankfurt (Oder) im 13. Jh. angelegt, war Luckau bald eine reiche und bedeutende Stadt, ab 1492 gar eine der Hauptstädte der Niederlausitz. Abzulesen ist das noch an zahlreichen Bauwerken. Den prachtvollen **Marktplatz** säumt ein Reigen schmucker *Giebelhäuser*, reich verziert mit frühbarocken Stuckaturen, teils wohl geordnet

Nikolaikirche in Luckau – in mittelalterlicher Hülle steckt eine außergewöhnlich einheitliche Barockausstattung

Als wär's ein Werk des Zuckerbäckers – Schmuckgiebelhaus am Markt von Luckau mit Wandstuckaturen wohl italienischer Meister aus der Zeit um 1700

säulchengerahmt, teils wild wuchernd zwischen Pilastern und Voluten (Haus-Nr. 13, 30, 32). Voluten rollen auch über die Giebel der barock überformten kleinen *Georgenkapelle*, in der heute standesamtlich getraut wird. Ihr angebaut ist der hoch aufstrebende, das Stadtbild dominierende *Hausmannsturm*, er erhielt seine markante achteckige Form 1697 und diente einst als Wachturm. Bescheiden wirkt da fast schon das 1852 im Stil des Spätklassizismus erbaute *Rathaus*.

Nördlich des Marktes liegt die Stadtkirche **St. Nikolai** (13.–15. Jh.) mit merkwürdig gedrungen-mächtigem Äußeren, da ihre Doppelturmfassade kaum den hohen Dachaufbau überragt. Im mittelalterlichen Inneren der dreischiffigen Hallenkirche überrascht eine außergewöhnlich einheitliche Barockausstattung. Die herausragenden Kunstwerke: die mit vielen Figuren und Reliefs meisterlich gestaltete *Sandsteinkanzel* von 1666 – als Kanzelträger sind Moses und Aaron dargestellt –, die voluminöse *Orgel* mit 44 Registern und 3500 Pfeifen von Christoph Donath (1674), der mit Malereien versehene Altaraufsatz (1670), schließlich die von gemalten Draperien hinterfangenen *Epitaphien* an den schlanken Achteckpfeilern. Idyllisch ist ein Spaziergang entlang der fast vollständig erhaltenen **Stadtmauer** und des Stadtgrabens. Dazu gehört der nadelspitz behelmte **Rote Turm**, der 1813 vor der Stadt den Kampf verbündeter russischer und preußischer Soldaten gegen die Truppen Napoleons miterlebte. Das **Niederlausitz-Museum Luckau** (Lange Str. 71, Mi–Fr 10–12 und 14–17, Sa/So 13–16 Uhr) informiert über die Regional- und Stadtgeschichte.

Ausflug

TOP TIPP

Südlich von Luckau erstreckt sich der **Naturpark Niederlausitzer Landrücken** (582 km²) mit dem *Naturschutzgebiet Borcheltsbusch*, in dem von drei Türmen aus Kraniche, Reiher und andere Vögel beobachtet werden können – ein besonderes Erlebnis vor allem im Herbst, wenn die Tiere hier Zwischenstation auf ihrem Weg nach Süden machen!

Im *Höllberghof* (www.hoellberghof.de, April–Okt. tgl. 10–18 Uhr) bei Langengrassau sieht der Besucher, wie einst die Landwirtschaft in der Niederlausitz betrieben wurde.

i Praktische Hinweise

Information

Stadtverwaltung, Am Markt 34, Luckau, Tel. 035 44/30 50, Fax 035 44/50 82 76, www.luckau.de

Fläming – stille Dörfer, alte Städte

Der Fläming ist ein leicht gewölbter eiszeitlich geformter Höhenrücken – eine stille Landschaft, die gern zu Ausflügen und Wanderungen aufgesucht wird. Mit dem 178 m hohen *Golmberg* zwischen Stülpe und Petkus erreicht der **Niedere Fläming** seinen höchsten Punkt. Der **Hohe Fläming** wird – etwas übertrieben – oft das kleinste Mittelgebirge Deutschlands genannt, weil er mit dem *Hagelberg* nahe Belzig Norddeutschlands höchste Erhebung vorweisen kann: einen gerade mal 200 m aufragenden Hügel! Die *Nuthe* bildet die Grenze zwischen dem Niederen Fläming im Osten und dem Hohen Fläming im Westen. Flämische Siedler, die im 12. Jh. von Albrecht dem Bären in den dünn besiedelten Landstrich geholt wurden, gaben der Region ihren Namen.

Beschauliche Dörfer und alte Städte wie **Belzig** und **Jüterbog** mit ihren mittelalterlichen Mauern, Türmen und Kirchen halten viel Historisches bereit. Besondere Geschichtszeugen aber sind Burg Eisenhardt, Schloss Wiesenburg und Burg Rabenstein, deretwegen oft vom **Drei-Burgen-Land** gesprochen wird.

54 Beelitz

Der Spargel hat das Städtchen über die Landesgrenzen hinaus bekannt gemacht.

Um Beelitz gab es vor dem Zweiten Weltkrieg das größte **Spargelanbaugebiet** Deutschlands. Zu DDR-Zeiten war hier der Anbau von etwa 450 ha auf 10 ha zurückgegangen, die spärliche Ernte wurde für ›harte Währung‹ nach West-Berlin verkauft, was übrig blieb, gehörte zur ›Bückware‹ (diese lag unter dem Ladentisch nur für gute Kunden, Freunde und Verwandte verborgen). Vor allem in den 20er-Jahren des vorigen Jahrhunderts hatte das Geschäft geboomt. An diese große Vergangenheit haben die Spargelbauern in den letzten Jahren wieder angeschlossen. In der nur acht Wochen dauernden Erntezeit reisen viele hierher, um frischen Spargel zu kaufen oder in den Gaststätten in unterschiedlichen Varianten zu probieren. Eng wird es in der märkischen Kleinstadt, wenn Ende Mai/Anfang Juni das große **Spargelfest** gefeiert wird.

◁ **Oben:** *Die verwinkelte Dachlandschaft Belzigs überragt behäbig-gluckig die spätromanische Marienkirche*
Unten: *Trutzburg mit barockem Ausrufezeichen – Burg Eisenhardt mit kursächsischer Postmeilensäule (1727)*

Neben den kulinarischen Verlockungen bietet Beelitz einen geschlossenen **historischen Stadtkern**, der anstelle einer Wehrmauer von einer ringförmigen Wohnbebauung umfasst wird. Die bereits 997 urkundlich erwähnte Stadt war ab dem 13. Jh. ein viel besuchter Wunderblut-Wallfahrtsort, Pilgerziel war die um 1370 an die Stadtpfarrkirche **St. Marien** angebaute achteckige **Kapelle**, die im 16. Jh. ihr schönes Sterngewölbe erhielt. Am **Rathaus** (1842) vorbei kommt man zur klassizistischen **Posthalterei** (1789), Poststr. 16, die einst für die Ausspannung von 40 Pferden errichtet wurde und heute als Standesamt und Bibliothek fungiert. Geheiratet wird im attraktiven ›Goethesaal‹, dessen Wände gemalte klassische Landschaften zieren. Markantestes Bauwerk außerhalb des historischen Stadtkerns ist der 40 m hohe **Wasserturm** (1928), der bis 1944 das Zauche-Museum beherbergte.

Bekannt war die Stadt auch als Standort der **Beelitzer Heilstätten**. Die ab 1898 von der Landesversicherungsanstalt Berlin erbaute Klinikanlage, zu der 60 Häuser im englischen Landhausstil gehören, war seinerzeit mit 200 ha das weitläufigste und modernste Lungensanatorium Europas. Bis zur Wende war hier eines der größten russischen Militärkrankenhäuser untergebracht. 1990/91 wurde die Welt darauf aufmerksam, als die Russen Erich

Honecker bis zu seiner spektakulären Ausschleusung nach Moskau hier in der alten Direktorenvilla Asyl gewährten. heute befindet sich auf dem Gelände mit rund 60 denkmalgeschützten Bauten der *Gesundheitspark Beelitz* (www.heilstaetten.beelitz.de).

i Praktische Hinweise

Information

Tourismus-Information, Poststr. 16 (Museum Beelitz), Beelitz, Tel. 03 32 04/391 94, Fax 03 32 04/391 35, www.beelitz.de

55 Belzig

Im burgenreichen Zentrum des Hohen Fläming.

Der erste Weg der Gäste von Belzig führt meist hinauf zur **Burg Eisenhardt**, einer der ältesten Höhenburgen im Brandenburgischen, 997 erstmals genannt. Von der ursprünglichen Anlage blieb jedoch nur der 33 m hohe, ›Butterturm‹ genannte Bergfried (12. Jh.) erhalten, der seinem Besteiger schöne Aussicht auf die umgebende Hügellandschaft und auf das verschachtelt zu Füßen liegende Städtchen Belzig schenkt. Ihr heutiges Aussehen mit den gewaltigen Ringmauern und Bastionen bekam die aufgrund ihrer exponierten Lage zwischen Sachsen, Brandenburg und Magdeburg heiß umkämpfte Feste nach dem Dreißigjährigen Krieg. Zu ihren berühmtesten Gästen zählten Martin Luther (1530) und der russische Zar Peter I. (1712). Das einstige Salzmagazin beherbergt heute ein Hotel, ins Torhaus zog das **Burgmuseum** (Mi–Fr 13–17, Sa/So/Fei 10–17 Uhr) mit seiner heimatkundlichen Sammlung und einem Zinnfiguren-Diorama der Schlacht am Hagelberg. Vor der Burg bekam die nördlichste sächsische *Postmeilensäule* (1727) mit den Initialen von Kurfürst August dem Starken ihren Platz.

Im gut erhaltenen, sympathisch verwinkelten Stadtkern von **Belzig** dominiert die abseits vom kleinen Marktplatz stehende spätromanische Kirche **St. Marien** mit markanter Turmhaube und einer Innenausstattung des 17. Jh. Das vermeintlich barocke **Rathaus** mit Dachreiter am Marktplatz wurde nach einem Brand 1972 nach historischem Vorbild wieder aufgebaut. In den kleinen Gässchen ringsum stehen hübsche Häuser des 17./18. Jh. Nördlich der Stadt errichtete die Firma Siemens um 1900 für ihre Arbeitnehmer eine Heilstätte zur Behandlung von Tuberkulose. Nach 1990 wurde der Komplex zur **Reha-Klinik** erweitert und umfassend modernisiert. Die nahe **Steintherme** (www.steintherme.de) bietet ihren Gästen Sole, Innen- und Außenbecken mit Massagedüsen und Sprudelliegen sowie einen Whirlpool.

Ausflüge

Leicht erwandern kann man die höchste Erhebung Brandenburgs 4 km westlich. Der **Hagelberg** gewährt Überblick über die Landschaft des Hohen Fläming und erinnert gleich mit zwei Denkmälern an den 27. August 1813, als hier ein Verbund preußischer und russischer Truppen Napoleons Garde besiegte und aus Brandenburg vertrieb. Vom alten Denkmal, das 1849 König Friedrich Wilhelm IV. enthüllt hatte, steht nur noch ein Rest. Das neue, große Monument stammt aus dem Jahr 1955.

10 km sind es auf der B 102 von Belzig bis zur Kleinstadt **Niemegk** mit einem imposanten *Renaissance-Rathaus* von 1579. Eine Gedenktafel am Haus gegenüber informiert, dass hier *Robert Koch*, Begründer der wissenschaftlichen Bakteriologie und Nobelpreisträger, seine erste Landarztpraxis hatte. Die neogotische *Backsteinkirche* wurde 1852/53 nach Plänen von Friedrich August Stüler errichtet.

Südwestlich, weitere 10 km entfernt, liegt allein auf steilem Hügel **Burg Rabenstein** (www.burgrabenstein.de, Herberge und Ausschank Mo–Do 8–20, Fr/Sa/So 11–20 Uhr), die einst zu Sachsen gehörte. Immer, wenn Kurfürst August der Starke seinen nordwestlichsten Landesteil besuchte, soll er auf den 28 m hohen *Bergfried* gestiegen sein. Denn die Aussicht von diesem runden Felssteinkoloss war und ist fantastisch. Burg Rabenstein entstand vermutlich im 12. Jh. und vermittelt heute mit Vor- und Hauptburg, Burgkapelle, Rittersaal reinste Ritterromantik. In der *Alten Brennerei* zu Füßen der Burg bietet das **Naturparkzentrum Hoher Fläming** (www.flaeming.net, tgl. 9–17 Uhr) eine Erlebnisausstellung.

Die **Wiesenburg** (www.schloss-wiesenburg.de) schließlich ist von Belzig aus über die B 246 in westlicher Richtung zu erreichen (10 km). Die Burg des 12. Jh. wurde allerdings schon im 16. Jh. in ein Renaissanceschloss verwandelt und im 19. Jh. nochmals historisierend verändert.

Wiesenburg – das stattliche Schloss liegt in einem nach italienischer Manier angelegten Park

Beachtenswert sind das giebelgeschmückte *Torhaus* und der *Hofbrunnen* von 1609. Seit Abschluss der Sanierung Ende 2002 befinden sich im Schloss Büros und Wohnungen, der einstige Rittersaal wird für Konzerte und Theateraufführungen genutzt. Der wunderschöne *Park* im englischen Landschaftsstil überrascht mit ausländischen Gehölzen.

i Praktische Hinweise

Information

Tourist-Information, Straße der Einheit 5, Belzig, Tel. 03 38 41/387 99 10, Fax 03 38 41/387 99 99, www.belzig.com

Hotel

****Burghotel Burg Eisenhardt**, Wittenberger Str. 14, Belzig, Tel. 03 38 41/312 96, Fax 03 38 41/312 97, www.burghotel-belzig.de. Rustikale Gemütlichkeit in den Mauern der historischen Burg.

56 Treuenbrietzen

Zwei Kirchen dominieren den Altstadtkern des ›Sabinchenstädtchens‹.

Alles Sabinchen! – Sabinchenstädtchen wird das liebenswerte Treuenbrietzen gern genannt, man kehrt hier in die Sabinchenklause ein, feiert 3 Wochen nach Pfingsten das Sabinchenfest und im Juni die Sabinchen Festspiele. Der Moritat ›Sabinchen war ein Frauenzimmer (...)‹ verdankt die Kleinstadt seit Mitte des 19. Jh. ihren hohen Bekanntheitsgrad. Demzufolge steht seit 1984 vor dem Rathaus das **Sabinchen**, das aus Liebe zu ihrem Schuster aus Treuenbrietzen der Herrschaft silberne Löffel stahl, vom treulosen

Sabinchen und ihr untreuer Schuhmacher werden alljährlich zum Treuenbrietzener Sabinchenfest neu gewählt

Liebhaber aber erst verlassen und dann sogar umgebracht wurde.

Treu hingegen hielt Briezen trotz Belagerung durch Sachsen und Anhaltiner im Jahr 1348 zu den rechtmäßigen Landesherren, den Wittelsbachern. Daraufhin durfte angeblich dem **Stadtnamen** der Treue-Zusatz vorangestellt werden.

Stattlich wirkt das weißgeputzte **Rathaus**, wie überhaupt hübsche **Bürgerhäuser** (18./19. Jh.) in Fachwerk das Bild von Treuenbrietzen prägen. Spätromanisch (13. Jh.) sind die aus Feld- und Backstein errichtete **Marienkirche** mit einem massiven Westturm, den vier Ziergiebel schmücken (15. Jh.), und Wagner-Orgel von 1740/41 im Inneren, sowie **St. Nikolai**, ganz aus Backstein erbaut, mit geschweifter Turmhaube und ornamentalen Gewölbemalereien des 15. Jh. in der Hauptapsis. Am westlichen Ende der großzügig breiten, von Linden gesäumten Großstraße steht der spätgotische Rundbau der ehem. Heilig-Geist-Kapelle, der mittlerweile das **Heimatmuseum** (Großstr. 1a, Mi–Fr 13–17, Sa/So 10–12 und 13–17 Uhr) beherbergt. Dem Bau aus Feldsteinen wurde im 15./16. Jh. straßenseitig eine Backsteinfassade vorgeblendet und 1936 ein Fachwerkgeschoss sowie sein wirkungsvolles Kegeldach aufgesetzt. Von der Stadtbefestigung blieb der **Pulverturm** erhalten.

i Praktische Hinweise

Information

Stadt- und Tourismusinformation, Großstr. 110, Treuenbrietzen, Tel. 03 37 48/121 02, Fax 03 37 48/747 89, www.sabinchenstadt.de

Restaurant

Reuters Restaurant am Museum, Großstr. 2, Treuenbrietzen, Tel. 03 37 48/1 54 77. Regionale Küche in rustikaler Atmosphäre.

57 Luckenwalde

Stadt in den Niederungen des Baruther Urstromtales.

Für Freunde der Architektur ist die Stadt an der Nuthe besonders interessant, denn sie hat beispielhafte **progressive Bauwerke** der 20er- und 30er-Jahre des 20. Jh. vorzuweisen, die sich an den Bauhausstil anlehnen. Es sind die Siedlungen *Am Anger* (1929) und *Treuenbrietzener Straße* (1921), das *Stadtbad* (1928) und vor allem das Ensemble *Stadttheater-Schule* (1928–30) an der Ecke Theater- und Grünstraße, das durch seine schlichte Strenge besticht: Aneinander gerückten Bauklötzen gleichen die unterschiedlich großen teils reich, teils schlitzartig durchfensterten Kuben. Paul Backes hat diesen Bau errichtet, er war Mitarbeiter der so reformfreudigen Stadtverwaltung, die damals höchst ausdrucksvoll schaffende Architekten wie Bruno Taut oder Erich Mendelsohn, den Erbauer des Einsteinturms, in die Stadt lockten. So fehlt Mendelsohns *Hutfabrik* in der Industriestraße in keiner Architekturgeschichte.

Auch am Markt hat Luckenwalde ein interessantes Bauensemble zu bieten: Der **Marktturm** dient der wenige Schritte

Klassiker der Moderne – das Ensemble Stadttheater-Schule in Luckenwalde

entfernten spätgotischen **Johanniskirche** seit 1484 als Glockenturm. Wann und zu welchem Zweck dieser klotzige, heute mit barockem Mansarddach und Dachreiter gedeckte Turm aufgerichtet wurde, verzeichnet keine Chronik. In der backsteinernen, außen mit schönem *Zierrippengiebel* geschmückten Kirche sind spätgotische Altarfiguren und Fresken an Pfeilern und Nordwand beachtenswert. Am großzügigen Marktplatz und in der Baruther Straße blieben noch einige der typischen zweigeschossigen **Fachwerkhäuser** erhalten. Nachbarn des Marktturms sind das **Rathaus** mit einer spätklassizistischen Fassade und das **alte Schulgebäude** von 1829. Übrigens wurde in Luckenwalde eine Erfindung gemacht, die aus unserer Zeit nicht mehr wegzudenken ist: 1867 ließ sich Papierwarenfabrikant Hermann Hentschel den *Pappteller* patentieren.

Dass Luckenwalde 1285 an das Kloster Zinna verkauft wurde, 1690 zu Brandenburg kam und im 18. und 19. Jh. ein Zentrum der Tuch- und Hutindustrie war, darüber wird im **Heimatmuseum** (Markt 11, Di–Do 10–12 und 13–17, Sa 13–17, So 10–12 und 14–17 Uhr) ausführlich informiert – auch über den märkischen Revolutionär des 20. Jh., *Rudi Dutschke*. Er wurde 1949 bei Luckenwalde geboren, besuchte hier das Gymnasium, durfte in der DDR nicht studieren, ging 1960 in das damalige West-Berlin, wo er in der 68er-Bewegung zum Wortführer rebellierender Studenten aufstieg († 1979).

i Praktische Hinweise

Information

Tourist-Information, Markt 11, Luckenwalde, Tel. 033 71/67 25 00, Fax 033 71/67 25 10, www.luckenwalde.de

Hotel

****Märkischer Hof**, Poststr. 8, Luckenwalde, Tel. 033 71/60 40, Fax 033 71/60 44 44, www.maerkischerhof.de. Freundlich und funktionell eingerichtete Zimmer im Stadtzentrum.

Restaurant

TOP TIPP **Vierseithof**, Haag 20, Luckenwalde, Tel. 033 71/6 26 80, www.vierseithof.com. Das Gourmetrestaurant des Vier-Sterne-Hotels in einem alten Fabrikgebäude bietet leichte saisonale und regionale Küche sowie bodenständigere Kost in der rustikalen Weberstube.

Vorne geziert und hinten trutzig – den Luckenwalder Marktturm adaptierte man als Glockenturm der Johanniskirche

58 Kloster Zinna

Fabelhafte Fresken, ratternde Webstühle und der bekannte ›Klosterbruder‹.

1170 kamen aus der Zisterzienserabtei Altenberg bei Köln ein Abt und zwölf Mönche in das Land östlich der Elbe, sie ließen sich bei Jüterbog nieder und begannen im Auftrag des Magdeburger Erzbischofs Wichmann mit dem politisch motivierten Klosterbau. Denn nach Unterwerfung der Wenden 1157 waren die Zisterzienser – die Bauernmönche »mit dem Kreuz in der Linken, mit Axt und Spaten in der Rechten« – zur Urbarmachung des unwegsamen Geländes die idealen Kolonisatoren. Wegen kriegerischer Auseinandersetzungen konnte die aus behauenen Feldsteinen aufgerichtete **Klosterkirche** allerdings erst 1226 geweiht werden – eine der Ordensregel entsprechend innen wie außen schlichte kreuzförmige Pfeilerbasilika, an deren sacht angespitzten Fenster- und Arkadenbögen sich der Übergang von der Romanik zur frühen Gotik manifestiert. Interessant sind der in gotischen Majuskeln verfasste Engelsgruß im *Chorfußboden*, die Reste des gotischen *Chorgestühls*, die mit Engelsfiguren verzierte *Sakramentsnische* (15. Jh.) sowie die *Glasmalereien* mit den Ordens-

Kloster Zinnas einstige Bedeutung bezeugen die herrlich gestaffelten Giebel **(oben)** *– vorne schlicht blendengeschmückt die Alte (14. Jh.), und hinten aufwendig kleinteilig geziert die Neue Abtei (1450) – wie auch das reizvolle Fresko der hl. Ursula* **(unten)** *in der Abtskapelle, um 1440*

patronen Benedikt und Bernhard in der Hauptapsis, die Anfang des 16. Jh. entstanden.

Die Mönche wurden ihrem Ruf gerecht – bald gehörten rund 300 km² Land, 50 Dörfer der Umgebung, elf Mühlen und eine Pechhütte zum Klosterbesitz. Den Reichtum sieht man dem im 14. Jh. mit blendengeschmücktem Giebel errichteten **Gästehaus** (Alte Abtei) und der prunkvollen **Neuen Abtei** (1450) mit dem hochgotischen Staffelgiebel durchaus an. Im hier untergebrachten **Klostermuseum** (Di–So 10–17 Uhr) wird die Kloster- wie auch die Zisterziensergeschichte erzählt und ein schönes Klostermodell gezeigt, vor allem aber kann man die großartigen *Fresken* (um 1440) in der Abtskapelle bestaunen – eine Anna Selbdritt, eine große und oft als Madonna verkannte hl. Ursula im Schutzmanteltypus und verschiedene andere Heilige –, die zum Schönsten gehören, was die Gotik auf diesem Gebiet hinterlassen hat. Der obere Saal war der Empfangsraum des Abtes. Man kann auch einen Blick in die *Schaudestille* werfen, wozu ein Schluck des weithin bekannten Kräuterlikörs ›Zinnaer Klosterbruder‹ gehört.

Sehr beliebt sind auch **Konzerte** in der Abteikirche, wie sie den ganzen Sommer über etwa anlässlich der *Sommermusiken* (www.kloster-zinna-sommermusiken.de) oder ihm Rahmen des *Fläming Musik Festivals* stattfinden.

Die Reformation bedeutete das Aus für das Kloster, 1553 wurde es säkularisiert. Erst im 18. Jh. entstand das Dorf, als Friedrich II. 1764 in der Nachbarschaft 150 eingeschossige Häuser bauen ließ und darin Weberfamilien aus der Oberlausitz ansiedelte. Die streng geometrische Ausrichtung des **Ortes Kloster Zinna** mit dem achteckigen Marktplatz verdeutlicht noch heute die planmäßige Anlage. In der *Alten Försterei*, heute ein Hotel, soll der König mehrmals übernachtet haben. Aus Dankbarkeit für die Ortsgründung bekam Friedrich II. 1864 mitten auf dem Marktplatz ein *Denkmal* gesetzt, das die kommunistischen Machthaber 1949 entfernten. Seit 1994 steht der ›Alte Fritz‹ aber wieder an seinem angestammten Platz. Das *Alte Zollhaus* erinnert an die Grenze zwischen Preußen und Sachsen, die 1680–1815 hier verlief. In den Innenräumen hat sich das *Webermuseum* (Di–So 10–17 Uhr) einquartiert, in dem historische Webstühle rattern und die Ortsgeschichte vor Augen geführt wird.

Praktische Hinweise

Hotel

****Romantik Hotel Alte Försterei**, Markt 7, Kloster Zinna, Tel. 03372/4650, Fax 03372/406577, www.romantikhotels.com/kloster-zinna. Zeitgemäße Zimmer in der historischen ehem. Försterei aus dem 18. Jh.; vegetarische, französische und regionaldeutsche Küche.

59 Jüterbog

Mittelalterliche Bauten prägen den Hauptort des Niederen Fläming.

Jüterbogs historische Altstadt liegt noch zum Teil im alten Stadtmauerring. An allen drei Hauptzufahrtsstraßen begrüßen den Gast mit Blenden, Friesen und Zinnen geschmückte **Toranlagen** aus dem 15. Jh., jede für sich eine Backsteinzier. Wiekhäuser, Wehrtürme, drei Kirchen und das prachtvolle Rathaus verweisen auf den einstigen Reichtum der blühenden mittelalterlichen Handels- und Handwerkerstadt, der Erzbischof Wichmann schon 1174 Magdeburger Stadtrecht verliehen hatte. Die Stadt richtete später mehrfach Fürstentagungen aus, sah den Ablassprediger Tetzel, dann Thomas Müntzer, Philipp Melanchthon und im Dreißigjährigen Krieg Wallenstein in ihren Mauern.

Vom frühen Wohlstand kündet das spätgotische **Rathaus** (um 1500), das mitten am Markt unter mächtigem Satteldach liegt. *Staffelgiebel* nach Ost und West und besonders reich über dem *Gerichtslaubenvorbau* zum Markt hin schmücken den platzbeherrschenden backsteinernen Bau. An seiner Nordseite verweist die Steinfigur des *hl. Mauritius* (Original von 1507 im Museum) auf die Herrschaft des Erzbistums Magdeburg. Das vom Bürgermeister genutzte *Fürstenzimmer* (Sa 13, So 14 Uhr) im Obergeschoss ist mit seinem Sternengewölbe und der gedrehten Sandsteinsäule ein Meisterwerk spätgotischer Baukunst.

Pferde- und Mönchenstraße führen von hier nach Westen zum eindrucksvollen **Dammtor**, an dem eine Tafel verkündet: ›Wer seinen Kindern giebt das Brodt und leidet nachmals selber Noth, den schlage man mit dieser Keule todt‹. Die Keule, mittelalterliches Zeichen der städtischen Gerichtshoheit, hängt gleich daneben. Vor dem Tor, in der Dammvorstadt, liegt die **Liebfrauenkirche** (um

Wehrhafte Backsteinzier in Jüterbog – das Dammtor mit vorgelagertem Rundturm

Jüterbog: Ein formenreicher Staffelgiebel **(oben)** *sitzt über dem Gerichtslaubenvorbau des spätgotischen Rathauses, die Nikolaikirche birgt eine opulente Orgel aus dem Jahr 1728* **(unten)**

1170). Das älteste Bauwerk der Stadt besitzt eine bemerkenswerte Innenausstattung, hingewiesen sei auf die reich reliefierte *Sandsteinkanzel* (1575) und die Barockorgel von Johann Joachim Wagner.

Die **Mönchenkirche** (1480–1510) im Norden der Stadt gehörte einst zum Franziskanerkloster, sie wurde zur Erbauungszeit im Mittelschiff ausgemalt und wird seit Abschluss der 6,5 Mio. Euro teuren Sanierung im Jahr 2005 als **Kulturquartier Mönchenkloster** (www.moenchenkloster.jueterbog.de) für Konzerte und Veranstaltungen genutzt. Außerdem befindet sich hier das **Stadtmuseum** (Di–So 10–17, Do bis 18 Uhr), das u.a. archäologische Funde und Trachten aus dem Fläminggebiet, Zeugnisse der Stadtgeschichte vom Mittelalter bis ins 20. Jh. und zur Geschichte der Garnison zeigt.

Durch die Kleine Kirchstraße kommt man zur **Nikolaikirche** (14./15. Jh.), deren *Doppelturmanlage* mit den unterschiedlichen Turmhelmen Wahrzeichencharakter hat. Hervorragende Stadt- und Flämingblicke bietet oben die luftige Aussichtsplattform. Vor dem Gotteshaus soll 1517 der Dominikanermönch Johannes Tetzel gerufen haben: »Wenn das Geld im Kasten klingt, die Seele in den Himmel springt.« Die Ablassbriefe waren für Luther der Anlass, im nahen Wittenberg seine 95 Thesen anzuschlagen. Seine Einnahmen bewahrte Tetzel in einer eisenbeschlagenen *Truhe* auf, die sich im Kircheninneren befindet. Zu den vielen wertvollen Ausstattungsstücken zählen ein spätgotischer *Taufstein*, ein fialengeschmücktes *Sakramentshaus* von 1507, der gemalte *Flügelaltar* mit der ›Beweinung Christi‹ aus der Cranach-Schule sowie der vieltürmige *Orgelprospekt*. Ein wahres Schatzkästlein aber ist die *Südkapelle* mit ihrer sehenswerten Ausmalung von 1447 – florale Ornamente und Heilige vom Feinsten!

Spätgotische Wandmalereien gibt es auch in der **Jacobikirche** (13. Jh.) im Ortsteil Neumarkt zu bewundern.

TOP TIPP Nördlich von Jüterbog verläuft die **Fläming-Skate** (www.flaeming-skate.de), Deutschlands längste Asphaltpiste zum Skaten und Radfahren. Die rund 190 km langen und 2 bis 3 m breiten Strecken durch den Niederen Fläming und das Baruther Urstromtal werden von individuell gestalteten Rastplätzen, vielen Übernachtungsmöglichkeiten und interessanten Sehenswürdigkeiten gesäumt.

Ausflug

Eine Geschichtslektion bekommen Besucher in **Dennewitz** (7 km südwestlich von Jüterbog), wo am 6. September 1813 eine wichtige Schlacht gegen Napoleon stattfand. Neun *Denkmäler* erinnern an den Kampf, bei dem 50 000 Mann der preußischen Armee unter den Generälen Bülow und Tauentzien 70 000 Mann der französischen Truppe vernichtend schlugen. Auf einer Anhöhe zwischen Dennewitz und Niedergörsdorf wurde das erste Denkmal bereits 1817 auf Order des preußischen Königs errichtet, ein gusseiserner *Obelisk* nach einem Entwurf von Karl Friedrich Schinkel.

Im **Wildpark Johannismühle** (www.wildpark-johannismuehle.de, Sommerzeit Di–So 10–18, Winterzeit bis 16 Uhr, Hunde dürfen nicht in den Park) in **Klasdorf** (35 km östlich von Jüterbog) leben auf etwa 90 ha großem umfriedeten Gelände über 400 Tiere. Hirsche, Rehe und Ziegen streifen frei im Gelände, Bären, Luchse u.a. sind in Großgehegen untergebracht. Die Rundwege durch den Park haben eine Länge von 3,2 km und 1,8 km.

TOP TIPP Von Klasdorf sind es lediglich 3 km bis zum **Museumsdorf Baruther Glashütte** (www.museumsdorf-glashuette.de, April–Sept. Di–So 10–18, Okt.–März 10–16 Uhr). 1716 nahm hier eine Glashütte die Produktion auf und rundum entstand ein noch heute beeindruckendes Bauensemble (19. Jh.) im einheitlichen Stil. 1980 endete die Produktion, Heimatfreunde retteten das technische Denkmal vor dem Verfall und machten die verträumte Glashütte zu einem Museumsdorf u.a. mit Glasbläserei, Glasmuseum, Glasladen und Töpferei mit Café.

i Praktische Hinweise

Information

Stadtinformation, Mönchenkirchplatz 4, Jüterbog, Tel. 033 72/46 31 41, Fax 033 72/46 34 50, www.jueterbog.de

Hotel

***Hotel Zum Goldenen Stern**, Markt 14, Jüterbog, Tel. 033 72/40 14 76, Fax 033 72/40 16 14, www.hotel-goldener-stern.de. Individuell eingerichtete Zimmer und ein gemütliches Restaurant.

Restaurant

Wirtshaus Zum Grafen Bülow, Dorfstr. 12, Dennwitz, Tel. 03 37 41/72030. Hier gibt es ›General Bülows Siegesschmaus‹ oder ›Landsknechtteller‹.

Dem Helden der Schlacht von Dennewitz – Denkmal für General von Bülow

60 Dahme (Mark)

Kleinstadtidyll am Flüsschen Dahme.

Das Städtchen liegt eingebettet zwischen den östlichen Ausläufern des Niederen Fläming und den Höhen des Lausitzer Grenzwalls. Schon von weitem grüßt, die Stadtsilhouette prägend, der üppig verzierte Turm des backsteinernen **Rathauses** (1893/94) – eines der schönsten in Brandenburg. Seine prächtigen Neorenaissanceformen dominieren die ohnehin großzügige Bebauung der Hauptstraße, die fast schon großstädtisch wirkt. Am heimeligen Töpfermarkt, nördlich davon, fällt ein stattliches, geometrisch reich gegliedertes Fachwerkhaus (1796) auf, das heute Sitz des **Heimatmuseums** (Töpferstr. 16, Mai–Okt. und bei Sonderausstellungen Di–Fr 9–12 und 13–16, So 14–17 Uhr) ist. Hier erfährt der Besucher viel zur Geschichte des Fläming, u.a. dass Dahme im Dreißigjährigen Krieg Wallenstein wiederholt als Hauptquartier gedient hatte, dass die Stadt 1635–1815 unter sächsischer Verwaltung stand und dass einst die Zigarrenproduktion ein wichtiger Erwerbszweig war. Es gibt auch schöne Volkstrachten zu bestaunen und viele Informationen über den Blaudruck, der in der hiesigen Volkstracht große Bedeutung hat – ein spezielles, vor allem im 18./19. Jh. blühendes

Rechteckstudien kann man am Fachwerk des Heimatmuseums von Dahme betreiben

Verfahren zum Bedrucken von Stoffen. Ihre gelängte Turmhaube weist den Weg zur gotischen, vielfach umgebauten und erweiterten Stadtkirche **St. Marien**, die mit einer *Spätrenaissancekanzel* und drei prachtvollen *Kronleuchtern* (17. Jh.) eine wertvolle Innenausstattung besitzt. Von hier führt die Geschwister-Scholl-Straße zur Ruine des **Barockschlosses** (1713–19), Dahme war nämlich 1657–1756 Residenz der Herzöge von Sachsen-Weißenfels.

Ein Spalier Leichtbekleideter des 18. Jh. schmückt den Park von Schloss Wiepersdorf

Der barocke **Schlosspark** wurde 1924 umgestaltet, im Schloss- und Tierpark leben etwa 150 Tiere. Entlang der in großen Teilen erhaltenen **Stadtmauer** (13./14. Jh.), die überwiegend aus Raseneisenstein errichtet wurde, laden Promenaden zum Spaziergang ein. Als einziges Relikt der beiden Stadttore blieb der **Vogelturm** am westlichen Ende der breiten Hauptstraße stehen.

Ausflug

Wiepersdorf (12 km westlich von Dahme; Richtung Jüterbog in Nonnendorf links ab) würde kaum einer kennen, hätte sich nicht 1814 im kleinen *Barockschloss* das Dichterpaar Bettina (geborene Brentano) und Achim von Arnim niedergelassen. Beide liegen im nahen Friedhof neben der Kirche begraben. Das Schloss diente zu DDR-Zeiten Schriftstellern als Arbeits- und Erholungsstätte, Anna Seghers, Christa Wolf, Arnold Zweig und viele andere weilten hier. Als **Künstlerhaus Schloss Wiepersdorf** (www.wiepersdorf.de) beherbergte es 1992–2004 Künstler aus aller Welt. Seit Sommer 2006 wird es für Lesungen, Konzerte, Workshops und Ausstellungen genutzt. Ein kleines *Museum* (Öffnungzeiten erfragen Tel. 03 37 46/ 69 90) dokumentiert Leben und Werk der Armins. Den öffentlich zugänglichen *Park* hat der Maler Achim von Arnim, ein

Enkel des Schriftstellerpaares, neobarock umgestaltet und mit Plastiken des 18. Jh. versehen.

Praktische Hinweise

Information

Tourist-Information, Töpferstr. 17, Dahme (Mark), Tel./Fax 03 54 51/9 15 55, www.dahme.de

Restaurant

Klostergewölbe, Am Kloster 3, Dahme (Mark), Tel. 03 54 51/9 10 51. Regionaltypische und internationale Küche in historischem Gemäuer.

61 Wünsdorf

Vom abgeriegelten Militärstandort zur grünen Wohn- und Kulturstadt.

Jahrzehnte war die B 96 nahe bei Berlin gesperrt. Es musste ein kilometerlanger Umweg über Mellensee und Klausdorf genommen werden, weil die östliche Siegermacht des Zweiten Weltkriegs Wünsdorf bis 1994 besetzt hielt.

Booktown

In Wünsdorf gibt es zahlreiche Antiquariate. Die Idee, eine Booktown, ein Buchantiquariat von der Größe einer ganzen Ortschaft zu schaffen, hatte in den 60er-Jahren des 20. Jh. der Brite Richard Booth. Im walisischen **Hay-on-Wye** realisierte er seine Vorstellung, in bestehenden Gebäuden siedelten sich viele Fachantiquariate an, Restaurants und Cafés gesellten sich dazu. Dieses Konzept fand in Belgien, Frankreich, den Niederlanden, der Schweiz, den USA und Japan viele Nachahmer, insgesamt existieren bisher 19 Bücherstädte weltweit. Nun kann man auch in **Wünsdorf** südlich von Berlin die vielen Bücherkisten und -regale der Antiquariate TOP TIPP einer **Bücherstadt** (www.buecherstadt.com, tgl. 10–18 Uhr) durchstöbern. Wer unter Tausenden von Büchern fündig geworden ist, kann anschließend im Restaurant ›Zum Zapfenstreich‹ (Tel. 03 37 02/606 72, Mo. geschl.), das russische Gerichte anbietet, die gekauften Schätze in aller Ruhe sichten.

Die **militärische Geschichte** des Ortes begann 1906, als der Generalstab des kaiserlich-deutschen Heeres einen Truppenübungsplatz im Raum Zossen-Wünsdorf anlegen ließ. Vor allem in den Jahren 1934/35 entstanden zahlreiche Kasernen. 1939–45 befand sich in Wünsdorf das **Oberkommando des deutschen Heeres**, dessen riesige *Bunkeranlagen* (Informationen über Führungen: Tel. 03 37 02/96 00) mittlerweile zu besichtigen sind. Am 21. April 1945 besetzten Einheiten der Sowjetarmee das Militärgelände, denen auch die **Nachrichtenzentrale Zeppelin** mit den modernsten technischen Einrichtungen der damaligen Zeit in die Hände fiel. Die Sowjets machten Wünsdorf zur **Kommandozentrale** für ihre in Deutschland stationierten Truppen. Sie erweiterten das Militärgelände erheblich, beschlagnahmten zahlreiche Villen, erbauten einen neuen **Kasernenkomplex** sowie westlich der B 96 die Wohnsiedlung **Tschitschendorf**. Die Militär-Turnanstalt mit einer damals sehr modernen Schwimmhalle an der Straße nach Töpchin, in der sich deutsche Sportler auf die Olympischen Spiele 1936 vorbereiteten, nutzten die Sowjets als **Haus der Offiziere**. Es war das kulturelle Zentrum der Garnison, die zuletzt etwa 900 Bauten für rund 30 000 Armeeangehörige umfasste. Das **Garnisonsmuseum** (Sa/So/Fei 11–17 Uhr) informiert über das zivile und militärische Leben auf diesem Gelände von 1910–1994 u.a. mit der Ausstellung ›Russischer Soldatenalltag‹. Auf dem Gelände ist außerdem eine **Bücherstadt** [s. Kasten] entstanden.

Der Bürgermeister der 1998 vereinigten Gemeinden Wünsdorf, Waldstadt und Lindenbrück hat seinen Sitz im neuen **Bürgerhaus**, das aus dem ehem. Offiziersheim und späteren russischen Warenhaus an der B 96 hervorgegangen ist. Ebenfalls an der B 96 sind im **Motorradmuseum** (März–Okt. Sa / So 11–18, Nov.–Febr. So 12–17 Uhr) in einem ehem. kaiserlichen Pferdestall heiße Öfen zu sehen. Ausgestellt sind mehr als 80 Motorräder, Mopeds und Motorroller aus der DDR, darunter die gesamte Reihe MZ aus den Motorwerken Zschopau.

Praktische Hinweise

Information

Bücherstadt-Tourismus, Gutenbergstr. 1, Wünsdorf, Tel. 03 37 02/96 00, Fax 03 37 02/960 20, www.buecherstadt.com

Original
Spreewälder
Gurken
Krügermann, seit 1896
Original
Spreewälder
Gurken
Krügermann, seit 1896
Echte Lübbenauer
Spreewald Produkte

SPREEWALD-MUSEUM

Brandenburg aktuell A bis Z

Vor Reiseantritt

ADAC Info-Service:

Tel. 018 05/10 11 12, Fax 018 05/30 29 28 (0,12 €/Min.)

ADAC im Internet: www.adac.de
www.adac.de/reisefuehrer

Brandenburg im Internet:
www.reiseland-brandenburg.de
www.brandenburg.de

Bei allgemeinen Fragen zu Brandenburg als Reiseland hilft die **Tourismus-Marketing Brandenburg GmbH**, Informations- und Buchungsservice, Am Neuen Markt 1 (Kabinetthaus), 14473 Potsdam, Tel. 03 31/ 29 87 30, Fax 03 31/298 73 73, info@reiseland-brandenburg.de

Detaillierte Auskünfte zu den einzelnen Reiseregionen Brandenburgs erteilen die **Regionalverbände**.

Fremdenverkehrs- & Kulturverein Prignitz,
Wittenberger Str. 90, 19348 Perleberg, Tel. 038 76/61 69 73, Fax 038 76/61 34 84, www.dieprignitz.de

Tourismusverband Oder-Spree-Seengebiet,
Berliner Str. 30, 15848 Beeskow, Tel. 033 66/25 33 00, Fax 033 66/25 33 22, www.oder-spree-seengebiet.de

WITO Barnimer Land,
Alfred-Nobel-Str. 1, 16225 Eberswalde, Tel. 033 34/591 00, Fax 033 34/593 37, www.barnim.de

Tourismusverband Dahme-Seen,
Am Bahnhof, 15711 Königs Wusterhausen, Tel. 033 75/252 00, Fax 033 75/25 20 11, www.dahme-seen.de

Tourismusverband Havelland,
Märkischer Pl. 3, 14712 Rathenow, Tel. 033 85/519 00, Fax 033 85/51 90 10, www.havelland-tourismus.de

Tourismusverband Märkisch-Oderland,
Küstriner Str. 65, 15301 Seelow, Tel./Fax 033 46 /20 11 88, www.mol-t.de

Tourismusverband Niederlausitz,
Schlossbezirk 3, 03130 Spremberg, Tel. 035 63/60 23 40, Fax 035 63/60 23 42, www.niederlausitz.de

Tourismusverband Ruppiner Land,
Fischbänkenstr. 8, 16816 Neuruppin, Tel. 033 91/35 78 90, Fax 033 91/35 79 07, www.ruppiner-reiseland.de

Tourismusverband Spreewald,
Lindenstr. 1, 03226 Raddusch, Tel. 03 54 33/722 99, Fax 03 54 33/722 28, www.spreewald.de

Tourismusverband Fläming,
Küstergasse 4, 14547 Beelitz, Tel. 03 32 04/628 70, Fax 03 32 04/61 87 61, www.reiseregion-flaeming.de

Tourismus Marketing Uckermark GmbH, Grabowstr. 6,
17291 Prenzlau, Tel. 039 84/83 58 83, Fax 039 84/83 58 85, www.tourismus-uckermark.de

Allgemeine Informationen

Tourismusämter

Tourismusämter oder Kurverwaltungen der einzelnen Orte sind unter den jeweiligen ›Praktischen Hinweisen‹ zu finden oder bei Tourismus-Marketing Brandenburg GmbH oder den Regionalverbänden (s. oben) zu erfragen.

◁ **Oben:** *Verwöhnland – Kulinaria selbst einkaufen oder freundlich in Empfang nehmen*
Mitte: *Gaudiland – Unterhaltung beim Kahnkorso in Lehde oder aktiv beim Reiten*
Unten: *Wasserland – Aalräucherei und Surfer nutzen die vielen Gewässer Brandenburgs*

Notrufnummern

Polizei, Tel. 110

Feuerwehr, Notarzt, Tel. 112

ADAC-Pannendienst,
Tel. 0 18 02/22 22 22 (0,06 €/Anruf), Mobil-Tel. 22 22 22

ADAC-Ambulanzdienst München:
Tel. 00 49/89/76 76 76 (rund um die Uhr)

ADAC-Rettungshubschrauber,
Tel. 110 oder 112

ADAC Stau-Info:
Mobil-Tel. 224 99 (0,51 €/Anruf plus Verbindungskosten)

ADAC-Geschäftsstellen:
Ritterstr. 102, 14770 Brandenburg
An der Autobahn 3, 15236 Frankfurt (O.)
Jägerallee 16, 14469 Potsdam

Österreichischer Automobil Motorrad und Touring Club
ÖAMTC Schutzbrief-Nothilfe:
Tel. 00 43/(0)1/251 20 00

Touring Club Schweiz
TCS Zentrale Hilfsstelle:
Tel. 00 41/(0)224 17 22 20

Behinderte

Für Menschen mit Behinderungen bestehen im Land Brandenburg zahlreiche touristische Angebote. Die Tourismus-Marketing Brandenburg GmbH hat einen Reiseführer für Menschen mit Behinderungen herausgegeben, der auf Anforderung zugeschickt wird.

Grenzübergänge nach Polen

Obwohl Polen EU-Mitglied ist, gelten für eine Übergangszeit bis 31.12.2008 noch Einfuhrbeschränkungen bei der Rückreise von Polen nach Deutschland; insbesondere ist die Mitnahme von Zigaretten auf 200 Stück für den persönlichen Gebrauch begrenzt.

Anreise

Auto

Aus allen Himmelsrichtungen führen Autobahnen auf Berlin zu – A 9 und A 13 aus dem Süden, A 2 aus dem Westen, A 12 aus östlicher, A 24 und A 11 aus nördlichen Richtungen –, die viele der großen in diesem Reiseführer vorgestellten Städte tangieren: Potsdam, Brandenburg, Frankfurt (Oder), Cottbus, Lübbenau, Lübben, Wittstock, Neuruppin. Den Großraum Berlin umgibt in großem Bogen ein Autobahnring.

Umfangreiches **Informations-** und **Kartenmaterial** können ADAC-Mitglieder in Deutschland kostenlos anfordern unter Tel. 0 18 05/10 11 12 (0,12 €/Min.).

Bahn

Berlin ist mit dem **ICE** erreichbar, von dort ist Potsdam mit der Regional- oder der S-Bahn schnell zu erreichen.

Fahrplanauskunft:

Deutschland
Deutsche Bahn,
Tel. 118 61 (gebührenpflichtig),
Tel. 08 00/150 70 90 (sprachgesteuert)
www.bahn.de

Deutsche Bahn AutoZug,
Tel. 018 05/24 12 24, www.autozug.de

Österreich
Österreichische Bundesbahn,
Tel. 05 17 17, www.oebb.at

Schweiz
Schweizerische Bundesbahnen,
Tel. 09 00 30 03 00, www.sbb.ch

Aus dem Südwesten (Zürich, Basel, Freiburg, Offenburg, Karlsruhe, Mannheim und Frankfurt/ Main) errreicht man Brandenburg über Berlin mit dem **Nachtreisezug** ›Berliner‹ der City-Night-Line, Tel. 018 05/21 34 21, www.citynightline.ch

Flugzeug

Berlin hat drei Flughäfen: **Tegel, Schönefeld** und **Tempelhof**, allerdings soll Tempelhof im März 2007 geschlossen werden. Von allen Flughäfen erreicht man mit öffentlichen Verkehrsmitteln rasch die Fernbahnhöfe, von denen Züge ins brandenburgische Umland abfahren.

Schiff

Mit dem Boot im wasserreichen Brandenburg zu schippern ist eine Wonne! Von Berlin aus sind viele Gegenden mit dem eigenen oder gemieteten Sportboot zu erreichen. Reizvoll ist die Anreise mit dem Boot über die Mecklenburgische Seenplatte oder über Elbe und Oder.

Auskünfte zu Segelhäfen, Schleusen und Anlegestellen erteilt die Tourismus-Marketing Brandenburg GmbH [s. S. 131].

Bank und Post

Bank

In großen Städten finden sich Niederlassungen zahlreicher Banken, jedoch mit unterschiedlichen Öffnungszeiten. Geldautomaten sind allenthalben vorhanden.

Post

Nur in den größeren Städten sind die Schalter der Postämter Mo–Fr durchgängig geöffnet, am Sa ist entweder gar nicht oder nur für 1 oder 2 Std. offen. In den Dörfern – soweit es eine Poststelle gibt – wird nur stundenweise geöffnet.

Einkaufen

Öffnungszeiten

In den Zentren der größeren Städte haben die Geschäfte wie überall in der Bundesrepublik geöffnet, in den Kleinstädten und den Dörfern wird Mo–Fr 9/10 Uhr geöffnet und meist um 18 Uhr geschlossen, am Sa um 12/13 Uhr. Auf dem Lande und in Kleinstädten gibt es oft eine ein- oder zweistündige Mittagspause.

Lebensmittel

Viele **ostdeutsche Produkte** waren nach der Einheit verschwunden, weil sie im Westen unbekannt waren und von den großen Handelsketten nicht ins Angebot genommen wurden. Das hat sich mittlerweile verändert, in den Regalen zwischen Potsdam und Cottbus, Schwedt und Jüterbog stehen wieder viele der alten regionalen Produkte. Wer im **Spreewald** weilt, fährt selten ohne *Spreewälder Meerrettich* oder *Spreewälder Gurken* nach Hause. In der Gegend von **Werder** bieten Bauern frisch geerntetes *Obst* am Straßenrand oder auf Märkten an, zur *Spargelzeit* kauft man das Edelgemüse in der **Beelitzer Gegend** frisch gestochen.

Souvenirs

Beliebt sind **Spreewälder Trachtenpuppen** sowie kunstvoll verzierte und **bemalte Ostereier**. **Blaudruck**, der traditionell zur Tracht der Sorben gehört, wird in den meisten Spreewaldorten angeboten. *Brot-* und *Zwiebelbeutel* sowie *Tischdecken* aus Blaudruckstoff sind als Souvenir geschätzt. In der Spreewaldgemeinde Burg arbeitet noch ein **Holzpantoffelmacher**, der die Pantinen auf Wunsch jedem Fuß anpasst.

Gern gekauft werden seit jeher **Keramiken**, künstlerisch anspruchsvolle Ware entsteht in Marwitz bei Velten und in Rheinsberg, wo es zwei Keramikhersteller gibt. In Neuruppin sind attraktive Nachdrucke der berühmten **Bilderbogen** zu erhalten, die jahrzehntelang von der Kleinstadt aus ihre Reise in die Welt antraten. In Potsdam werden gern **Kassetten** mit ›Das Glockenspiel der Garnisonkirche zu Potsdam‹ sowie ›Märsche und Kammermusik am Hofe Friedrich des Großen‹ gekauft. Das Angebot an **Bildbänden** ist überall groß, Theodor Fontanes **›Wanderungen durch die Mark Brandenburg‹** hat jede Buchhandlung in ihrem Angebot.

Essen und Trinken

1756 erließ Friedrich der Große einen Befehl, mit dem er die Bauern zwang, **Kartoffeln** als Grundnahrungsmittel anzubauen. Die ersten sollen im Fläming in die Erde gekommen sein. Von hier aus begann angeblich der Siegeszug des Erdapfels durch die Länder des späteren Deutschlands. Wen wunderts da noch, wenn in Brandenburg Kartoffeln zum Hauptgericht gehören. In der *Uckermark* allerdings wird mancher Gast überrascht sein, wenn er nach bejahter Kellnerfrage »Mit Nudeln?« später Kartoffeln auf dem Teller findet. In dieser Ecke nordöstlich von Berlin werden die Erdäpfel ›Nudel‹ genannt, warum, das vermag keiner so recht zu sagen. Fakt ist: Die Uckermärker mögen Kartoffeln und deshalb stehen ›Nudel‹-Gerichte in vielen Varianten auf den Speisekarten, in den ersten Oktoberwochen finden sogar **Uckermärkische Nudelwochen** statt.

Zu DDR-Zeiten war die Küche oft eintönig, es fehlte der Wettbewerb, es fehlte aber vor allem an den erforderlichen Zutaten. Die Köche konnten in die Kochtöpfe und Pfannen nur geben, was ihnen zugeteilt wurde. Das hat sich geändert. Neben Internationalem kommt nun spezifisch Regionales aus den Küchen, vielfach zubereitet nach alten Familienrezepten. Klar, dass im wasserreichen Brandenburg frisch gefangener **Fisch** auf den Tellern dominiert. Jede Region hat so ihre Besonderheiten. In der Peitzer Gegend beispielsweise gilt der *Karpfen* als Klassiker, im Spreewald der *Hecht*. Was darüber hinaus noch ›typisch spreewälderisch‹ ist, belegt folgender alter Spruch: ›Was macht den Spreewälder stark, **Leinöl** und **Quark**‹. Um Beelitz mundet im Mai und im Juni der **Spargel**, der in diesem traditionsreichen Anbaugebiet prachtvoll wächst. **Suppen**, aus Fisch, Gemüse oder Kartoffeln hergestellt, sind in allen Regionen schmackhaft.

Im Fläming, vor allem zur Fastnachtzeit, gibt es nachmittags **Klemmkuchen**. Das Backutensil, das Klemmeisen, gab dem knusprigzarten Backwerk seinen Namen.

Noch warm wird der Klemmkuchen zu einer Tüte oder Rolle geformt und meist mit Sahne gefüllt. Das **Fürst-Pückler-Eis**, aus mehreren unterschiedlichen Schichten halbgefrorener Sahne hergestellt, hat in der Heimat des Fürsten jede gute Konditorei im Angebot.

Und sollte jemand zu viel oder zu fett gegessen haben, so greife er zum Kräuterlikör **Zinnaer Klosterbruder**, der eine wohltuende Wirkung ausübt.

In kleineren Städten und auf dem Land haben die Gaststätten vielfach ein oder zwei Ruhetage, die häufig wechseln. Wer sicher gehen möchte, dass ein Restaurant geöffnet hat, sollte sich vorher telefonsich erkundigen.

Einige Spezialitäten

Grüner Aal in Marinade: Gehäuteter, im siedenden Gewürzsud gegarter und in Marinade **eingelegter Aal**.

Havelzander mit Meerrettichbutter: Zanderstücke in Brühe gegart, die mit in zerlassener Butter eingerührtem Meerrettich **begossen werden**.

Hecht in Spreewaldsoße: Im Wurzelsud gegarte Hechtstücke, serviert werden sie mit der aus dem Sud, Buttermilch, Sahne und Bier hergestellten Soße.

Hefeplinsen: Goldbraun gebackene, mit zerlassener Butter beträufelte Eierkuchen, bestreut mit Zucker und Zimt oder mit Konfitüre bzw. Pflaumenmus bestrichen.

Kartoffelsuppe: Fleischbrühe mit Kartoffelstückchen, Speck, Zwiebel, Suppengrün und gerösteten Weißbrotwürfeln.

Märkisches Kotelett: In Mehl gewälzte gebratene Koteletts auf Kartoffelpuffern angerichtet.

Quark mit Leinöl: Mit Milch, Petersilie, Salz, Pfeffer und Kümmel angerührter Quark, in einer eingedrückten Vertiefung fein gehackte Zwiebel mit Leinöl darüber, dazu Pellkartoffeln.

Feste und Feiern

Feiertage

Gesetzliche Feiertage sind Neujahr, Karfreitag, Ostermontag, 1. Mai (Tag der Arbeit), Himmelfahrt, Pfingstmontag, 3. Oktober (Tag der Deutschen Einheit), 31. Oktober (Reformationstag – in Berlin kein Feiertag!), 1. und 2. Weihnachtsfeiertag.

Feste

Brandenburger feiern viel und oft. Vor allem vom Frühjahr bis zum späten Herbst finden zahlreiche Feste und Märkte statt: **Dorf-, Sommer-, Herbst-, Ernte-, Schützen-, Reiterfeste** und im Dezember dann **Weihnachtsmärkte**. In einigen Regionen ist das Abbrennen des **Osterfeuers** und das Aufstellen der **Maibäume** üblich. In der Heimat der Sorben bestimmen deren Volksbräuche den Jahresablauf. Ein beliebter sorbischer Brauch ist das **Hahnrupfen**, bei dem Reiter versuchen, im Galopp nach einem hoch hängenden Hahn zu greifen. Viele Feste und Märkte haben eine lange Tradition, so der **Martinimarkt** in Neuruppin. Am Martinstag, dem 11. November, waren Pacht und Zins zu zahlen. An diesem Tag war man also eine Menge Belastungen los, konnte unbeschwert auf die kommenden Monate schauen. Zum anderen erhielten an diesem Tag die Mägde und Knechte ihren Lohn für die vergangenen Erntewochen gezahlt. Also Grund genug, sich zu amüsieren und sich einzukleiden. Der Martinimarkt bot dazu reichlich Möglichkeiten; 1655 fand er erstmals statt, nachdem der Kurfürst das Privileg erteilt hatte.

Die einzelnen Tourist-Informationen geben Auskünfte über Veranstaltungen und Termine in ihrem Gebiet.

April

Werder: Traditionelle Festmeile und Baumblütenball beim *Baumblütenfest* am Ende des Monats, der Obstwein fließt oft reichlich (www.baumbluetenfest.de).

Potsdam: Mit ›Leinen los!‹ und einer 3-std. Korsofahrt nach Caputh starten die *Potsdamer* Fahrgastschiffe in die Saison.

Juni

Brandenburger Landpartie: Beim Tag des offenen Hofes am 2. Wochenende lassen sich Landwirte über die Schulter schauen, dazu gibts Dorffeste und vielerlei Kulturveranstaltungen im ganzen Land (www.natuerlich-brandenburg.de).

Bernau: Die *Hussitenfestspiele* am 2. Wochenende sind ein Spektakulum mit Ritterspielen, Markttreiben, Bänkelgesängen, historischen Gewerken und Umzug (www.hussitenfest.de).

Freedersdorf: Ein Spass für Jung und Alt ist das *Freedersdorfer Bettenrennen* mit Bettenball und Feuerwerk an Pfingsten (www.freedersdorfer-bettenrennen.de).

Treuenbrietzen: Viel Trubel um einen schamlosen Verführer gibt es Mitte des Monats bei den traditionellen *Sabinchenfestspielen*.

Juli

Fürstenberg/Havel: Das *Brandenburger Wasserfest* mit Konzerten und einem Schiffskorso ist das größte Volksfest in der Prignitz.

Kyritz: Allerlei Betriebsamkeit am 1. Wochenende beim *Altstadtfest*.

Burg Rabenstein: Markt und mittelalterliches Spektakel laden am 2. Wochenende zum *Burgfest* ein.

August

Lübbenau: Traditionelles Handwerk, Musik und Spezialitäten beim *Hafenfest* Anfang des Montas rings um den Großen Spreewaldhafen.

Peitz: Mittelalterliches Schauspiel, Spiel und Sport rings um das *Fischerfest* am 2. Wochenende.

Brandenburg: Buntes Markttreiben, Sportaktionen an und auf dem Wasser sowie Tanz, Musik und Feuerwerk werden zum *Historischen Hafenfest* am 3. Wochenende in der Innenstadt geboten.

Burg: Der prachtvolle Trachtenumzug mit mehr als 1000 Mitwirkenden bildet den Höhepunkt des *Heimat- und Trachtenfestes* am letzten Wochenende des Monats.

Belzig: Beim *Altstadtsommer* Ende August werden der Markt und mehr als 30 Höfe zu Showbühnen.

Finsterwalde: Alle zwei Jahre (2006, 2008 …) wird mit Chorkonzerten und einem Festumzug das *Sängerfest* begangen (www.finsterwalder-saengerfest.de).

September

Neustadt/Dosse: Sonntag *Hengstparaden* auf dem Turnierplatz des Gestüts.

Templin: Vielseitige Darbietungen beim *Stadtmauerfest* am 2. Wochenende.

Lübben: Der traditionelle Kahnkorso bildet den Höhepunkt des *Spreewaldfestes* am 3. Wochenende.

Oktober

Rheinsberg: Beim großen *Töpfermarkt* am 2. Wochenende präsentieren Kunstkeramiker und Töpfermeister aus mehreren Bundesländern ihre Erzeugnisse.

Schlepzig: Das Abfischen der Teiche geht mit dem *Fischerfest* einher.

November

Neuruppin: Pferdemarkt, Oldtimerschau, bunte Buden und vieles mehr gibt es beim traditionellen *Martinimarkt*.

Klima und Reisezeit

Das Klima in Brandenburg ist überwiegend mild, Neuruppin hat eine Jahresdurchschnittstemperatur von 8,3 °C. Mit **Niederschlagsmengen** zwischen 470 und 650 mm im Jahr gehört das Bundesland Brandenburg nicht zu den regenreichsten in Deutschland. Durch die üppige Pflanzenwelt und die geringe Industrialisierung in vielen Gegenden Brandenburgs ist die **Luft** besonders sauerstoffhaltig und rein.

Reisezeit ist das ganze Jahr über, denn auch Frühjahr, Herbst und Winter haben ihre Reize. In fast allen Reiseregionen finden sich selbst in den Ferienmonaten ruhige Plätze. Lediglich in den traditionellen Kahnabfahrtsorten im **Spreewald** geht es vor allem an den Sommerwochenenden sowie zu Pfingsten betriebsam zu.

Klimadaten Potsdam

Monat	Luft (°C) min./max.	Wasser (°C)	Sonnen-std./Tag	Regen-tage
Januar	-3/ 2	2	2	10
Februar	-2/ 4	3	3	9
März	0/ 8	5	4	8
April	4/13	10	5	9
Mai	8/19	16	7	10
Juni	11/22	20	7	10
Juli	13/23	22	7	9
August	12/23	22	7	9
September	9/19	18	5	9
Oktober	6/13	13	4	8
November	2/ 7	8	2	10
Dezember	-1/ 3	4	1	11

Kultur live

Fast täglich finden **Konzerte** statt, musiziert wird in Dorfkirchen, Klöstern, Herrenhäusern, Schlössern sowie unter freiem Himmel. Auf dem Programm stehen historische Vokalmusik ebenso wie Streichquartette oder Opernaufführungen und zeitgenössische Musik. Auch **Theater** und **Literatur** werden geboten. Die jeweiligen Tourist-Informationen geben Auskünfte. Auch unter www.kulturfeste.de findet man Veranstaltungshinweise.

März

Musikfesttage an der Oder: Klassische Musik beiderseits der deutsch-polnischen Grenze (www.muv-ffo.de).

April

Lehniner Sommermusiken: Viel besuchte Konzertreihe (bis September) in der Zisterzienserklosterkirche, die eine sehr gute Akustik aufweist (www.lehniner-sommermusiken.de).

Caputher Musiken: Klassik und Jazz (bis Dezember) in Caputh (www.caputher-musiken.de).

Mai

Potsdamer Tanztage: Solisten und Ensembles präsentieren ihre neue Produktionen (auch noch im Juni).

Klassik im Grünen: Sommerliche Konzertreihe (bis August) im Schlosspark Buckow in der Märkischen Schweiz (www.klassik.maerkischeschweiz.com).

Potsdamer Hofkonzerte Sanssouci: Die Reihe (bis Dezember) widmet sich der Pflege preußischer Hofkultur, aber auch der Moderne. Hauptveranstaltungsort ist das Schlosstheater im Neuen Palais (www.potsdamer-hofkonzerte.de).

Juni

Sommerkonzerte Belzig: Veranstaltungsort ist die Stadtkirche St. Marien mit ihrer Orgel aus der Mitte des 18. Jh.

Fläming-Musikfestival Jüterbog: Chöre und Solisten bieten, umrahmt von mittelalterlicher Baukunst, vielfältige Konzerte.

Musikfestspiele Potsdam-Sanssouci: Erstklassige Orchester- und Solo-Konzerte in und vor berühmten Schlössern (www.musikfestspiele-potsdam.de).

Brandenburger Klostersommer: Theater, Oper, Operette, Konzert (auch im Juli) vor romantischer Kulisse (www.event-theater.de).

Choriner Musiksommer: Klassische Musik (bis August) in der Klosterruine (www.choriner-musiksommer.de).

Kammeroper Schloss Rheinsberg: Internationales Festival (bis August) fördert junge Sängerinnen und Sänger (www.kammeroper-schloss-rheinsberg.de).

Brandenburgische Sommerkonzerte – Klassiker auf Landpartie: Musik an landschaftlich schönen Orten (bis September, www.brandenburgische-sommerkonzerte.de).

August/September

Uckermärkische Musikwochen: Zusammenspiel von Musik, Natur und Architektur – Konzerte in schönen Kirchen, Schlössern und Herrenhäusern.

September

Festival Alter Musik in Bernau: Hervorragende Solisten, Chöre und Orchester spielen und singen; Kirchenführungen, Kunst- und Büchermarkt ergänzen das Festival (www.altemusik.de).

November

FilmFestival Cottbus: Einzigartiges Forum des osteuropäischen Films (www.filmfestivalcottbus.de)

Kuren

Das Kur- und Bäderwesen hat in Brandenburg eine mehr als 300-jährige Tradition. Nach der Einheit wurden vorhandene Kliniken modernisiert, andere neu erbaut. Gekurt werden kann in mehr als zwei Dutzend Orten.

Brandenburgischer Kurorte- und Bäderverband,
Lindenstr. 9, 19336 Bad Wilsnack,
Tel. 03 87 91/804 30, Fax 03 87 91/804 31
www.kurorte-land-brandenburg.de

Museen, Gedenkstätten, Kirchen

Die Museumslandschaft ist reich, mehr als 150 **Museen** und **Gedenkstätten** werden unterhalten – von der kleinen Heimatstube bis zu bedeutenden Kunstmuseen. Letzter Einlass ist meist etwa 30 Min. vor der Schließzeit und Montag ist meist Ruhetag. Etliche **Schlösser** schließen im Herbst und öffnen erst wieder im Frühjahr.

In **Sachsenhausen** und **Ravensbrück** erinnern Gedenkstätten an das dunkelste Kapitel deutscher Geschichte.

Wer **Kirchen** besichtigen will, muss meist nach dem Schlüssel fragen.

Naturschutzgebiete

Zum Bundesland Brandenburg gehören der **Nationalpark Unteres Odertal** (105 km^2), die **Biosphärenreservate** *Schorf-*

heide-Chorin (1291 km²), *Flusslandschaft Elbe* (davon 539 km² in Brandenburg) und *Spreewald* (484 km²) sowie die **Naturparks** *Barnim* (650 km²), *Hoher Fläming* (827 km²), *Märkische Schweiz* (205 km²), *Niederlausitzer Landrücken* (582 km²), *Niederlausitzer Heidelandschaft* (484 km²), *Schlaubetal* (227 km²), *Nuthe-Nieplitz* (623 km²), *Westhavelland* (1315 km²), *Dahme-Heideseen* (594 km²) Steclhlin-Ruppiner Land (800 km²) und *Uckermärkische Seen* (895 km²).

In den Naturschutzgebieten ist der Mensch Gast. Totalreservate (Schutzzone I) dürfen nicht betreten werden, in den Schutzzonen II ist das Sammeln von Beeren, Pilzen, Kräutern und Mineralien verboten, Tiere sind nicht zu beunruhigen, die Wege nicht zu verlassen. Angeln oder Hunde frei laufen zu lassen ist ebenfalls nicht erlaubt.

Landesanstalt für Großschutzgebiete, Haus am Stadtsee 2–4, 16225 Eberswalde, Tel. 033 34/582 20, Fax 033 34/58 22 44, www.grossschutzgebiete.brandenburg.de

Sport

Das üppige Sportangebot nimmt immer noch zu. Tennisplätze, Kegel- und Bowlingbahnen sind reichlich vorhanden. **Golfplätze** in Prenden, Bad Saarow-Pieskow und Motzen bieten Schnupper- und Intensivkurse an. Besonders abwechslungsreiche **Wassersportmöglichkeiten** bieten die Seen: Schwimmen, Baden, Paddeln, Rudern, Surfen, Segeln, Wasserski und Tauchen. Im Winter wird auf den zugefrorenen Wasserflächen Schlittschuh gelaufen. Auch Fallschirmspringen und Ballonfahren sind möglich.

Auch das Angebot an **Wettkämpfen** ist reich: Auf der *Regattastrecke* des Beetzsees bei Brandenburg finden internationale Konkurrenzen statt, auf dem *Golfplatz* in Motzen Turniere und die *Fußballmannschaft* Energie Cottbus hat schon bundesweit für Furore gesorgt.

Angeln

Von Aal bis Zander wird in den Seen fast alles gefangen, Hecht, Blei und Barsch kommen besonders zahlreich vor. In einigen Zuchtanlagen kann man auch Karpfen und Forellen fangen. In Seen mit besonders guter Wasserqualität schwimmt sogar die Maräne. Freier Fischfang ist nicht gestattet, man muss man einen **gültigen Fischereischein** haben und eine **Angelkarte** erwerben, die Eigentümer, Pächter oder Fischer ausstellen. Wer ohne diese Dokumente angelt, begeht Fischwilderei und macht sich strafbar.

Baden

Viele brandenburgische Seen haben **Badestellen** oder beaufsichtigte Freibäder. In fast allen kann man bedenkenlos baden. Zur Sicherheit werden Mai – Sept. an allen offiziellen Badestellen im Abstand von zwei Wochen Wasserproben entnommen und gemäß EU-Normen überprüft. Sollten die Grenzwerte überschritten werden, sperrt das zuständige Gesundheitsamt die Badestelle.

In **Kanälen** und anderen Gewässern mit beträchtlichem Schiffsverkehr ist Baden nicht gestattet. Zu den Schiffsanlegestellen des öffentlichen Verkehrs müssen Badende eine Distanz von 50 m, ober- und unterhalb von Brücken, Wehren und Schleusen von 100 m einhalten.

Radfahren

Wegen der geringen Höhenunterschiede eignet sich Brandenburgs Landschaft bestens zum Radfahren. Fahrräder stehen in allen größeren Ferienorten und vielen Hotels zum Mieten bereit. Aktuelle **Routen** mit genauen Wegbeschreibungen teilen die Tourist-Informationen am Ort mit. Geführte Radtouren durch Potsdam und in die Umgebung bietet z. B. potsdam per pedales e. V., Bahnhof Griebnitzsee, Potsdam, Tel./Fax 03 31/748 00 57, www.potsdam-per-pedales.de. Eine besondere Art des Radfahrens ist zwischen Templin und Fürstenberg (Havel), Töpchin und Mittenwalde sowie Zossen und Jüterborg möglich – dort warten **Draisinen** auf Gäste.

Reiten

In fast allen Regionen haben sich Reiterhöfe etabliert, die Anfängern wie Geübten Reiten anbieten. Reitlehrer stehen oftmals zur Verfügung. Auch Kutsch- oder Kremserfahrten sind möglich.

Landurlaub in Brandenburg, Am Rauchfang 6, 14469 Potsdam, Tel. 03 31/50 00 37, Fax 03 31/50 08 32, www.landurlaub-brandenburg.de

Skaten

Zwischen Jüterbog, Luckenwalde und Petkus ist ›Fläming Skate‹ ausgewiesen,

Deutschlands längste Asphaltpiste zum Skaten und Radfahren (auch für Rollstuhlfahrer geeignet). Sie ist 2-3 m breit und mit mehreren Rundkursen insgesamt rund 190 km lang. Auskunft:

Tourismusverband Fläming, Küster-gasse 4, 14547 Beelitz, Tel. 03 32 04/628 70, Fax 03 32 04/61 87 61, www.flaeming-skate.de

Wandern

Brandenburgs vielfältige Landschaft ist geradezu prädestiniert für Wanderungen. Die Wanderwege sind ausgeschildert, interessant sind Naturlehrpfade, weil dort viel Wissenswertes vermittelt wird. Die einzelnen Tourist-Informationen haben für ihr Gebiet meist Wanderkarten, Routenbeschreibungen sowie viele Empfehlungen parat. Routenvorschläge und Karten beim:

Deutscher Wanderverband, Wilhelmshöher Allee 157–159, 34121 Kassel, Tel. 05 61/938 73 13, Fax 05 61/938 73 10, www.wanderbares-deutschland.de

Wassersport

Da viele Seen miteinander verbunden sind, sind ausgedehnte wie auch höchst vergnügliche **Wasserwanderungen** mit dem eigenen oder einem gemieteten Boot möglich. Tret-, Paddel- und Ruderboote liegen genauso wie Surfbretter oder Segelboote an zahlreichen Seen und Wasserwegen zum Ausleihen bereit.

Allgemeine Informationen für Wassertouristen erteilt die **ADAC-Sportschifffahrt** (Tel. 089/767 60, www.adac.de/sportschifffahrt). Dort erhält man auch eine Liste mit Charterfirmen und Marinas.

Auf allen Kanälen besteht **Segelverbot**, aber mit gelegtem Mast und Motorantrieb sind immer schnell Gewässer erreicht, auf denen die Segel wieder gesetzt werden können. Zu beachten sind die **Geschwindigkeitsbeschränkungen** und die **Fahrverbote** auf den Landesgewässern, die durch rotgelbe Schilder gekennzeichnet sind. Auskunft:

Wasserschutzpolizei Brandenburg, Tel. 033 81/404 90

Im Spreewald ist für das **Schleusen** Selbstbedienung angesagt, was aber unproblematisch ist. Hinweisschilder sind stets angebracht. An Wochenenden und in der Ferienzeit sind oft Kinder behilflich, die für die Gefälligkeit eine Aufbesserung ihres Taschengeldes erwarten.

Statistik

Lage: Brandenburg wird im Norden von Mecklenburg-Vorpommern, im Süden von Sachsen, im Westen von Sachsen-Anhalt (und minimal von Niedersachsen) sowie im Osten von Polen begrenzt.

Das Land zwischen Elbe und Oder wurde von eiszeitlichen Gletschern geformt, die zwei Landrücken hinterließen: im Norden Prignitz, Ruppiner Land und Uckermark, der südliche erstreckt sich vom Fläming bis in die Niederlausitz. Die Schmelzwasser flossen in Urstromtälern (z. B. Baruther Urstromtal) ostwärts ab.

Fläche: Rund 29 000 km^2, flächenmäßig das fünftgrößte Bundesland.

Seen und Gewässer: Brandenburg gehört zu den gewässerreichsten Regionen Europas, mehr als 3000 Seen mit einer Fläche von jeweils mindestens 1 ha bedecken zusammen etwa 2,4 % des Landes. Größter See ist mit 13,8 km^2 der Scharmützelsee. Die Wasserläufe haben eine Länge von rund 27 000 km, von denen etwa 6500 km mit Paddel-, Ruder- oder Segelboot befahren werden können.

Verwaltung: 4 kreisfreie Städte (Potsdam, Cottbus, Brandenburg, Frankfurt) und 14 Landkreise.

Landeshauptstadt: Potsdam (146 000 Einwohner)

Wirtschaft: Über weite Strecken ist Brandenburg landwirtschaftlich geprägt (Obstanbau um Werder, Spargel um Beelitz, Gurken und Gemüse im Spreewald). Die Industrie kommt nur schwer in Gang. Von Bedeutung sind der Braunkohleabbau der Niederlausitz und die Stahlproduktion in Eisenhüttenstadt.

Einwohner: 2,567 Mio. Besonders dünn besiedelt (weniger als 50 Einw./km^2) sind die Regionen um Kyritz, Gransee, Templin, Belzig, Jüterbog und das Oderbruch.

Höchste Erhebung: Hagelberg (201m) westlich von Belzig.

Unterkunft

Bauernhöfe

In allen Regionen kann man Urlaub auf dem Bauernhof und auf Reiterhöfen machen. Oftmals werden auch Aktivitäten zum Mitmachen angeboten.

Angebotskatalog (gegen Schutzgebühr): Landurlaub in Brandenburg, Am Rauchfang 6, 14469 Potsdam, Tel. 03 31/50 00 37, Fax 03 31/50 08 32, www.landurlaub-brandenburg.de

Camping

Brandenburg ist ein beliebtes Campingland, viele der Plätze (meist Mai–Okt. geöffnet, einige auch ganzjährig) liegen am Wasser. Die sommers heiß begehrten Plätze an den Badeseen sollten frühzeitig gebucht werden. Eine Beschreibung geprüfter Campingplätze bietet der jährlich auch als CD-ROM erscheinende **ADAC Camping Caravaning Führer** (Band Deutschland Nordeuropa), Plätze für Wohnmobile listet der ebenfalls jährlich aktualisierte **ADAC Stellplatz Führer** (Band Deutschland), www.adac.de/campingfuehrer.

Hotels und Pensionen

Das Angebot ist groß, Übernachtungsmöglichkeiten sind in allen Preiskategorien in Neu- und sanierten Altbauten vorhanden. Auch etliche der für Brandenburg typischen **Schlösser** und **Herrenhäuser** wandelten sich zu Hotels. Am Wochenende werden in den Städten oft **Preisnachlässe** gewährt, Nov. – Anfang April (außer Weihnachten und Neujahr), bieten viele gute Hotels im Rahmen einer landesweiten Initiative das Doppelzimmer für zwei Personen zum Preis von 55 Euro an, manchmal sogar mit Frühstück.

Jugendherbergen

Voraussetzung für das Übernachten ist der Besitz eines gültigen Ausweises des Deutschen Jugendherbergswerkes (DJH) für Junioren (bis 26 Jahre) oder Senioren (ab 27 Jahre). Jugendherbergen gibt es in: Bad Freienwalde, Brandenburg, Bremsdorf, Buckow, Burg (Spreewald), Chossewitz, Groß Köris, Lanke/Ützdorf, Lübben, Märkisch-Buchholz, Münchehof Raben, Wandlitz. Auskunft:

DJH-Landesverband Berlin-Brandenburg, Schulstr. 9, 14482 Potsdam, Tel. 03 31/58 13-0, Fax 03 31/58 13-4 44, www.djh-berlin-brandenburg.de

Privatquartiere

In allen Ferienorten sind Privatquartiere im Angebot. Wer kein Schild ›Zimmer zu vermieten‹ sieht, erkundige sich in der nächsten Tourist-Information danach. Die Ausstattung ist sehr unterschiedlich, es empfiehlt sich deshalb, vor der Buchung einen Blick in das Zimmer zu werfen. Ferienwohnungen und -häuser stehen noch nicht zu jeder Jahreszeit ausreichend zur Verfügung.

Verkehrsmittel im Land

Bahn und Bus

Mit der Regionalbahn sind viele Orte zu erreichen. **Auskunft** erteilt die Deutsche Bahn [s. S. 132].

Von Berlin aus kommen Reisende mit der **S-Bahn** schon ein gutes Stück ins Land hinein, im Norden beispielsweise bis Bernau und Oranienburg, im Osten bis Strausberg, im Süden bis Königs Wusterhausen und im Westen bis Potsdam. Von den S-Bahn-Endhaltestellen starten **Linienbusse** in beinahe jeden Ort.

Fahrräder können sowohl in der S-Bahn als auch in den Regionalzügen mitgenommen werden.

Mietwagen

Mietwagen gibt es in allen größeren Städten. Für Mitglieder bietet die ADAC Autovermietung GmbH über ihre Partnerfirmen Sixt und Herzt günstige Bedingungen an. Vorabbuchungen Tel. 018 05/31 81 81 (0,12 €/Min.) oder die ADAC-Geschäftsstellen.

Das **Straßennetz** in Brandenburg ist dicht, viele Fahrbahnen haben in jüngster Zeit einen neuen Belag erhalten. Vorsichtiges Fahren erfordern die vielen Alleen.

Schiff

Fahrgastschiffe verkehren in der warmen Jahreszeit auf allen größeren Seen, so auf dem Werbellinsee, dem Ruppiner See, dem Schermützel- und Scharmützelsee. Von **Rheinsberg** aus wird kreuz und quer über die Rheinsberger Seen gefahren, es gibt zweistündige Rundfahrten, aber auch Tagesfahrten werden angeboten. Vielfach sind auch längere Schiffsreisen möglich, von **Potsdam** aus bis Berlin oder Brandenburg, eine Attraktion sind hier die speziellen Schlösserfahrten, die sich insbesondere an Kulturinteressierte wenden. Im **Spreewald** gehört eine Kahnfahrt zum absoluten Muss für jeden Besucher, angeboten werden Kurzfahrten von etwa 2 Std. bis zu Tagestouren, die 8–10 Std. dauern.

Register

A

Albrecht der Bär, Markgraf von Brandenburg 12, 67
Altenhof 73
Altgaul 77
Altlandsberg 82
Altranft 76 f.
Altreetz 77
Angermünde 39, **63 ff.**
Arnim, Achim und Bettina von 128
Attlee, Earl Clement Richard 26

B

Backes, Paul 122
Bad Freienwalde 75 f.
Bad Saarow-Pieskow 87, **88 f.**
Barnim 67
Bassewitz, Ritter Kurt 44
Becher, Johannes R. 88
Beelitz 119 f.
Beeskow 97
Beetzsee 36
Belzig 119, **120 f.**
Berlischky, Wilhelm 63
Bernau 67 ff.
Berson, Philipp Bernhard 49
Biesenbrow 65
Biosphärenreservat Schorfheide-Chorin 67, **72 f.**
Biosphärenreservat Spreewald 101–107
Blechen, Carl 24, 112
Blumberger Teiche 65
Boitzenburg 60 f.
Bollersdorfer Höhe 81
Booktown Wünsdorf 129
Booth, Richard 129
Boumann, Jan 20
Brandenburg/Havel 12, 18, **32–36**
Branitz 15, 108, 109,110, **111 f.**
Brasch, Bernhard Matthias 48
Brecht, Bertolt 15, 81
Breitscheid, Heinrich 28
Buckow 15, **81 f.**
Bülow, Graf Friedrich Wilhelm, General 14, 28, 127
Büring, Johann Gottfried 23
Burg 101, **106 f.**

C

Caputh 29
Caputher Gemünde 29
Chorin, Kloster 15, 67, **74**, 75
Churchill, Winston 14, 26
Corinth, Lovis 28
Cottbus 15, **108 ff.**
Cremer, Fritz 88

D

Dahlwitz-Hoppegarten 84
Dahme (Mark) 127 ff.
Dahme-Seengebiet 87
Dennewitz 127
Derfflinger, Georg Freiherr von 80
Doberlug-Kirchhain 115 f.
Donath, Christoph 117
Duncker, Johann Heinrich 37
Dutschke, Rudi 123

E

Eberswalde 69 ff.
Eichhorst 73
Einstein, Albert 29
Eisenhardt, Burg 119, 120
Eisenhüttenstadt 94 ff.
Erkner 84 f.
Eurospeedway 15, 115

F

Fahlisch, Paul 14
Fehrbellin 41 f.
Ferch 29
Finowkanal 13, 71 f.
Finsterwalde 115
Fläming 119, 120–129
Fontane, Theodor 6, 7 f., 9, 11, 14, 15, 27, 29, 37, 39 f., 48, 49, 50, 51, 73, 75, 78, 81, 88, 105
Forst (Lausitz) 112 f.
Frankfurt (Oder) 12, 87, **89 ff.**
Friederike Luise, preußische Königin 75
Friedersdorf 80
Friedrich II. der Große, preußischer König 9, 13, 15, 18, 21, **22**, 48, 50, 51, 52, 58, 70, 76, 79, 125
Friedrich II. von Hessen-Homburg, Landgraf 41, 42
Friedrich III., 99-Tage-Kaiser 24, 26, 30
Friedrich III., Kurfürst (ab 1701 König Friedrich I. in Preußen) 13, 18
Friedrich Wilhelm I., ›Soldatenkönig‹ 12, 18, 24, 32, 49, 52, 98
Friedrich Wilhelm II., preußischer König 14, 25
Friedrich Wilhelm III., preußischer König 20, 32, 78, 101
Friedrich Wilhelm IV., preußischer König 14, 18, 23, 24, 27, 30, 73, 81, 120
Friedrich Wilhelm, der Große Kurfürst 12, 18, 37, 39, 41, 42, 73
Fürstenwalde / Spree 87 f.

G

Geltow 30
Gerhardt, Paul 99, 103
Gilly, David 32, 75, 78
Gilly, Friedrich 78
Glindow 31 f.
Glashütte 127
Glume, Friedrich Christian 21, 63
Glume, Johann Georg 37
Göring, Hermann 72, 73
Gorki, Maxim 88
Goyatz 97
Grade, Hans 14
Gransee 54 f.
Griebnitzsee 26
Groß Schönebeck 73
Großbeeren 28 f.
Großer Müllroser See 94
Großer Treppelsee 94
Guben 87, **96 f.**
Gubin 96
Gudelacksee 51
Gusow 80
Gustav Adolf II., schwedischer König 70

H

Hagelberg 119, **120**
Hakenberg 41 f.
Hardenberg, Fürst Karl August 78 f.
Hauptmann, Gerhart 85
Havelland 18, **29–37**
Havelländisches Luch 41
Heiligengrabe 47
Heinrich I., dt. König 12, 32
Heinrich, preußischer Prinz 52, 53
Helene-See **92**, 93
Hentschel, Hermann 123
Hohl-Stein, Matthias Zágon 50
Honecker, Erich 32 , 69, 72, 73, 119
Humboldt, Wilhelm von 78, 90

I

Itzenplitz, Henriette Charlotte 78

J

Jänschwalde 108
Joachimsthal 73
Jüterbog 119, **125 ff.**

K

Kahlbutz, Ritter Christian Friedrich von 43
Kallinchen 99
Kampehl 43
Karl IV., Kaiser 12, 91, 95
Kemmeter, Johann Gottfried 52
Ketzin 32
Kleist, Heinrich von 90, 92
Kloster Chorin 15, 67, **74**, 75
Kloster Zinna 123 ff.
Knobelsdorff, Georg Wenzeslaus von 18, 19, 21, 22, 50, 52, 53
Koch, Robert 120
Königs Wusterhausen 98
Krausnick 102
Kremmen 40 f.
Kremmener Luch 41
Krenz, Egon 69
Kühn, Gustav 50
Kunersdorf 78
Kyritz 44 f.
Kyritzer Seenkette 43, 45

L

Lammert, Will 59
Langhans, Carl Gotthard 52, 76
Lehde **105**, 106
Lehnin, Kloster 31, **36**
Leibsch 102
Lenné, Peter Joseph 10, 14, 20, 24, 25, 26, 27, 29, **30**, 76, 79, 92
Lestwitz, Helene Charlotte von 78
Letschin 78
Lindow (Mark) 51
Linum 41
Lübben 101, **102 f.**
Lübbenau 101, **103 ff.**, 106
Luckau 116 f.
Luckenwalde 122 f.
Luise Henriette, Prinzessin von Nassau-Oranien, Kurfürstin 13, 39
Luise, preußische Königin 14, 32, 54 f.
Lüning, Meinhard 43
Lychen 58 f.
Lynar, Grafen zu 105, 107

M

Märkische Schweiz 67, 81
Meil, Johann Wilhelm 79
Mendelsohn, Erich 27, 122
Meyer, Hans 68
Mielke, Erich 69, 72
Mildenberg 56 f.
Mittenwalde 99
Möglin 78
Motzen 99
Müllrose 93
Müncheberg 82
Murnau, Friedrich Wilhelm 28
Muthesius, Hermann 37

N

Napoleon, Kaiser der Franzosen 28
Nationalpark Unteres Odertal 39, 61, **63**
Naturpark Brandenburgische Elbtalaue 46
Naturpark Märkische Schweiz 81
Naturpark Niederlausitzer Landrücken 117
Naturpark Schlaubetal 93 f.
Nauen 37
Nehring, Johann Anton 39
Neiße 87, 96
Neuhardenberg 78 f.
Neuruppin 39, **48 ff.**
Neuruppiner Bilderbogen 14, 48, **50**
Neustadt/Dosse 42 f.
Neutrebbin 78
Neuzelle, Klosterkirche 95 f.
Niederfinow 67, 71, **72**
Niederlausitz 101, 103, **107–117**
Niemegk 120
Nuthe 119

O

Oberlausitz 103
Oberpfuhlsee 58 f.
Oder-Havel-Kanal 72
Oder-Spree-Kanal 13, 93, 94, 95
Oderbruch 9 f., 67, **76–80**
Oranienburg 15, **39 f.**
Otto I., dt. König 12, 32
Otto I., Markgraf von Brandenburg 36

P

Paretz 32
Peitz 107 f.
Perleberg 39, **45 f.**
Persius, Ludwig 21, 22, 23, 27
Petzow 30
Pieck, Wilhelm 45, 96
Potsdam 10, 12, 13, **18 ff.**, 32
Alter Markt 18
Altes Rathaus 18
Bildergalerie 22
Biosphäre Potsdam 20 f.
Bornstedt 25
Brandenburger Tor **19**, 20
Buga-Park 20
Chinesisches Haus 6, **23**
Dampfmaschinenhaus 19
Einsteinturm 27
Filmmuseum 18
Filmpark Babelsberg 27
Flatowturm 26
Französische Kirche 19
Friedenskirche 24
Gerichtslaube 26
Glienicker Brücke 27.
Gotische Bibliothek 26
Historische Mühle 21
Holländisches Viertel 19
Jägertor 19
Kleines Schloss **26**, 27
Knobelsdorff-Haus 18
Kutschstall 19
Landgut Bornstedt
Marmorpalais 14, **25**
Nauener Tor 19
Neu-Babelsberg 26
Neue Kammern 23
Neue Orangerie 22, **23**
Neuer Garten **25**, 30
Neuer Markt 19
Neues Palais 23 f.
Nikolaikirche 18
Park Babelsberg 26
Park Sanssouci 13, **20 f.**, 30
Römische Bäder 24
Russische Kolonie Alexandrowka 20
Sacrow 27
Schloss Babelsberg 25, **26**
Schloss Cecilienhof 10, 15, **26**
Schloss Charlottenhof 24
Schloss Sanssouci 10, 13, **21 f.**, 22, 52
St. Peter und Paul 19
Power, Francis Gary 26
Prenzlau 59–61
Pückler-Muskau, Fürst Hermann von 10, 26, 79, 109, **111**, 112

R

Rabenstein, Burg 120
Rathenau, Walter 75
Rathenow 37
Rauch, Christian Daniel 14, 42, 70, 78, 79
Rauensche Berge 88 f.
Ravensbrück 59
Rheinsberg 52 f.
Rhinluch 13, 41
Ribbeck 18, **37**
Rüdersdorf 83 f.
Rühstädt 46
Runge, Ferdinand 40
Ruppiner Kanal 41
Ruppiner See 48

S

Sachsenhausen 40
Sacrow 27
Sauerbruch, Ferdinand 43
Schadow, Johann Gottfried 32, 78
Scharmützelsee 87, **88**
Schermützelsee 80, **81**
Schervenzsee 94
Schinkel, Karl Friedrich 13, 14, 18, 24, 28, 30, 35, 48, 49, 50, 54, 73, 74, **78**, 79, 80, 82, 105, 106, 110, 127
Schlaubetal 87, **93 f.**
Schlepzig 101 f.
Schlüter, Andreas 42
Schmeling, Max 88
Schorfheide 67, **72 ff.**
Schwedt 61 ff.
Schwielochsee 97
Schwielowsee 29 f.
Seelow 80
Sehring, Bernhard 111
Sello, Johann Samuel 52
Semper, Gottfried 112
Senftenberg 114 ff.
Senftenberger See 113, **114 f.**
Siemens, Werner von 28
Slawen 12
Slubice 89, 90
Sorben 9, **103**, 107, 108, 110
Spreewald 9, **101–107**
Spremberg 113 f.
Stahnsdorf 28 f.
Stalin, Jossif W. 14, 26, 94
Stobbertal 81
Stolpe 65
Storkow 97 f.
Straupitz **106**, 107
Strausberg 82 f.
Straussee 82
Stüler, Friedrich August 27, 29, 31, 41, 120

T

Taut, Bruno 122
Teltow 28
Templin 39, **57 ff.**
Terwesten, August 39
Tetzel, Johannes 125, 126
Teupitzer See 99
Thaer, Albrecht Daniel 78
Tieck, Christian Friedrich 78
Treuenbrietzen 121 f.
Truman, Harry S. 14, 26
Tucholsky, Kurt 14, 51, 52, 53

U

Uckermark 12, 57–65
Ulbricht, Walter 69, 71
Unger, Georg Christian 22
Unteruckersee 59, **60**, 61

V

Vetschau 107
Vielitzsee 51
Virchow, Rudolf 43
Voltaire 22

W

Wagner, Joachim 54, 64, 122
Wandlitz 69
Wandlitzsee 69
Weigel, Helene 81
Welk, Ehm 64 f.
Werbellinsee 73
Werder / Havel 18, **31 f.**
Wiepersdorf 128 f.
Wiese, Max 48
Wiesenburg 120
Wilhelm I., König von Preußen, dt. Kaiser 26
Wilhelm II., König von Preußen, dt. Kaiser 10, 14, 41
Wilhelmsaue 77
Wilke, Carl Gottlob 96
Wittstock / Dosse 39, **46 f.**
Wolff, Wilhelm 115
Woltersdorf 85
Wriezen 77 f.
Wulkow 80
Wünsdorf 129
Wusterhausen 43
Wustrau 50
Wutzsee 51

Z

Zehdenick 55–57
Zille, Heinrich 28
Zinna, Kloster 123 ff.

Bildnachweis

Umschlag-Vorderseite: Besuchsziel im Norden Brandenburgs – Schloss Rheinsberg am Grienericksee. *Foto: Knut Liese, Ottobrunn*
Umschlag-Vorderseite Reiseführer Plus: Bootsausflug durch den Spreewald bei Lehde. *Foto: Bildagentur Huber, Garmisch-Partenkirchen (Gräfenhain)*

Titelseite
Oben: Neue Orangerie in Sanssouci (Wh. von S. 22)
Mitte: Die Prignitz – so weit das Auge reicht (Wh. von S. 38)
Unten: Bad Saarow – Jachthafen am Fontanepark (Wh. von S. 89)

AKG/Archiv für Kunst und Geschichte, Berlin: 12, 13 (2), 14 (2), 15, 22 unten, 30, 78, 111 – *Fotostudio Ulf Böttcher, Potsdam:* 7 (2), 8 oben, 8 unten, 9 (2), 10 unten links, 16/17, 20 unten, 26, 29, 31, 37, 38 oben, 41, 44 unten, 45, 53, 55 (2), 56 oben, 57, 59, 60, 61, 64, 65, 66, 68, 71 oben, 75 unten, 80, 83, 91 unten, 92 (2), 94, 95, 100 unten, 102, 104 Mitte, 109 oben, 113, 114, 118 (2), 124 oben, 128 (2), 130 Mitte links, 130 unten (2) – *Bernd Choritz, Eichow:* 109 unten – *Fotoagentur erdmann's, Berlin:* 22 oben, 23 oben, 32, 38 unten, 50, 52, 54, 71 unten, 76/77 oben, 84, 86 oben, 93 oben, 97, 100 oben, 104 oben (2), 110 oben, 115, 123 *(Jürgen Henkelmann)*, 62 unten *(Klaeber)* – *Franz Marc Frei, München:* 25 oben – *Foto Hahn, Treuenbrietzen:* 121 unten – *Hotel Kempinski, Bad Saarow-Pieskow:* 86 unten – *laif, Köln:* 20 oben, 23 unten *(Anna Neumann)* – *Landurlaub in Brandenburg, Potsdam:* 130 Mitte rechts – *Knut Liese, Ottobrunn:* 11 oben , 34 unten, 56 unten, 70, 126 (2), 130 oben links – *LOOK, München:* 19 (Hauke Dressler) – *Henry Mundt, Rheinsberg:* 8 Mitte – *Museum des Dreißigjährigen Krieges, Wittstock:* 47 – *Foto Normann, Kyritz:* 44 oben – *Erhard Pansegrau, Berlin:* 6 links, 10 oben, 10 Mitte, 11 unten, 24 oben, 27, 49 (2), 58 unten, 72/73, 77 unten, 79 unten, 89 unten, 107 (2), 125, 130 oben rechts – *pro agro, Bergholz-Rehbrücke:* 28 – *Foto Salge, Brandenburg:* 34/35, 36 oben – *Stiftung Schloss Neuhardenberg:* 79 oben (Toma Babovic) – *Tourist-Information Frankfurt/Oder:* 91 oben (Winfried Mausolf) – *Hanna Wagner, Wörth:* 112 – *Alexander Walter, Baiern/Weidach:* 21, 24 unten, 36 unten, 40, 42, 43, 51, 58 oben, 74, 75 oben, 81 (2), 85, 89 oben, 93 unten, 96, 98, 99, 103, 104 unten (2), 106, 110 unten, 116, 117, 121 oben, 122, 124 unten – *H.-J. Wilke:* 62 oben (2), 62 Mitte

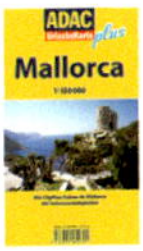

Ägypten
Algarve
Allgäu*
Amsterdam
Andalusien*
Australien
Bali und Lombok
Barcelona*
Berlin*
Bodensee*
Brandenburg*
Brasilien
Bretagne
Budapest
Bulgarische Schwarzmeerküste
Burgund
Costa Brava und Costa Daurada
Côte d'Azur
Dalmatien
Dänemark*
Deutschland, City Guide
Dominikanische Republik
Dresden*
Dubai, Vereinigte Arabische Emirate, Oman
Elsass
Emilia Romagna
Florenz
Florida
Französische Atlantikküste
Fuerteventura
Gardasee*
Germany, City Guide (engl.)
Golf von Neapel
Gran Canaria
Hamburg*
Hongkong und Macau
Ibiza und Formentera
Irland
Israel
Istrien und Kvarner Golf*
Italienische Adria
Italienische Riviera
Jamaika
Kalifornien
Kanada – Der Osten
Kanada – Der Westen
Karibik
Kenia
Korfu und Ionische Inseln*
Kreta*
Kuba
Kykladen
Lanzarote
Leipzig*
London*
Madeira
Mallorca*
Malta
Marokko
Mauritius und Rodrigues
Mecklenburg-Vorpommern*
Mexiko
München*
Neuengland
Neuseeland
New York*
Niederlande
Norwegen
Oberbayern*
Österreich*
Paris*
Peloponnes
Piemont, Lombardei, Valle d'Aosta
Polen*
Portugal
Prag*
Provence
Rhodos
Rom*
Rügen, Hiddensee, Stralsund
Salzburg*
Sardinien
Schleswig-Holstein*
Schottland
Schwarzwald*
Schweden*
Schweiz*
Sizilien
Spanien
St. Petersburg
Südafrika
Südengland
Südtirol*
Sylt
Teneriffa*
Tessin
Thailand
Toskana*
Tunesien
Türkei-Südküste
Türkei-Westküste
Umbrien
Ungarn
USA-Südstaaten
USA-Südwest
Usedom*
Venedig*
Venetien und Friaul
Wien*
Zypern

* auch als ADAC Reiseführer Plus mit CityPlan bzw. UrlaubsKarte

Leserforum

Die Meinung unserer Leserinnen und Leser ist wichtig, daher freuen wir uns von Ihnen zu hören. Wenn Ihnen dieser Reiseführer gefallen hat, wenn Sie wichtige Hinweise zu den Inhalten haben – Ergänzungs- und Verbesserungsvorschläge, Tipps und Korrekturen – dann schreiben Sie uns:

Redaktion ADAC Reiseführer
ADAC Verlag GmbH
81365 München
verlag@adac.de

Impressum

Lektorat und Bildredaktion:
Johannes Graf v. Preysing
Lektorat Aktualisierung:
Renate Nöldeke, München
Karten: Mohrbach Kreative Kartographie, München
Herstellung: Martina Baur
Druck und Bindung: Bosch Druck, Landshut
Printed in Germany

Ansprechpartner für den Anzeigenverkauf:
Kommunalverlag GmbH & Co KG,
MediaCenterMünchen, Tel. 089/92 80 96-44

ISBN 10: 3-87003-847-0
ISBN 10: 3-89905-322-2 Reiseführer Plus
ISBN 13: 978-3-87003-847-2
ISBN 13: 978-3-89905-322-7 Reiseführer Plus

Gedruckt auf chlorfrei gebleichtem Papier

Neu bearbeitete Auflage 2006